语言学经典文丛

话题的
结构与功能

（增订本）

徐烈炯　刘丹青　著

上海教育出版社

出 版 说 明

　　上海教育出版社成立六十年来,出版了许多语言学专著,受到学界的欢迎。为满足读者的需要,我们从历年出版的著作中精选了一批,辑为"语言学经典文丛"。《话题的结构与功能》(增订本)原为"中国当代语言学丛书"的一种。此次出版,我们按照学术著作出版规范的国家标准,对编入文丛的著作进行了体例等方面的调整,还对个别差错予以改正。其他均保持原貌。

上海教育出版社

2018 年 8 月

出 版 者 前 言

　　"中国当代语言学丛书"是上海教育出版社的重点出版项目之一。本丛书于1990年春由游汝杰(复旦大学)、张洪明(美国威斯康辛大学麦迪逊校区)和唐发铙(本社)策划,并开始组稿和编辑工作。当初拟定的丛书编辑宗旨如下:

　　　　中国语言学在20世纪二三十年代开始摆脱传统小学的樊篱,进入现代语言学的新阶段。半个多世纪以来,中国语言学已经积累了可观的研究成果,特别是最近十多年来,许多领域在海内外又有了长足的发展。这套丛书希望总结中国当代语言学各个分支学科领域的研究成果,特别是反映最新的研究进展,以期收到承前启后、继往开来的效果,促进中国语言学的现代化。丛书作者则不限国别地域,不限门户学派,唯求高明独到,力争每一本书都能达到当代该学科的最高水平。

　　1992年6月组稿者将丛书的编辑宗旨、计划和撰稿人名单告知当时在美国访问的朱德熙先生,请他为本丛书撰写总序。朱先生十分赞赏丛书的编辑宗旨,并且认为撰稿者也都是"一时之选",欣然答允为序。孰料朱先生病情日益加剧,天不假年,未及提笔就不幸逝世。丛书的总序也因此暂付阙如。

　　从2000年开始,刘丹青(中国社会科学院语言研究所)、张荣(本社)也参加了丛书的编辑工作,编委会工作由游汝杰主持,编辑和出版的方针也有所调整。本丛书原拟五年内出齐,结果未能如愿,因为有的作者忙于其他工作,未能按计划完成书稿;有的作者虽然已经完成书稿,但是希望有时间反复修改,使之完善,而不想匆匆交稿。考虑到学术研究需要艰苦的劳动和大量的时间,限定出版时间,不利保证书稿质量。又考虑到学术研究的特点是学无止境、与时俱进、推陈出新,丛书的出版工作也应该是册数开放、不设时限、常出常新。基于上述认识,我们将不设本丛书终止出版的时限,即没有出完的一天。我们不想追求轰动效应,只要优秀书稿不断出现,我们就不断出版。

本丛书将成为一套长期延续出版的丛书。希望本丛书的编辑和出版方针,能对学术著作的出版工作走上健康发展的道路有所贡献。

上海教育出版社

2003 年 10 月

Preface

The series *Contemporary Chinese Linguistics* is one of the important projects of Shanghai Educational Publishing House. The planning of the series and the soliciting of contributions began in the spring of 1990 with the joint efforts of Rujie You (Fudan University), Hongming Zhang (University of Wisconsin at Madison) and Fanao Tang (Shanghai Educational Publishing House), who were brought together to edit the series by such following common grounds.

Not until the twenties and thirties of 20th century could Chinese linguistics break down the barriers of the traditional Chinese philology and enter its modern stage. Since then, and especially in the last ten years, rapid progress has been made in various different fields of Chinese linguistics and considerable wealth of research achievements have been accumulated. The series tries to present these achievements so as to stimulate the further research.

In June 1992 the editorial committee apprised Prof. Dexi Zhu of the target and the policy of the series with a name list of contributors and invited him to write a preface for the series. Prof. Zhu appreciated the target of the series and the contributors, and promised to write a preface. But his cancer situation turned worse and worse day by day, and did not allow him to write it. So the preface remains unfinished，it is a great pity.

Prof. Liu Danqing of Sciences and Mr. Zhang Rong，the editor of the Shanghai Educational Publishing House，joined the editorial committee from the year of 2000，and the policy of editing and publication has been adjusted since then. We planned to publish the serials within 5 years at the beginning，but the plan was not realized because some authors were too busy with some projectselse，and did not finish writing according to the schedule，while others who had finished the manuscripts would like to revise them to perfect. Considering academic study needs hard work and a plenty of time，if we set deadline，the quality could not be guaranteed，and it is the feature of academic study that there is not limit to knowledge and the old should be weeded through while the new should be brought forth，we will not restrict the number of series volumes and their dates of publication. We would not like to pursuit sensational effort，and what we want to do is to publish qualified manuscripts whenever we have.

This series will be published successively in China. We hope our policy and publication would make contribution to the publication of academic works healthily in China.

体 例 与 符 号

1. 本书涉及多种方言和语言的语料,语种随文说明。有时为了比较等
   需要,例句前的尖括号"〈　〉"注明语种或其简称。如"〈沪〉
   〈英〉"等。

2. 对普通话以外的语料进行翻译或解释的文字放在单引号中。译句
   中的句号一律省略,问号和感叹号仍保留。如:

   〈沪〉侬拿茶吃脱。　'你把茶喝喽'

   〈沪〉侬茶吃哦?　'你喝茶吗?'

3. 注音用的国际音标放在方括号"[　]"内。如"哦[va]"。

4. 本书引用了若干种上海话书面文献中的语料,其中涉及一些技术性
   问题,分别处理如下:

   4.1　引例后用简称代表所引文献,另加页码等说明。文献全名见
   书末参考文献后的"引例书目"。

   4.2　引例的方言词用字标准不一,容易使人将同一词语误作不同
   词语。本书在保留原文的同时用括号和等号说明相当于本书
   选用的某通行字。如"吃之(=仔)饭",表示原书用"吃之饭",
   其中的"之"按本书选用的通行字当为"仔"。

   4.3　文献中的上海话句子有时会夹杂一些非上海话词语尤其是普
   通话词语。对此,本书在保留原文的同时用括号和箭头号说
   明在上海话该词语当为何词。如"你(→侬)去哦?"表示原文
   中的"你"在上海话中当为"侬"。早期文献中的老上海话词语
   不属于非上海话词语,不作此类说明。

4.4　早期上海话文献不加标点的例句由本书加上标点，标点与今
　　天不同的情况（如句号作"·"），一律改用今天的通行标点。

5. 语言学术语的字母代号随文说明。

6. 附注列于每章之后。

7. 正文后列有参考文献、引例书目和索引。参考文献分中文部分和外
文部分两种，分别按国内和国际现行惯例列举。

8. 本书提及的外国学者保留其西文原名，不译成中文，正文和文献目
录均如此。海外华人学者和以西文发表论著的国内学者作为学者
提及时用其中文名，作为具体文献作者提及时用其原署名，不作翻
译。合作论著也循此例。如作为学者提及时形式为"李讷和
Thompson"，作为文献作者提及时形式为"Li & Thompson
（1976）"。

目　　录

序　言

话题(topic)，又称主题，是现代语言学中的一个重要概念。话题在汉语语法中的地位尤其重要，这种重要性正在被越来越多的语言学家所注意，尽管有些人对是否需要话题这一术语仍然抱有谨慎或保留的态度。

赵元任(Chao 1968)首先提出汉语主语和谓语的关系就是话题和它的述题(comment)的关系，这可以称为最早的(汉语)主语话题等同论。尽管今天完全同意这种等同论的语言学家已经不多，但赵元任的观点确实使研究汉语语法的人开始注意或更加注意话题的问题，从而促进了汉语话题研究的发展。

进一步导致人们关注汉语话题问题的是李讷和 Thompson 的"主语-话题"类型学(Li & Thompson 1976、1981)。在这个带有一般类型学意义的理论中，汉语被归入"话题优先"(topic-prominent，也就是注重话题)的语言，从而区别于英语这类"主语优先"(subject-prominent，也就是注重主语)的语言。对于他们这种新的类型分类法，人们的看法并不完全一致，但从此以后，普遍的倾向是将话题和主语区别看待，至少同意即使在汉语中，话题和主语也并不处处等同。同时，对话题的研究也进入了一个新的繁盛期。一方面，话题逐渐成为汉语语法的基本问题之一，在从整体上讨论汉语语法系统问题时几乎都会谈及话题的问题，话题的概念甚至正式成为高等院校某些现代汉语教材的内容，如钱乃荣主编(1990)就专门设立了区别于主语的"话题语"；另一方面，汉语话题问题的研究跟人类语言普遍的语法理论和普遍的类型学问题产生了紧密的联系，汉语话题问题的意义已经超出了汉语语言学的范围，汉语的话题成为国际语言学界共同关心的课题。

话题问题之所以重要，因为它同汉语语法学、普遍语法理论和类型学理论的一系列重要问题有关。

　　话题问题关系到如何看待和分析汉语句子的基本结构。传统认为句子中最基本的句法关系是主谓关系；在生成语法的经典理论(classical theory)中，句子首先分为一个NP(名词短语)和一个VP(动词短语)，两者的关系基本上相当于传统语法中的主谓关系。引入话题概念以后，至少就汉语来说，人们会问：句子的基本句法关系是什么？还是不是主谓关系(或只有主谓关系)？哪些成分之间是主谓关系？如何确定句子(或句法结构)中的主语？这些问题都事关一种语法体系的基础，任何建立汉语语法体系的努力都必须面对这些跟话题有关的问题。

　　大多数的现代语法理论及各种汉语语法体系或构想，都程度不同地基于句子的动词中心说，如生成语法、词汇-函项语法、广义的短语结构语法、格语法、配价语法、角色语法等等。在引入话题概念后，所有这些理论和分析法都要面对话题是不是或是否都是核心动词的论元/格/价这个根本问题。

　　话题问题涉及句子中结构和功能的关系。结构与功能的关系本身是当代语法理论关注的热点，而将句法结构的研究相对独立于语言的功能，还是将句法结构跟交际功能、认知功能等紧密结合起来研究，又构成了当今语言学的形式主义和功能主义两大学派的分野。话题正好是结构和功能的一个交汇点，许多人承认它是句子中的一个结构成分或至少是跟句子结构有密切关系的成分，而它的名称本身(话题，topic)又明显是从功能方面得来的，显示了特定的话语功能。因此无论是形式学派还是功能学派都很重视话题的研究。他们共同关心的问题是：话题是句子结构本身的内部成分，还是句子结构以外加上去的语用成分？话题是句子基础生成的成分，还是由某些特定的句法成分转换或移位来的成分？有趣的是，在这些问题上，常常看到形式学派和功能学派观点交叉的现象，即某些形式派学者和功能派学者看法相近，而同属形式学派或同属功能学派的学者却可能有不同看法。汉语语法学界也涉及类似的问题。比如，话题主语等同说，肯定话题是句子结构成分，等同于主语(如赵元任)，较近期的则有话题等同于主语中的一类的看法，所以仍然把其他学者心目中的话题和主语并存的句子叫作"主谓谓语句"。三个平面学说(句法、语义、语用)的提倡者，则多半认为话题属于他们所说的语用平面(大致相当于国际语言学的话语平面),跟句法平面的主语之类结构成分不在一个平面。总之,对话题的看法将严重影响到某种语法理论的基本框架,并且可能在同一学派内部造成很不相同的意见。

话题问题涉及汉语语法中的基本语序问题,即汉语到底是不是或者说在多大程度上是SVO(主语-动词-宾语)类型语言。比如下面两个句子:

(1) 烈性酒他不喝。

(2) 他烈性酒不喝。

主语分别是哪个成分?"烈性酒"在(1)句里是主语还是话题? 在(2)句里是"小主语"还是"小话题"? 当了话题或"小话题"的"烈性酒"还能不能算宾语? 如果这样的句子在汉语或者汉语的某些方言中成为频率很高的句子,那么这种语言或方言还能不能算SVO类型?

更进一步,话题问题还涉及根据S、V、O三种成分的相对位置来区分世界语言的类型[即 Greenberg(1963)以来许多人已经或正在做的工作],还是不是一种有效的和普遍适用的分类法。假如区别于主语优先型的话题优先型的语言的确存在,而且话题在这些语言中的重要性至少不亚于主语,那么根据考虑主语而不考虑话题的语序分类就显得意义不大。假如某些话题优先型的语言只有话题有固定位置而主语的位置相当自由,则这种分类法甚至可能根本就难以进行。

话题问题跟现代语言学所关心的一系列概念有密不可分的关系。这些概念有:共指、回指、空语类、成分提升、移位、有定-无定、有指-无指、已知信息-新信息、焦点、连接,等等。所有这些问题的研究,都离不开话题问题的研究。当然,话题的研究也要借助这些概念的研究成果来进行。

以上大略谈及的,基本上都是话题跟语法理论和汉语语法其他重要方面的关系。而话题,特别是汉语的话题,本身也有许多问题还需要深入讨论,如话题的实质是什么,话题的特征有哪些,能充当话题的成分有哪些,一个句子是否只有一个话题等等。

近几十年,国外关于话题的著述有许多,而汉语的话题问题更是常常成为话题理论讨论的重要对象,还有以汉语话题问题为题目的博士论文,因为汉语被李讷和 Thompson 的类型学看作话题优先型语言的典型代表。国内在最近十几年来也有不少涉及话题的讨论和著述。但集中讨论话题特别是汉语话题的专书,除了几篇海外写成的博士论文外,在国外和国内都还没有见到,全面系统地描写分析汉语话题方面的语言事实的著述也还缺少。

面对汉语话题问题日益显露的重要性和专书的缺少,这本书,就拟以国际上(包括国内)关于话题的一般性理论及有关汉语话题的讨论为背景,以汉语及其方言的有关语言事实为基础,专门就汉语话题作一个较为全面的事实分析和理论探讨,既研究话题的结构,也研究话题的功能。我们的希望是能够借此沟通国内和国外对话题问题的各种看法,寻求对话题问题(尤其是上文提到的结构与功能的问题、基本语序问题等)的较为深入的了解,探求汉语话题的研究对普遍性语法理论的价值和贡献。

跟一般汉语语法描写或理论分析的著作不同,本书不仅就普通话来讨论汉语话题及相关的问题,而且会大量涉及吴语上海话的语料,甚至以上海话为主要分析对象。同时也会注意上海话跟普通话、广东话等汉语方言的比较,并在必要时引用汉语以外的材料,以冀获得对汉语话题现象和一般意义上的话题优先语言更加全面的认识。

为什么选用上海话为主要语料?两位作者对上海话的熟悉只是一个次要的原因,最重要的原因是上海话有着比普通话更为丰富的跟话题有关的语言现象,更适合用来作为探讨话题问题的语料来源。李讷和 Thompson 的类型学已经把汉语(实际是普通话)当作话题优先型语言的最典型的代表,但是根据我们对上海话语料的研究及与普通话比较,我们觉得,上海话比普通话更有资格作为话题优先型语言的代表。拿李讷和 Thompson 所定的标准来看,上海话应该比普通话更符合话题优先型的特点,而且上海话还有李讷和 Thompson 所没有提到的其他话题优先的表现,特别表现在话题类型的多样性和话题结构的常用性方面。当然,上海话本身也只是作为吴语的一个代表,其他吴语,尤其是上海话所在的北部吴语在这点上大致都跟上海话的情况接近。此外,其他汉语方言也可能有比普通话更注重话题的情况。因为,普通话作为汉语的共同语和最权威的变体,在语法上近百年来经历了比其他方言更多的变化,特别是其中较为正式的语体和文体,受英语等几种印欧语言的影响较大,这些印欧语言按李讷和 Thompson 的分类法大多当属主语优先型的,因此普通话话题优先的特点弱于某些方言是很好理解的。比如,范继淹(1985)列举了他从实际语料中收集的数量相当可观的"无定主语句"例子,正如朱晓农(1988)所指出的,范文的例子大多来自欧化较严重的书面语体,尤其是欧化最严重的新闻语体。这样的句子很不符合汉语的话题优先型特点,它们在方言的语料中就很少会出现,甚至很难被接受。可见,至少在话题问题的研究上,汉语的普通话并不是汉语特点最理想的代表。我们选择上海话作为主要语料来源和分析对象,就是为了使语料的来源相对更加纯一些,以便更清楚地看出所谓话题优先型语言的类型特点及其理论意义。

本文用汉字转写上海话,因为是语法研究,所以不拘泥于本字(语源字)的精确选择,例句一般也不加注音,只对初次出现的话题标记等重要成分用国际音标注音。方言语句的解释则视具体情况灵活掌握,不一定处处逐字翻译成普通话,但有的时候也可能整句翻译之外另加上额外的解释。

以一种非共同语的方言为主要语料来研究汉语语法及一般语法的理论问题,这在国内还是一个尝试。在国际上,似乎没有将语言/方言在交际功能上的权威性跟语言/方言的理论价值联系起来的看法,而在国内汉语学界,似乎讨论语法理论问题是普通话研究的专利,这种情况并不正常。不过,为了让不熟悉上海话的读者能够更好地理解,更为了让本书的一些理论观点能用更多的语言和方言来验证,我们也会在书中经常注意比较上海话与普通话及粤语等其他方言的情况,必要时也会讨论到其他语言的一些情况。

本书系香港研究经费拨款委员会(Research Grant Council)1995—1996 年批准的研究专款(Competitive Earmarked Research Grant)项目"汉语三种方言广东话、上海话和普通话的参数变化"研究所获成果。书中使用的部分材料来自该课题组建立的语料库。

1 话题的概念

1.1 文献中的话题观念和关于话题的研究

1.1.1 普通语言学界关于话题的定义

像许多引起人们关注的语言学概念一样,有关话题的概念也在普通语言学界出现过多种多样的定义。要讨论什么是话题,免不了首先得看一下已有的关于话题的观念。讨论话题的著述很多,而且较大规模的理论著作都是从评论已往的话题观念开始的,本书不拟再次详尽评述已有的关于话题的种种看法,而先想介绍一篇较近期的有代表性的评论文章,这就是 Schlobinski & Schütze-Coburn(1992)。这篇论文对普通语言学界以往关于话题的种种定义讨论得颇为全面,而国内的读者不容易读到这篇文章,所以我们作一个简要转述。该文的结论,是奉劝大家别再采用"话题"这一术语,为此他们试图说明,无论怎样定义话题,都有不可避免的缺点。除了他们两位之外,还有别人对话题的概念抱否定态度,例如 Szwedeh(1990)。当然,我们没有完全接受他们的奉劝(接受了也就没有本书的书名了),但看了他们的文章,的确可以大体了解各种定义的问题所在。

第一类观点是把话题看作已知信息。可是,对已知信息本身也存在不同的看法,从而影响到对话题的定义。根据 Chafe(1976:28)关于已知信息的定义,已知信息是"说话者认为听话者在听话时意识到的知识"。后来又有人认为,把信息分为已知信息和新信息两极过于粗糙。Copeland & Davis (1983)、Lambrecht(1988)都采用[±意识]和[±指认]之类特征来区分不同程度的已知信息。凡是听话者在考虑之中的,而又可以指认出来的,为已知信息;不在考虑之中,又不能指认的,则是新信息;当时并未被考虑,而必要时可以指认出的,则属于可以复原的信息。特征用得越多,区分得也就越细致,于是就自然需要区分不同程度的已知。

假如话题用已知信息来定义，而已知信息又有程度之分，则人们自然会提出疑问：已知到什么程度才可以成为话题？

另一个问题是：如果指认也成为确定话题的一个标准，这是否意味着能指认出来的对象就可以成为话题，反之，不能指认的对象就不能成为话题？假如真是这样，那么一个明显后果是把名词短语以外的成分都排除在话题之外，因为它们无法被指认。但有关话题及话题化的讨论的确常在话题成分中包括了名词短语以外的成分，如动词短语，甚至小句。

第二类观点认为，话题表示一个（话语的或信息的）出发点，或者说是句子的基本参照点。一些布拉格学派的学者和现代功能主义学派的学者持这一观点。这样理解的话题，基本上相当于功能主义信息结构中的主位（theme），相对于述位（rheme）。这种观点的另一个特点是把话题的位置限定在句首。

Schlobinski & Schütze-Coburn（1992：96）认为 Chomsky 对话题的看法也可以归入这一类，不过他们不是像布拉格学派和功能主义者那样从心理出发，而是从句子的结构出发。他们引了 Chomsky（1965：211）中的提法："不妨把句子的话题定义为：表层结构中的直属 S 的位于最左侧的 NP。"最左侧的成分，也就是句子的出发点。当然，这是 Chomsky 很早期的说法。

把话题看作话语的出发点并定位于句首，一方面排除了第一个成分以外的成分充当话题的可能性，另一方面又把一般人语感中不觉得是话题的许多成分勉强认作话题，例如某些种类或某些条件下的主语，甚至还有明显属于呼语的一些成分。更加极端的例子，是句首的重复词语，也会被看作话题，例如"这，这……我可说不好"中的"这"。

第三类观点认为，话题是关于句子要说的事。Gundel（1985：85）认为："大多数作者似乎都同意：（话题的）主要功能在于建立与话语的联系。"这一观点的关键是"关于"（aboutness），而"关于"本身是个含糊的概念，句法学、类型学、话语分析等等都用这一概念。Reinhart（1981）指出对"关于"的各种不同理解导致对话题的不同定义，而如果把"关于"紧扣语用理解来定义话题，则所下的定义用处不大，并不能帮助人们正确辨认话题。

　　写到这里，Schlobinski & Schütze-Coburn(1992)居然增加一节，以 Li & Thompson(1976、1981)为基础，专门讨论汉语的话题结构。(李讷等的观点，我们下文再述。)Schlobinski 和 Schütze-Coburn 在介绍了李讷等的分析后提出，所谓话题的概念其实是不必要的，在这方面，汉语与英语或德语并无区别。他们建议把下面一句中的"那棵树"分析为名词短语作定语(modifier)，而不是话题，只不过定语后面省略了"的"。

　　(1) 那棵树，叶子很大。

李讷和 Thompson 认为，"那棵树"和"叶子"之间有"的"还是没有"的"，结构不同，意思也不同[其实从陈承泽(1922)以来，汉语语法学界基本上也都这么认为]。但 Schlobinski 和 Schütze-Coburn 不信。这种批评，以及关于省略"的"的看法，当然只有不了解汉语的外国学者才会提出。他们不知道，汉语中除了(1)这样的句子，还有更复杂的(2)那样的句子，难道(2)这一类句子中的"那棵树"后面也省略了"的"？

　　(2) 那棵树，人们只见树干，不见叶子。

　　第四类观点，认为话题是交际动力(communicative dynamism)的基点。由话题作为出发点来推动交际进行。句子中各种成分推动交际的能力不同，有的作用大，有的作用小。所谓话题则是交际价值最低的成分。持这一观点的人，往往认为话题的选择与语义功能有关。他们研究的问题有：施事比起其他语义功能来，作话题的机会更多，还是作话题的机会较少。这一派的术语大家不大熟悉，影响相对来说不大。循这一思路来研究汉语话题的有陈平(1994)。陈平因为也在国内发表论文，所以国内对他的观点有一定了解。

　　Schlobinski 和 Schütze-Coburn 意识到，尽管他们劝告人们放弃话题这一术语，但大家不大可能接受这个建议。所以他们又说，也可以照旧进行话题的研究，但他们认为，不同语言之间的比较已不可能。

　　除了上述两位以外，还有不少人注意到"话题"这一术语有不同的理解，其中值得一提的是 Schiffrin(1992)。此文与上述两位的那篇论文发表在同一本语言学刊物上。早在 20 世纪 80 年代末 Schiffrin(1988)就已经指出，对话题下的定义不同出于两个原因。研究话题的人大都注意到话题在语言交际中的作用，但个人的侧重面却各有不同。有些人以说话者为出发点来定义话题，例如 Brown & Yule(1983)有说话者的话题这一提法。另一些人认为，对话题的定义要兼顾说话者与听话者双方，如 Keenan & Schieffelin(1976)。还有些人侧重于交际的内容而不是交际的参与者。这是造成对话题理解不一的原因之一。在侧重交际内容的人中，也还有分歧，从而构成对话题理解不同的又一个原因。这种分歧主要表现在把话题定位于语言的哪个层次，最普通的观点是把话题局限于名词性单位的层次（NP）：所谓话题即是下文要谈到的人、物、思想……，这种狭义的话题有一定的句法和语义表现。例如：话题往往位于句首，有时有一定的形态标志，可以兼作主语，其语义角色更常是施事而不是受事或工具等等。有人把话题扩大到小句层次（VP 可以看作有省略成分的小句），这样理解的话题可以包括整个命题。这种广义的话题在语法形式上仍然位于句首。在语义上，有人称这种话题为"背景事件"，区别于前景事件。这两个术语见于Tomlin(1985)。还有人进一步把话题扩大到全文层次，这种"全文话题"（text topic）是整篇文章的主题。这样理解话题的有 van Dijk(1977)等。Schiffrin(1992)在讨论了话题的种种定义后，没有建议大家放弃这一术语，但她也有自己的倾向性意见，认为从话语分析的角度研究话题会最有成果。

  Lambrecht(1994)的这部著作研究句子形式结构与交际环境之间的关系，其中第四章专门讨论话题，对于话题的定义、话题与主语的身份、话题的预设、话题与所指对象在说话者和听话者心理上的表现、话题在语序中的地位等等，都作了系统的论述。Lambrecht 一方面强调话题在信息传递中的作用，另一方面也注重研究话题的语法特点。他认为语法除了句法音系等之外还应该设一个部门专门处理结构与交际的关系，称为信息结构部门，而许多语法特征其实都是用来表达信息结构的。他对话题的理解和分析也建立在这种认识的基础上。话题关系就是某个命题在话语中的关系。用作话题的课题应存在于话语时间之中，必须能为听话者指认，而且必须在话语中起一定程度的积极作用。用来表述话题的命题必须提供有关信息，增加听话者对话题的了解。在他看来，话题毕竟是一个话语概念，同时也是一个语法概念。话题在

某种程度上也有形式标志,虽然未必有句法标志,以下面一个英语句子为例:

(3) The children went to school.

这是一个主谓句,也可以是,但不一定是一个话题-述题结构。句中的主语 the children 若要兼作话题,必须满足上文说过的话题在信息结构中的必要条件:交谈双方必须知道在说哪些孩子,必须对他们有所关心或感兴趣,说了这句话之后听话者必须对这些孩子有更多了解。同一句话可以在许多不同场合下说,但是并非在任何场合说这句话都能满足上述条件。不妨想象三种不同场合,以下三个问题都用(3)回答:

(4) a. What did the children do next?

　　 b. Who went to school?

　　 c. What happened?

但只有当用(3)来回答(4a)的时候,答句才是话题-述题结构。用(3)来回答上列三个问题时,读法各有不同。Lambrecht 用以下方式来表示不同的读法:

(5) a. The children went to SCHOOL.

　　 b. The CHILDREN went to school.

　　 c. The CHILDREN went to SCHOOL.

(5a)中的重音落在 school 上,而读 children 时低调突出。这就足以与非话题句相区别。这类区别虽然并不通过词法句法体现而是通过语音体现,仍然是形式标志。Lambrecht 的观点是以非话题优先语言为基点提出的,在汉语这样的话题优先语言中辨认话题要容易得多,如果接受他的观点,汉语的话题当然更应该看作属于语法范畴的成分了。

1.1.2　汉语功能语言学的话题观念

　　功能主义学派对汉语话题研究的代表性论著,首先要说到上文已提及的 Li & Thompson(1976)。两位作者既是有关话题的一般类型学的提出者,又是汉语功能语法的研究者,所以他们的理论在普通语言学界和汉语学界都有较大影响。他们以是否注重话题[±话题优先]和是否注重主语[±主语优先]两对特征来建立一种语法类型学,得出的是四分法。有的语言只注重话题[+话题优先,-主语优先],有的语言只注重主语[－话题优先，＋主语优先]，有的语言两者并重[＋话题优先，＋主语优先]，有的语言两者都不注重[－话题优先，－主语优先]。汉语被列为第一类即话题优先型语言的典型代表。

传统的和现代的各种语法理论基本上都假定句子的基本结构应该是主语加谓语，所以李讷和 Thompson 把重点放在说明汉语等是话题优先型语言，以显示跟主语优先型语言的区别。他们列举了这类语言的几个特征。例如：话题有专门的语法特征，而主语却没有，汉语中话题位于句首，而主语则不一定在句首。话题优先的语言中被动结构用得少，要强调宾语时只需要把标准句中的宾语改作话题，动词不必用被动语态。话题优先而不注重主语的语言无须采用类似英语的 it 之类形式主语来满足主语必须出现的要求。话题优先的语言常用下面这类所谓的双主语句，也即传统语法所说的主谓谓语句：

（6）象鼻子长。

（7）这棵树叶子大。

话题优先的语言中常由话题作先行语，体现与下文的人称代词或空语类的共指（coreference）关系，这种关系可以继续和重复，构成所谓话题链（topic chain）。

Li & Thompson(1981)更把话题和主语做了系统的对比。话题是句子所关（about），主语是动词所谓。话题不能无定，不能泛指，主语可以无定。话题必须位于句首，主语可以位于句中。话题与句子其他部分之间常有停顿。

在 Li & Thompson(1981)发表之前，曹逢甫（Tsao 1979）指出，Li & Thompson 等还没有说明如何辨认主语和话题，也没有说明两者有何区别，更没有详细讨论这两个概念在语法学中的作用。曹逢甫还进一步指出，虽然李讷等也意识到话题是个话语概念，他们的讨论却基本上限于句子范围之内。他认为话题与主语的一大区别是：话题常常将其语义范围扩大到单句以外，而主语不具有这一特点。曹逢甫在论文中列出了李讷和 Thompson 论述的话题特征，接着又提出他认为最重要的六个特征。其中大多数李讷和 Thompson 已经讨论过，但曹逢甫提得更为具体。第一，话题永远位于话题链中第一个句子的首位；第二，话题后面可以用（但不一定用）"啊、呢、末、吧"等四个小品词，与句子的其他部分隔开;第三,话题总是有定或类指的;第四,话题是个话语平面上的概念,在语义上常跨越句子;第五,话题控制话语链中代词的所指、省略等等;第六,话题不兼任主语时,在反身结构、被动结构、同语省略结构、连动式、祈使句中不起作用。他的结论是:汉语是注重话语的语言,有别于英语那样的注重句子的语言。这个结论也可以说是在李讷和 Thompson 观点基础上的进一步发展和扩大。

近年来以功能语法观研究汉语话题的著作有许余龙(Xu 1995)。许余龙在这篇博士论文中制定了两条辨认汉语话题的原则。第一条原则:在汉语句子单位中,任何一个位于动词之前的名词短语,只要是动作过程的参与者,不论是具体的参与者,还是抽象的参与者,一概都是话题。这样定义之下,一个句子就可以有许多话题了。第二条原则是关于他所说的"无标记话题"的。所谓无标记话题,就是较为典型的话题。他的原则是:如果句子中只有一个话题,它就自动成为无标记话题;如果有不止一个话题,则最邻近动词的为无标记话题。他接着又说,无标记话题就是主语。比如,"象鼻子长"这个句子,"象"和"鼻子"都是话题,而"鼻子"则还兼主语。再如,下面两句,(8)的主语是"有些人",(9)的主语是"螃蟹":

(8) 螃蟹,有些人不吃。

(9) 有些人螃蟹不吃。

他把话题定义得比上述几位宽松,可以充当话题的词语也就比较多。他从功能角度把话题分为新的和旧的两种:新的又分崭新的、用过的和可以推导的;旧的又分搁置的和当前的。这种分类比以前就话题所提出的有定要求或已知要求更为细致。

近年来,国内也有人以功能语法观念研究跟话题有关的问题,较有代表性的是张伯江和方梅(1994)及方梅(1994)。张、方两位的研究以汉语口语为对象,多取自真实的北京话语料,所反映的话题结构的多样性超过其他人的研究。张、方(1994)认为,汉语是一种注重功能的语言(比曹逢甫的"注重话语"又进了一步),句法制约力相对较弱,所以SVO、SOV之类句法语序类型对汉语研究的用处不大,而吕叔湘提出的汉语"由熟到生"的主谓语序(相当于由已知信息到新信息,跟赵元任的话题主语等同说相近),李讷和 Thompson 的话题-述题框架,虽然对汉语比较有用,但还不足以揭示汉语的事实,所以他们建议改用布拉格学派的主位-述位框架,句子前部的一些成分被他们概括为"主位结构"。他们参考 Halliday"意念成分、人际成分、篇章成分"的分类把主位结构分为三部分,认为其基本语序规律为"篇章主位>人际主位>话题主位"。他们的话题主位相当于一般说的话题,由名词短语、时间处所名词、介词短语和事物化的动词短语充当,前两种主位一般人分别分析为关联性状语和插入语等。张、方的主要特点以口语中的停顿和句中语气助词为主位结构的形式标记,认为"语气词的位置恰恰是主位和述位的分界处",是"次要信息和重要信息的分界线",所以绝不会出现在焦点成分中,并认为语气词在表示主位结束的同时其实更是表示述位的开始。下面是他们的一个例句,其中有语气词的地方就是主位与述位的界限:

(10) 她不想拆散老师的家庭,而且不想让她爱的人哪陷入苦恼,所以她一直啊没有把这一片痴情啊告诉老师,但又无法从心灵深处呢抹掉这个人。

方梅(1994)则更具体地分析了句中语气词在表达主位结构方面的作用。他们的框架建立在纯口语基础上,非常依赖停顿和句中语气助词,对没有这类标记的句子就难以分析,对书面语体更难适用。他们提出对句子进行动态分析法,暗示在没有外部标记时可以根据情景及分析者的理解来分析,实际上允许对同样的句子有不同的分析结果。

1.1.3　汉语形式语言学的话题观念

汉语形式语言学对话题问题的关注也比较早。在形式语言学范围内研究汉语话题结构的文章有 Xu & Langendoen(1985)等。徐烈炯等的这篇文章也对汉语话题结构作了比较系统的描述和分析,但其主要内容还是探讨汉语话题现象跟 Chomsky 形式语言学理论的关系。具体目的是讨论下面两个问题:一是,汉语话题结构是不是 Chomsky 理论中的疑问词移位(wh-movement)造成的;二是,话题结构中出现的有关空位是否都是 Chomsky 所定义的四种空语类中的变项(variable)。这些讨论的针对对象是 Huang(1982)。

黄正德在这篇博士论文中提出,汉语话题结构类似英语疑问结构,都由移位形成,而且这两种结构在移位过程中受到的条件制约是相同的,移位所形成的空位在语义解释方面所受到的限制也是相同的,这种空位相当于逻辑式中的变项。徐烈炯等的文章认为黄正德的论证不可信。这一有关移位还是非移位的争论只有在 Chomsky 理论的框架下才有意义。

以下面的句子为例:

(11) 那本书,我读过。

在没有上下文的环境下,一般都会认为(11)的意思跟(12)一样:

(12) 我读过那本书。

而且,大家都会承认,在北京话中,(12)是比(11)更为基本的形式。假如由此就认为(11)是在(12)的基础上经过移位派生出来的,大概没有谁会坚决反对。问题在于这未必就是 Chomsky 所谓的疑问词移位。Chomsky 给疑问词移位列出了一些必须遵循的条件,符合这些条件的情况才是疑问词移位,不符合的就不是。Chomsky 认为这些条件是说话者头脑中都掌握的普遍语法原则。所以,判断汉语话题结构是否属于疑问词移位,必须看移位是否受这些条件的限制。用(8)那样简单的结构是测试不出 Chomsky 的那些条件的。所以 Xu & Langendoen (1985)用了许多比较复杂的汉语话题句的结构来测试,测试结果说明,汉语的许多话题结构不符合 Chomsky 的那些条件。所以,他们这篇论文的结论是,要么 Chomsky 所说的疑问词移位条件根本不存在,要么认为汉语的话题结构并非像黄正德所认为的是由疑问词移位造成的。换句话说,不可能既接受 Chomsky 的条件,而又认为汉语话题句都来自移位。如果抛开 Chomsky 的理论来说(11)和(12)体现"句型交换""移位"等等,大概不会引来太大争论。另外,文章按 Chafe(1976)的提法,把一些难以用移位来解释、跟英语等语言的话题化很不相同的话题化现象称为汉语式的话题化(topic,Chinese-style),这与功能语言学中认为汉语在这方面跟英语等类型上不同的观点有相近之处。

徐烈炯(Xu 1986)也有一节专门讨论汉语的话题结构,主要议题是:话题结构中不出现的成分属于哪一种空语类。黄正德的看法是:这种成分只能是变项,而徐烈炯则认为话题结构中的空语类与汉语其他结构中的空语类并没有本质的区别,都不可能在句法层次上确定是

Chomsky 所列举的四种空语类的哪一种,不妨称为自由空语类(free empty category)。对这一问题的研究又导致空话题的假设,以及围绕有无必要设立空话题的争论。

黄正德(Huang 1982、1987、1991)及后来与李艳惠的合作论文(Huang & Li 1996)都主张把类似(13)的句子都分析为话题句。

(13) 张三说李四不认识[　]。

黄正德认为(13)的意思相当于(14),而在结构上更接近于(15)。

(14) 张三说李四不认识王五。

(15) 王五,张三说李四不认识[　]。

(13)和(15)的差别仅在于(15)中出现了话题,而(13)中只有一个无形的话题。不妨把(13)写成:

(16) [　]张三说李四不认识[　]。

黄正德把(16)中的无形话题称为空算子(empty operator),算子是一个逻辑术语,借用来表示它与后面的空位指同一对象。

为什么要借助于空话题这种很抽象的概念? 黄正德认为加上话题就可以处理以下事实:(16)"不认识"的宾语既不可以是李四,也不可以是张三,一定是王五或别的什么人。更概括地说,凡是小句宾语省略,被省的宾语都不可指主句的主语。假如小句中被省的宾语指主句的主语,那么(16)就会相当于(17)。

(17) ＊张三,张三说李四不认识[　]。

这样,句中的话题、主句主语和小句的空宾语都指同一个人。这种情况在英语等其他语言中也不允许,如英语中不可以有:

(18) ＊John$_i$, he$_i$ said you would not help e$_i$.

(19) ＊Who$_i$ he$_i$ said you would not help e$_i$.

(18)、(19)中 e 表示空宾语,三处下标 i 都是表示指同一对象。给(16)加上一个空话题的作用是清楚说明(16)中李四不认识的只能是一个别的什么人如王五,而不能是张三。

徐烈炯认为这种空话题假设造成不必要的烦琐,而又并不符合语言事实。该假设的出发点是小句中的空宾语一定不可以指主句主语,这并非事实。Xu(1986)用的例子是:

(20) 小孩以为妈妈要骂了[　]。

（21）小偷以为没人看见[　]。

这两句中的空宾语分别指主语"小孩"和"小偷"。既然这个空话题假设所试图说明的事实本身就不存在，又何必去大费周折呢！

黄正德在后面的几篇文章中都争辩说：（21）中空缺的其实不是宾语，而是一个 VP，例如"偷东西"。这样争辩缺乏根据，而且不能适用于（20）。因为"看见"后面可以跟一个 VP（但也可以是 NP），而"骂"的后面却只能是 NP。说汉语的人都不觉得该句中"妈妈"骂的一定是"小孩"以外的另一个人。

徐烈炯（1994）进一步说明上述空话题的假设建立在对语感误解的基础上。黄正德所举局限于少数例句。他的常用例句是（13）。大家确实觉得这里小句宾语指"张三"的可能性很小。但是，其原因跟语法无关。在缺乏上下文的情况下，（13）的空宾语可以指任何人、地方、事物，每个对象被指的概率都很小，所以空宾语指主语张三的概率，其实丝毫不小于指任何一个其他对象的概率，比如说指法国总统或英国女王的概率。把指张三的概率跟指其他一切对象的概率之和相比，当然显得小了，而这种比较显然是不合理的。实际上，小句的空宾语指主语的可能性究竟为多少，完全不受语法的制约。下面一句是个恰好处在另一极端的例子：

（22）皇帝要他的大臣朝见[　]。

其中小句的空宾语所指的对象可以肯定是主语即"皇帝"自身。造成这种理解的不是语法因素，而是这样的社会背景：每个君主国的大臣都只朝见本国的皇帝，而每个君主国都只有一个皇帝。假如（13）之类句子前面要加个空话题，那（22）前面要不要加？如果在每个句子前面都加上一个话题，原则上没有问题，但不应该只加在那些小句中含有空宾语的句子前。

刘凤樨（Liu 1986）同意 Xu & Langendoen（1985）的意见：汉语句法结构中不存在 Chomsky 所说的那种疑问词移位；但是，刘凤樨不同意徐烈炯把几种空语类合并为一种自由空语类的主张。她建议用下层话题到上层话题的移位来处理复杂的话题句。

蒋自新（Jiang 1990）指出 Xu & Langendoen（1985）对汉语话题结构的分析只提到话题后面的部分本身要合乎语法，而没有提到话题化受到的某些词汇-结构限制。述题部分合语法只是话题结构成立的必要条件,但还不是充分条件,还有其他条件也需要满足。例如,有些动词后面允许出现作小句的话题结构,有些动词后则不允许,比较:

（23）张三相信王五,李四去看了。

（24）＊张三喜欢王五,李四去看了。

这两个句子表面结构并无区别,蒋志新认为"相信"后面的小句和"喜欢"后面的小句,结构方面有所不同,导致两句的合语法性不同[1]。

最彻底反对话题移位说的是 Huang（1992）。黄居仁不用 Chomsky 的框架,而用 Bresnan 的词汇-函项语法框架。他和徐烈炯等一样认为英语疑问结构的那些语法限制在汉语话题结构中并不存在。他还认为这种种现象用词汇-函项语法都能得到充分解释,此外还能解释一些 Xu & Langendoen（1985）没有提到或不能处理的事实。例如,下面（25）和（26）中 a 的小句或小句中的嵌入成分可以出现在话题的位置,而 b 的类似成分却不可以:

（25）a. 你已经毕业了,我知道。

　　　 b. ＊你已经毕业了,我以前认为。

（26）a. 王五,我听说答应明天来。

　　　 b. ＊李四,我劝明天来。

词汇-函项语法自成体系,有一套独特的概念、术语和符号,处理话题结构时不需用空语类。这里无法详细介绍。

而继承黄正德的移位观点的则有 Ning（1993）。宁春岩这篇博士论文的大部分篇幅用来讨论关系结构中的一些问题,只有较小的篇幅论及话题结构。像黄正德一样,他把话题结构分析为非论元移位（A-movement）的结果。不过,他根据 20 世纪 90 年代 Chomsky 理论的新发展,在处理移位的技术性方面作了改进。他放弃了黄正德把汉语关系结构和话题结构等同处理的传统,对话题结构作了稍有不同的分析,提出话题结构毋须涉及算子（operator）。

在汉语功能语言学方面,较早的 Li & Thompson 把话题概念主要用于句子内部,而稍后的曹逢甫则认为话题的语义范围可以超出句子范围。在汉语形式语言学方面也有与此平行的发展。较早的 Xu & Langendoen 也把话题结构限于句子范围,虽然他们讨论的范围涉及几层套叠、结构相当复杂的句子,但终究只是一个句子。而 Shi(1992)则把话题的结构扩大。石定栩在这篇博士论文中认为凡是一个话题链所辖的范围,都可以看作一个话题结构。这样理解的话题结构可以是一个超句,可以超越通常所说的主从复合句乃至并列复合句。只要是共用一个话题的一系列句子,都可以看作一个大的话题结构。另一方面,对话题结构他也持移位观念,认为凡是话题一定在后面的句中有一个位置,有时候话没说全,就看不出话题应占的位置。例如,"那场大火,幸亏消防队来得快",只是半个话题结构,下半句是"……才没有造成损失",只要把话题结构扩大,总有办法把话题放回去。不过,如何扩大话题结构,似乎并没有很形式化的规则,下面讨论的袁毓林的看法也面临同样问题。

另一篇讨论汉语话题结构的博士论文是 Shyu(1995),重点研究"连……都/也……"在句首和句中作焦点的用法。论文作者认为汉语中的话题和焦点不仅是话语概念,而且在句法上都有所体现。论文详细讨论了话题和焦点在句法方面的相同与相异之处。

中国国内发表的从形式语法角度研究话题的著述不多,袁毓林(1996)的对话题和话题化的讨论涉及一些形式语言学的问题。他承认汉语的某些结构"从语用上看"具有明显的"话题-说明"结构,也承认汉语广泛存在话题化现象。但是,他不同意李讷和 Thompson 关于汉语跟英语有话题优先与主语优先之分的观点,更认为话题这个概念对汉语句法平面来说是不必要的,只在语用或话语平面的分析中才需要(这似乎跟国内的三个平面学说相近),在句法平面,话题化的成分就是主语,是主语中的一类(这又跟三个平面学说完全对立)。他的讨论跟形式句法有关的部分,就是认为所有话题化成分都是从句子的"环境成分"(时间、地点等成分)或不同层面的配项(即论元)经过提升(raise)并移位到主语位置而形成的,跟英语话题化成分的性质没有什么两样。因此,他否认 Chafe(1976)和 Xu & Langendoen(1985)所称的"汉语式话题化"的存在。但是,他为了显示话题的论元性质而作的论证并没有形式语言学所要求的操作程序和规则,往往需要借助语境和常识补出许多被"删除"的成分(这跟石定栩的"扩大话题结构"的做法相似),而这些"删除"成分有时连他自己也不很确定。例如,下面这个石定栩也讨论过的话题结构,袁毓林自己给出的被"删除"的整个小句就有 a、b 两类共达四种,加上石定栩的就有五种,实际上或许还能给出更多种, 而他认为话题"那场大火"就是由这些被删小句中的某个谓词的论元提 升移位而来的:

(27) 那场火,幸亏消防队来得快。

　　　[否则,a. 不定烧成什么样子/早把什么都烧光了……

　　　　　 b. [造成的]后果不堪设想/损失可就大了……]

由此可见,他所说的"移位",与生成语法等形式语言学中处理英语话题 化用的移位,概念和操作都不一样。假如汉语中的话题化真的是由这 种"移位"构成,而英语的话题化由 Chomsky 等所说的"移位"构成,那 么,结论恰恰应该是两种语言在话题化方面很不相同,而不是他所说的 相同。所谓"英语式话题"和"汉语式话题"就区别在这一点。另外,他 还过多地借助名词的"价"成分来说明话题的论元性,而许多名词的价 的认定目前还缺乏足够的形式证据。

　　总之,石定栩和袁毓林由于都借助个人随意性较大的"扩大"或"补 出"程序,因此还不足以充分说明汉语的话题真的都是由句内成分提升 或移位造成的。

1.1.4　汉语结构语言学的话题研究

　　不少汉语学者,尤其是中国国内的学者,是以某些带有结构主义尤 其是美国描写学派色彩而有所发展的方法来研究汉语语法的,其中也 涉及对话题问题的探索。近年来部分学者提出的三个平面学说在国内 影响较大,它结合了结构主义、符号学及功能主义的一些特点,其中话 题问题是他们的重点探讨对象之一。下面分别说明。

　　早期的汉语结构语法持话题主语等同说,这种观点以赵元任 (Chao 1968)为代表。他认为汉语的主语和谓语的语义关系很松散,就 是话题与其述题的关系,主谓之间在形式上可以有停顿、语气助词等。 这种观点跟主要以施事为主语的汉语传统语法很不相同。这也是汉语 语法学正式提到话题之始。赵元任还有另一个跟话题有关的看法。他 认为汉语的完整句相当于一问一答两个零碎句的组合,话题(=主语) 像问句,述题(=谓语)则像答句,例如:

(28) a. 两人对话：　　　　　饭呐？都吃完了。

　　　b. 自问自答：　　　　　饭呐，都吃完了。

　　　c. 一个完整句：　　　　饭都吃完了。

我们可以看出，a 是典型的问答对话，c 是一个完整单句，b 则介于两者之间，"饭呐"似乎来自 a 的问句，又像是 c 的话题或主语的来源。这一观点跟后来国外理论界有人提出的某些分句和话题有共同性质的看法［如 Haiman（1978：297）］有相近之处，详见 6.4。

话题主语等同说长期成为汉语结构语言学的主要观点。例如，朱德熙（1982：96）："说话人选来作主语的是他最感兴趣的话题，谓语则是对于选定了的话题的陈述。"朱德熙对主语（＝话题）的形式特点和意义特点的看法也跟 Chao（1968）接近。李临定（1985）仍持话题主语等同说。他说主语"是位于句子前边的起话题作用的名词或相当于名词的成分"。此外，李临定认为汉语不但主谓之间关系松散，而且形式特征贫乏，因此得出的结论是汉语的主语在语法中的地位不重要，"不必过多地注重"。

在主语话题等同论的背景下，主谓关系必然极度松散以致没有意义，加上尚未找到足以给主语定性的形式手段，不但主语语法地位不重要的推断已经呼之欲出，而且依靠跟主语相对而建立起来的谓语概念以及整个主谓关系在语法系统中的地位也成为问题，这引起的已经不仅是一个主语问题了。先是话题概念"始"于主语，最后是主语的概念"终"于话题，这似乎是话题主语等同观极其自然甚至必然的逻辑过程。当然，李临定关于汉语主语不重要的观点看起来似乎跟李讷和 Thompson 关于汉语不注重主语的观点有接近之处，不过李临定的主语是主语和话题的统一体，因此跟李讷和 Thompson 汉语话题优先的观点实质还是很不相同的。

要保持主语在汉语语法系统中的地位，必然会引出话题概念和主语概念的某种分工。

胡裕树、范晓（1985）是最早正式提倡语法研究三个平面观念的重要论文，而区分主语与话题（他们叫主题）是文章的重要内容之一。他们认为主语属于句法平面，而话题属于语用平面，同时为话题在句法成分分析时提出了一些特殊的成分名称。在句法平面，"主题或者与主语重合,或者是某种特殊的句子成分"。例如,"鸡,我不吃了",是一个主谓句(许多人称为主谓谓语句),主语是"我","鸡"在句法平面是一种特殊成分"提示语",在语用平面则"'鸡'是主题,'我不吃了'则是述题"。范晓、胡裕树(1992)在继续讨论三个平面理论时,进一步谈到话题一般是已知信息(又称旧信息),述题一般是未知信息(又称新信息)。范晓(1996:384)还在"语用平面"分出"主题句"(主题+述题)和"无主题句"(只有述题或分不出主题述题)两种"句类"("句法平面"和"语义平面"的句子类型分别叫"句型"和"句模")。国内较早区分话题和主语的还有范开泰(1985)。跟胡裕树、范晓一样,他也认为话题是句子的语用分析的对象。从语用角度出发,他还把话题分为话语话题、结构话题(句子的话题),并着重分析了结构话题和主语的关系,认为两者平面不同,有时一致,有时不一致。针对汉语主语形式特征不明显的特点,他认为印欧语可以是句法主语、语义主语(广义施事)和语用主语(话题)三分鼎立,而汉语只有语义主语和语用主语的对立,缺少句法标准的主语定义。

陆俭明(1986)是国内在接近结构语法的框架内较早区分话题和主语的一篇论文。这篇讨论周遍性主语句的文章在最后两节专门讨论了话题和主语的关系。作者在提到赵元任和朱德熙的话题主语等同说以后,明确提出不同意见:"就汉语而言,主语不一定就是话题,话题也不一定是主语",并认为前者是句法学的概念,后者是语用学的概念。论文的另一重要贡献是在国内首次对汉语中(不等同于主语的)话题的形式标记作了探讨,提出了三条:非句子自然重音所在;能在其后加"是不是"形成反复问句;能在其后插入前置连词使句子成为复句中的一个分句。根据这三条标准,作者认为周遍性主语不是话题。这是国内最早给汉语话题提出有一定可操作性的形式标准的论述,尽管这些标准并没有都成为定论。

实际上,胡裕树和范晓、范开泰、陆俭明诸文的主要作用,是面对赵元任以来话题和主语等同的观念,在"平面"上区分了话题和主语。由于这几篇论文都不是讨论话题的专文,所以举例只限于少数典型例子,跟话题有关的一系列理论问题和对具体语料的分析问题尚没有系统地涉及。他们的一个共同点是强调两者并不处处重合,同时承认语用上的话题和句法上的主语在句子中是经常重合的。

国内更详细更专门地讨论话题和主语关系问题的有史有为(1995)。这篇宣读于 1989 年的论文首先讨论了话题的信息特征,认为话题是双方临时设定和认可的一种"先知信息",是一种说明或陈述的对象,而不是信息的焦点。然后着重从形式特征(主要是停顿及语气助词)方面讨论话题和主语的关系。作者对主语取国内结构主义的广义理解,包括作者所说的"有争议的主语",这样一来话题基本上都是主语,不存在哪些话题是主语的问题,所以主要是根据主语有无停顿、可否停顿来逐类讨论哪些主语是话题或可能是话题,哪些主语不是话题。这篇论文的另一个特点是认为汉语句子可以有两个或更多个层次地位不等的话题,从而区别于认为一个句子只有一个话题和话题必在句首的看法。这跟作者注重话题标记的作用有关,因为这些标记可以出现在句中不止一个成分上。

1.2　话题的定义

1.2.1　如何看待话题定义的分歧现象

面对有关话题的众多不同观点,不少人担心,这个概念没有明确的定义,也难以取得明确而一致的定义,因此就有人认为话题这个概念"没有实际意义",现在研究还为时过早,甚至干脆认为最好彻底放弃这个不成熟的概念。我们觉得这种态度并不可取。

有些人所谓的"没有明确定义",实际上是指"没有一致接受的定义"。从传统语言学到现代语言学,缺乏一致性定义的概念何止话题,但这么多概念并没有因此而被放弃。不妨来看看跟话题关系最密切的主语这个概念的情况。文献中已经出现的定义种类已经难以精确计数,至今也不能说已经有了统一的定义,而且考虑到语言之间的差异,恐怕也难以指望有非常理想而统一的定义[参看 Keenan(1976)、Comrie(1981:98)],但几乎没有一种语法理论能完全不用主语这个概念或它的某种代用品。

定义的不一致,实际上又有两种情况,再以主语为例。一种情况是各种语言主的情况很不相同,难以有统一的定义。在主语可以借助

"格"、一致关系等形式标记来确定的语言中，当然用形式来定义主语最理想，也最容易取得统一的意见。但这种定义显然难以"移植"到主语缺乏形式标志的语言如汉语中。因此要让这些不同语言的主语有一致的定义是很不容易的，而在此基础上形成跨语言的统一的主语定义更是不容易的事，特别是考虑到作格语言（ergative languages）的存在。在作格语言中，不及物动词的唯一论元（在宾格语言中通常作主语）跟及物动词的受事而不是施事呈现同样的格。另一种情况是对同一种语言的主语理解也不一样，难以形成统一的定义。汉语"台上坐了主席团"一句的主语是什么，已经争论了几十年，至今仍有不同意见，就典型地反映了这种情形。

话题概念的不一致，也有这样两种情况。所以没有理由因为没有统一的定义就放弃话题这个概念。

"没有明确定义"也可以理解为缺乏形式化的定义。这一点对传统语法来说不成为大的问题。人们常常在没有明确的形式化定义的情况下使用各种概念做研究。例如，"主谓谓语句"就是在既缺乏句子的形式化定义，也缺乏主语、谓语的形式化定义的情况下被研究者们广泛地用在自己的研究中。对于现代语言学来说，我们还难以做到对每个概念都有共同一致的明确定义，但每个研究者应该在使用有争议的概念时尽量给出自己的明确的（最好是形式化的）定义。

所以，就话题来说，每个研究者应该明确地定义他使用的"话题"。既然许多学者都觉得话题是个有用的概念，而不同语言中的话题不一定一致，各人按自己的理论体系来理解的话题概念也都不尽相同，无法统一，则不存在谁一定对，谁一定错的问题。不过，在评论别人的研究时，首先应该注意对方的话题概念是什么。有时候，我们会看到这种情况，从自己的话题定义出发，来评论别人的含义其实很不相同的话题研究，结果其评论显得很不着边际。这是应当尽力避免的。不仅是话题，其他问题也是如此。比如，要评论 Chomsky 的"转换""移位"等理论，首先应该明确这些概念在 Chomsky 那里的定义、用法和所赋予的各种条件限制。假如，评论的是 Chomsky 用这些概念所作的研究，但却按照自己的不同理解，放宽"转换""移位"等的条件限制，缩小其内涵，扩大其使用范围，就这些走了样的"转换""移位"来提出批评，那做起来是很容易,但却是没有意义的。

1.2.2　话题定义涉及的因素

　　前面我们已经以学者为线索简要介绍了有关话题观念的种种看法。在给出本书对话题所下的定义以前,我们最好再以要素为线索来分析一下现有的话题(特别是汉语话题)的定义。现有的话题定义,包含的要素涉及语义(主要是句法语义)、句法(句法形式和句法结构)、语用(话语背景等)各方面。下面提到的要素,都只代表部分学者的意见,不一定是所有研究话题的学者的一致意见,而且各点之间也可能有矛盾。有些是选择"主位"为术语的学者所提出的主位的性质,也附在这里。需要时我们也附以简要的说明或评述。

　　话题被提到的语义性质有:

　　第一,话题是后面述题部分所关涉的对象,语义要素是所述,即通常所说的"关于"(aboutness)。这种认识跟国内汉语学界常见的主语定义相当,所以话题主语等同说在国内还是有一定影响。

　　第二,话题与句子主要动词短语(VP)的关系可以是施事、受事或其他关系的论元,也可以是非主要 VP 的论元或在语义结构中处于嵌入状态的成分,还可以是时间、地点等句子内容的环境要素。Mallinson & Blake(1981:108)认为话题可以是主语或宾语,但不能是语义上的嵌入成分,这显然不能概括汉语的情况,Xu & Langendoen(1985)有许多汉语嵌入成分作话题的例子。如:

　　(1) 曹禺我喜欢他的剧本。

Gundel(1988:217—218)提到朝鲜语也可以将话题标记加在时间、处所成分和句子中任何名词性成分上,包括并非动词论元的成分。

　　在汉语中,话题也可以跟句子的主要 VP 或其他 VP 没有直接的论元关系或嵌入关系,而是仅凭借常识或背景知识与句子内容发生关系的成分。如:

　　(2) 那场火,幸亏消防队来得快。

　　话题被提到的句法性质有:

　　1) 位于句首。Mallinson & Blake(1981:100)认为,在宾格语言(非作格语言)里置于句首是话题化的通常手段。话题居首的看法跟一个句子(小句)只有一个话题的看法有关。因为若允许句子出现不止一个话题,则几个话题不可能都在句首。关于句首位置,请再参看第二点。

2)前置(位于述题之前)。前置当然包括句首的位置,但不限于句首的位置,实际上也允许出现在述题前的其他位置。所以"位于句首"可以看作前置性质的"强式"(strong form)。而本点则是其"弱式"(weak form)。弱式的前置性质允许句子内有几个话题存在。

话题的前置,其至强式的前置(句首位置)是语言中相当普遍的现象,Tomlin(1986:37—72)提出的"主位居先原则"(The Theme First Principle)也持类似的看法。但作为语言共性,这一点也面临某些理论和语言事实挑战。Givón(1988:243—284)指出主语或话题的位置都跟该成分的"指称距离"(reference distance)及信息重要性有关。指称距离远因而可预期性(predictability)低的主语或话题,以及重要性强的主语或话题,有前置乃至句首倾向,反之,则有后置倾向,例如尤特语(Ute)的情况。所以 Givón 实际上认为前置仅是部分话题而不是所有话题的位置。张伯江和方梅(1996:29—35,52—70)在承认汉语"口语的句内语序,基本上是以主位在前,述位在后为原则的"的同时,也详细讨论了"一种异常现象,即主位后置",其中至少所谓的"话题主位"的后置,实际上也反映了汉语中的话题后置现象,如"太自私了他"。他们认为后置的主位总是全句最次要的信息。

3)可省略。Givón(1988:252)指出有些语言在话题可预期性最高时可以表现为零话题(只有述题)句,即话题省略。范晓(1996:384)认为句子可以在"语用平面"分出"主题句"(主题+述题)和"无主题句"(只有述题或分不出主题述题)两种"句类",而没有"无述题句",等于承认在话题-述题结构中只有话题是可以省略的(Givón 的系统中则也有无述题而只剩话题的句子)。不过所有这些话题省略的分析都是针对具体语言而不是作为语言共性提出来的。对于话题相同的后续句可以省略话题,或许大家的看法会更加一致。

4)话题后可停顿。这主要是汉语研究者提出的,张伯江和方梅(1994)将此作为主位的主要标记之一,但也有人将此作为主语的形式标记。不管怎样,可停顿只是话题的一个性质,但不是特征,有些非话题成分后也能有停顿。如：

（3）他慢慢地、慢慢地走了。

5）带话题标记。这也是作为部分语言（尤其是所谓话题优先型或主语话题并重型语言）的特点而被提出来的。常见到的是后加成分，如日语、朝鲜语、傈僳语等都有专用的话题后加标记，可能跟这些语言多为 OV 型语言有关。VO 型的塔加禄语则以前加成分为话题标记。汉语的句中语气助词在话题和主语等同的 Chao（1968）、朱德熙（1982）等中都被看作主语标记；在主语和话题分开后，它们应该被看成是话题或主位标记。张伯江和方梅（1994）就将句中语气助词看作最重要的主位标记。不过在汉语中，即使能带专用话题标记的都是话题，也难以说没带话题标记的就不是话题；在某些方言中，所谓句中语气助词的作用也不限于表示话题。所以，这类标记也许还不能成为判断话题的充分条件。

6）话题，至少是被认为由句子中的成分提升而来的话题，可以在句中的原位出现复指成分。如前举（1）中的"他"复指话题"曹禺"。

（1）曹禺我喜欢他的剧本。

当然，并非所有话题都已经有或可以有句中复指成分。

7）话题不能是句子自然重音的所在处。这是陆俭明（1986）提出的，但他没有说明话题能不能带焦点重音。而张伯江和方梅（1994）则认为主位都不能是焦点的所在。这是否意味着话题不能带一切重音？语言事实又是如何？看来这些问题还值得进一步讨论。

8）若干句子，甚至整个段落，可以共用一个话题。

话题的话语功能性质：

1）话题必须是有定成分，而不能是无定或类指的成分。这一点被许多人强调，以至成为某些话题定义的主要要素。这也可以视为话题的语义性质，因为跟下面几点关系密切，所以一并放在这里。也有人认为话题可以是有定或类指，而不能是其他指称义。本书第 5 章将说明，有定成分虽然在话题中占绝对优势，但无定成分在一定条件下仍有作话题的可能。其他指称义作话题的问题也将在第 5 章中进一步研究。

2）话题是已知信息。在讨论话题时，提到已知信息的比提到有定的更多。这两者的确有很大交叉但绝不完全重合。

3）话题须是听说双方共享的信息（shared information）。一般谈已知信息，多半是兼顾听说双方的，包括听话方的已知信息，实际上就是共享的信息。所以这一点也可视为上一点的另一种表述法。

4）话题是已被激活的信息（activated information）。意思是，话题成分的所指应该在不太远的上文中已经提到。这可视为"已指信息"的强式。从字面上说，已知信息也可以包括存在于背景知识中，而不一定是在话语现场已被激活的信息。

5）话题是说话人有意引导听话方注意的中心。Tomlin（1986：39—40）是就他的"主位"概念提出这一点的。他强调主位不等于共享的信息。共享的性质只涉及理解（认知）上的指称性质，主要是有定无定问题，体现说话人对听话人能否认定对象的判断；而主位涉及话语的注意中心，体现说话人对听话人心理注意力的主动引导和界定。他特别举到一些语言中，有定成分或共享信息因为不是说话人希望对方注意的中心而并没有取得主位的位置。从他对主位的分析看，他的主位概念其实更接近其他人用的话题的概念。因此，Tomlin 实际上认为单以有定或共享之类性质来定义话题有相当的片面性。

6）话题跟焦点相对，因此话题不能是焦点。Sgall et al.（1986：175，216）把句子分为话题（topic）和焦点（focus）两个部分，使焦点成为跟话题相对的成分。当然他们的话题-焦点结构已经跟主位-述位结构相当，在这种体系里，作为述位的焦点当然不能再出现在话题中。但这一看法并不是语言学界的共识。一般认为焦点的重要特征之一就是对比，所以焦点重音（focus stress）又叫对比重音（contrast stress）。而Gundel（1988：217）则指出有些语言的话题标记主要用在新话题或跟其他话题构成显著对比的话题。构成明显对比的成分应该说就是具备了焦点的作用。所以一些语言学家干脆根据是否焦点来给话题分类。如 Ernst & Wang（1995：239）根据 Gundel（1988）和 Culicover（1992）把话题分为话语话题和焦点话题两类，认为后者的作用是引进一个与其他成分构成对比的话题要素[2]。本书第 3 章将说明，在汉语及其方言中，话题中是可以含有焦点成分的，但话题焦点的确跟其他种类的焦点有明显的差异，详见 3.2。

1.2.3　如何对话题下句法定义

我们把话题看作一个句法结构概念。话题可以指：一、句法结构中的某个特定位置；二、出现在该位置上的词语。其他句法概念，例如主语，也有相应的两层含义，既可以指结构位置，也可以指位于该位置上的词语。在本书中话题一律不用来指出现在话题位置上的词语所指称的对象。例如，1.2.2 小节中的话题是专有名词"曹禺"，而不是当代剧作家曹禺先生。Lambrecht(1994：127)中用话题词语(topic expression)指前者，用话题所指(topic referent)指后者。

在给话题下形式化的定义之前，我们先看一下如何对主语下个明确的形式化的定义。比较早期的生成语法把主语定义为直属于句子(S)的名词短语(NP)，即此图中的 NP_1：

（4）

而宾语则可以定义为直属于动词短语(VP)的名词短语，即图中的 NP_2。现在的生成语法不大用 S 代表句子。Chomsky(1996)给英语句子画的树形图是：

（5）

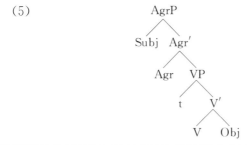

虽然所用的符号不同，结构树的画法不同，但基本道理仍不变。任何一个结构位置都是树上的一个节点，都可以通过举出它上一层的节点、与它平行的节点及/或下属于它的节点来确定其位置。按(5)，主语可以定义为直属于 AgrP 与 Agr′ 平级的节点。

我们会用同样的办法来定义类似(6)中的话题：

（6）这个人啊，我讨厌。

略去一些与讨论关系不大的成分，用树形图画出来可以是：

（7）

在图（7）中我们通常观念中的话题"这个人啊"占两个位置。名词短语"这个人"占 Spec 的位置，话题标记"啊"占了 T 位置。假如我们要对通常所说的话题"这个人啊"下定义，我们可以说它是 TP 之内除了 IP 以外的成分。

在本节中，许多读者可能还不容易理解我们的用意。因为，第一，我们还没有介绍一个标准结构体分几个层次，有哪些成分等等；第二，我们还没有介绍组成结构体的各个成分，以及用来表示这些成分的符号，而且图（7）也不全面，因为还没有提到汉语话题在结构中可以占有不止一个位置。这些，都将在第 2 章逐步介绍，而后我们会画出结构树形图，指出图中哪一个或哪几个位置是话题位置。虽然我们从结构上定义话题，但我们仍然力图使我们所定义的句法概念尽可能反映话题所具有的语义和话语功能性质。Chomsky（1957）也认为，能否反映语义事实是评判语法优劣的标准之一。他写道：

> 我们评判形式理论也可以看这些理论有没有能力解释和澄清在使用和理解句子方面的各种事实。我们希望，被语法提出和反映的语言句法框架能够支持语义描述，对于能够更好地达到这一要求的形式化结构理论，我们的评价自然会更高一些。

1.3　话题优先的语言和方言

话题优先是李讷和 Thompson 提出的语言类型参项。根据这一参项，除了他们的四分法外，我们可以分出广义和狭义两种话题优先型语言。狭义的话题优先型语言指只注重话题而不注重主语的语言，广义的话题优先型语言也可以包括既注重话题也注重主语的语言。本书除特别注明的地方外,一般都用话题优先型的广义。

　　李讷等的类型分类法,其前提是区分主语和话题,而如何区分主语和话题还没有很一致的意见,所以有人对他们区分这些类型的具体标准和分类结果有不同意见,这是可以理解的。个别人认为这种类型分类法完全没有根据,但我们从语言事实看,特别是从汉语及其方言的事实看,一些语言较注重主语而另一些语言更注重话题,的确是客观存在的事实。在他们提出的标准中,至少一部分标准是已经具有一定的可操作性的。如:1. 在形态学(morphology,包括黏着性虚词的使用)上一种语言是优先标记跟主语有关的"格"(case),还是优先标记话题。例如,汉语没有格标记,而有话题标记如提顿词(句中语气助词),而英语至少部分代词有格,但没有专用的话题标记。2. 主语优先的语言以主谓关系为句子基本结构关系,而主谓关系的最大特征是主语和动词有词汇上的选择关系;而话题优先的语言以话题-述题关系为句子的基本结构关系,话题和述题之间不一定有词汇选择关系。"那场火,幸亏消防队来得快"这种完全没有词汇选择关系的句子基本结构,只能出现在话题优先的语言中。3. 主语优先语言经常使用有明确形式标志的被动句,如英语中 be 加动词的过去分词构成的被动句,而话题优先语言很少使用这种句子或使用时有明显的附带意义。汉语,尤其是口语,大量存在不用专门的被动句式表示语义上被动关系的情况,而有形式标记的被动句向来带有明显的"遭受、不如意"这类附带意义(不考虑在西方语言和翻译作品影响下汉语被动句用法的扩展)。

　　此外,我们觉得,作为汉语代表的普通话比起英语这样的语言来,的确是一种非常注重话题的语言,但就汉语内部来说,普通话还不是最突出的话题型语言,至少上海话是一种比普通话更突出因而也更典型的话题优先型方言。从普通话和上海话的研究中,我们可以为话题优先型的语言再加上一些特征,从而显出与主语优先型语言更大的区别。详尽揭示这些特征有待于本书下面的讨论,这里先扼要提出一些重要特征作为我们确定话题优先型语言的补充特征。

　　一是在话题优先型的语言中,话题成分语法化程度(degree of grammaticalization)比较高,作为一种常规(unmarked)成分而不是特殊(marked)成分出现[3]。

　　类型学意义上的语法化就是将语义或语用的内容固定为形态范畴和句法范畴,成为语法系统的固有要素。例如,梵语、古代俄语等语言的双数范畴就是把别的语言中的"二"这一语义要素语法化为一种形态范畴,英语的冠词系统就是有定无定这种跟语用有关的语义范畴的语法化[4]。在话题优先型语言中,话题已经成为一种句法的固有结构成分,其常规性较强,而特殊性较弱。例如,在上海话中,中性疑问句和否定句的受事论元、已知而定指的受事论元一般都会前置于动词充当话题或次话题(subtopic)[5],构成 TSV 或 STV 的句式[6],这种句式已经成为一种在频率上超过同类 SVO 句式的常规句式,没有什么特别句的感觉。而在主语优先型中,虽然也有区别于主语的话题成分和话题现象,但话题成分明显只是一种临时的语用需求导致的语用性成分,所形成的这种句式带有明显的特殊性倾向,不影响对句法结构的分析。例如英语中也有 TSV 的话题化句子,但 Steele(1978:592,593)认为这种语序是一种高度特殊语序(highly marked word order),作为英语的本族使用者,她能感到这是一种非常特别的语序(a very special word order),因此她认为甚至在考察英语基本语序以外的语序变体(word order variation)时都不必考虑这种语序。换言之,英语中的这种句式的语法化程度远远不如上海话中的 TSV 句式。

　　布拉格学派所提出的主位-述位切分,是一种纯话语平面的切分。对汉语及其方言这样的语言类型来说,由于话题现象的高度语法化,话题结构已经是一种句法结构。在汉语中,话题结构常常出现在某些传统上划入述位或述题范围的小句中,这也从一个方面证明汉语话题结构的语法化。如下面普通话句子中的话题结构"这封邀请信王先生应该拒绝"就出现在作宾语的小句中:

　　(1)他一本正经地建议这封邀请信王先生应该拒绝。

　　二是在话题优先型的语言中,话题是结构中的基本成分,而不是附加成分。

　　Li & Thompson(1976)提出以话题作为类型学的一个标准,这是具有独创性的见解。然而,接受这一观念也遗留下不少问题。其中一个突出的问题就是像汉语这些话题优先型语言应该看作 SVO 语言还是 SOV 语言。语法学家各执一词,始终难有定论,李讷和 Thompson

也成为这场讨论中的主要参与方之一。我们认为，问题的症结是李讷等的立场还不够彻底。他们一方面首先提出话题优先语言不同于主语优先语言，前者以话题为句子基本成分之一；另一方面，在划分语言的语序类型时，实际上又"默认"只有 V、S、O 三个成分是句法结构的基本成分，可以用来划分类型，事实上把话题排除在句法基本成分之外。这样就造成了两种类型划分法："话题优先—主语优先"和"SVO—SOV—VSO"之间的无法调和的矛盾。

更具有革新精神的观念应该认识到，话题优先的语言中有四个基本成分：V、S、O、T。普通话的基本类型是 TSVO，而以上海话为代表的某些方言的基本类型是 STVO 甚至 TSTVO。需要用两次 T 的语言/方言是话题优先程度更高的语言/方言。

把 T 看作基本成分的理论可以推导出一个基本定理：在话题优先型语言中话题结构无须靠移位形成。T 与 S，T 与 O 可以并存，并存是基本的，省略其中之一是允许的。而主语优先型语言的基本结构中缺乏 T，只有靠移位方能得到 T。下一章将详细讨论这一问题。

三是在话题优先型的语言和方言中，话题化现象具有更大的普遍性和多样性。在一些语言中，话题化现象十分广泛，话题化所形成的句法形式也非常多样。例如，在普通话中，话题化成分的词类范畴非常广泛，不但名词短语（NP）可以话题化，而且动词短语（VP）甚至小句（clause）都可以话题化。如下面三个句子的话题分别是 NP、VP 和小句：

（2）中国菜他最喜欢做宫保鸡丁。

（3）请客他最喜欢做宫保鸡丁。

（4）你请客他听得最高兴。

在 VP 作话题时，述题中的 VP 可以是另一个动词，也可以跟话题中的 VP 同形或局部同形，形成句式方面的多样性。如：

（5）开会他肯定辩论不过我。

（6）辩论他肯定辩论不过我。

（7）辩他肯定辩论不过我。

（8）辩论他肯定辩不过我。

我们将在第 4 章中看到上海话中更加多样化的话题化句式。这些话题化句子在非话题优先的语言中很难找到对应的形式,比如英语中就无法直译上述句子。

　　四是在话题优先的语言和方言中,话题可以有多层性的表现。李讷和 Thompson 的类型学、Chomsky 早期的话题定义,都把话题的位置局限于句首。事实上在有些语言中,同一个小句中,话题可以不止一个,因此话题就不可能都在句首的位置,由于同一小句的不同话题处在不同的结构层次上,因此出现了话题的多层化。有些研究者为了理论上的需要,竭力否定多层话题的存在,或者试图把多层话题看作并列话题,或者把几个话题之间的关系分析为领属关系,但是都难以解释汉语中大量确实存在的多层话题现象。例如:

　　(9) 老王,三个女儿,最小的钱最多。

这个句子,除了"钱"可以理解为"最多"的主语,前面三个名词都只能分析为话题——层次由左到右递降的不同话题。很明显,我们无法把"老王""三个女儿"和"最小的"看成三个并列成分。我们还可以在"三个女儿""最小的"前面加上"以前"之类状语,这样就打乱了领属关系,排除了领属性。可以设想,话题既然可以出现在大小不同的层次上,也就可以只出现在较低的层次上。如:

　　(10) 他零钱用完了。

"零钱"是话题,出现在主语"他"之后。这样,至少在话题优先的语言中,话题不必占据句首的位置。(上面(1)那种宾语小句里的话题则根本不可能在句首出现。)把话题局限于句首,实际上还是把话题当作一个话语成分而不是句法成分。假如承认它是一个常规的、基本的句法成分,则出现在句子的不同层次就是很正常的了。本书 2.2—2.4 节将说明,汉语中句子的话题(我们叫主话题)本身是一个大层次,其内部可以有好几个小层次,主话题之外,还有更低层次的次话题和次次话题。这在主语优先的语言中是不可能存在的。

　　五是在话题优先的语言中,可能存在话题结构形态化的现象。在一些语言方言里,话题结构不但影响到句法结构,还进一步由此派生出一些性质上更接近形态的现象。由句法到形态,实际上就是一种进一步的语法化。这种类型,在主语优先的语言中,更加找不到对应物。如下面两个上海话的句子:

(11) 伊走也走脱勒。　　‘他早就走了’

(12) 小王开是开心得来。　　‘小王可真是高兴死啦’

这两个句子即使在普通话中也难以用含话题结构的句子来翻译,两句中重复出现的"走"和"开(心)"在意义和话题功能上也没有明显的话题结构的特点,而更接近词的某种形态,其中(12)中的前一个"开"已经没有词的地位和意义,只是作为后面出现的"开心"的部分重叠形式出现在句子的前部。但是,它们确实是从话题结构进一步向形态现象发展来的。本书第4章及第7章将对这种特殊形态现象及其形态化的过程作更加详尽的描写和分析。在近代汉语、普通话和汉语其他方言中也存在比(11)、(12)的形态化程度略低的同类现象。如:

(13)〈近代汉语〉小则小,心肠儿到狡猾,显出些情杂。　　(张相1979:"则"条)

(14)〈普通话〉漂亮是很漂亮,就是太贵了。

(15)〈普通话〉我提都提不起来了,还说不重?

(16)〈香港粤语〉A:你敢唔敢睇恐怖片啊?

　　　　　　　　　　‘你敢不敢看恐怖片?’

　　　　　　　　B:敢就敢,想就唔想啦。

　　　　　　　‘敢是敢的,可并不想看’

　　　英译:‘A:Do you dare watch horror film?

　　　　　　B:I dare,but I don't want to.’

(17)〈香港粤语〉A:你够唔够钱用啊?　　‘你钱够不够用啊?’

　　　　　　　　B:够就唔系几够……　　‘说够也不是很够……’

　　　英译:‘A:Do you have enough money?

　　　　　　B:Well,it's not quite enough...’

对于近代汉语和普通话中的类似现象,现在国内的语法体系往往语焉不详,有的是只描写,不归类、不定性。粤语的例子及其英译都取自Matthews & Yip(1994:76)(例句原文用拉丁字母拼音,本书转写为汉字)。这两例都见于书中的 4.2.4 "动词的话题化"(verb topicalization),作者把它们(B 的答话)都归入动词的话题化,这种观察是非常合理的;同时我们注意到,在英译中,不但见不到任何话题化的迹象,而且原来重复出现的动词(敢……敢;想……想;够……够)也都只出现一次(dare;want;enough)。可见,这些因话题化而重复出现的动词实际上只相当于一个动词,已经有所形态化,只是形态化的程度比不上前面上海话的例子。

在汉语及其方言中,还有一些话题标记同时成为重要的构词成分,用来构成一些复合词,多半是语法功能词。这些词不但语源跟话题现象有关,其语义也还能看出跟话题标记的联系。这是话题结构形态化的另一个重要表现。普通话中这样的词不多,但也能找到几个,如"那么、要么"。上海话中这类词要多一些,涉及的话题标记也更多一些。

从上面的简要叙述来看,的确很难否认有些语言更注重话题而另一些语言更注重主语,也很难否认汉语存在跟主语优先型的语言性质和特点很不同的话题结构。

最后我们提一下 Kiss(1994)对话题优先语言和主语优先语言的看法。Kiss 借用李讷和 Thompson 提出的这两个名词,赋予新的诠释。按她对话题下的定义,句首的名词短语,往往既是主语又是话题。而那些话题先于主语,两者并存而不重合的句子,在我们看来是典型的话题句,她反而认为不典型,原因是只有一些东南亚语言中才有这类句型。她认为话题优先语言和主语优先语言的区别并不是 Li & Thompson(1976)中提到的那些,区别主要在于句法如何反映句子的逻辑-语义结构。关键在于如何处理 categorical judgment 和 thetic judgment。这两个名称原是逻辑术语,不好理解,更不好翻译。但其分界还是比较清楚的。前者有两个功能:先确立一个对象作为主词,然后对与此对象有关的谓词加以肯定或否定。后者只有一个功能:肯定或否定。换句话说,两者区别在于前者先要确立话题,方可述谓;而后者不需指明话题。Kiss 认为凡是句法结构直接反映两种不同的逻辑-语义谓词结构的语言即是话题优先语言,而凡是句法结构不考虑逻辑-语义谓词结构的语言则是主语优先语言。她的定义显然和我们上文所用的很不一样,因此对各种语言进行类型学划分所得到的结果也很不一样。根据李讷、Thompson 和我们的划分,许多欧洲语言都是主语优先语言;而根据 Kiss 的划分,她所考察的 35 种欧洲语言中除了爱尔兰语、苏格兰语、威尔士语等 VSO 语言外,其他都是话题优先语言,连英语也是。本书以后章节都不采用 Kiss 的观点,但是因为她的观点在欧洲学者中有些影响，在这里作一说明。

附注

[1] 其实对"相信"和"喜欢"这两类动词所构成的结构，国内语法学界经常作不同的分析。"相信"后是小句作宾语，所以能按小句的规则变化；"喜欢"后是兼语结构，"喜欢"要求后面直接跟上受事（兼语），然后跟上一个形容词类的单位，如"张三喜欢李四老实"。但后面跟行为性 VP 的情况，如"张三喜欢李四去看王五"的情况，国内很少涉及，因为其本身的合语法性很可疑。

[2] 他们作这种分类的目的是为了证明普通话中 OSV 中的 O 是话语话题，而 SOV 中的 O 是焦点话题。关于这一分析，本书下文将会讨论，见 2.4.2。

[3] 在本书中，我们故意不把 marked 和 unmarked 这对术语译成"有标记的"和"无标记的"，而分别说成"常规的"与"特殊的"。因为本书将频繁使用作为语法形式的"话题标记"（topic marker）这个术语，以指普通话的"啊"、上海话的"末"、日语的 wa 这类表示话题的语素，这个意义上的"标记"和上述这对术语的"标记"意义很不相同，同时使用容易混淆。

[4] 历史语言学中的语法化，主要指词汇性成分发展为语法要素，如动词"把"变成宾格介词，动词"了"变成体标记等。两种语法化本质上是相通的。关于语法化，7.2 还有详细讨论。

[5] 本书 2.4 节将进一步定义次话题。

[6] T 代表话题。对这种情况，我们不用 OSV、SOV，因为我们不把主语前或主谓之间的那个话题成分分析为兼作话题的宾语，参阅下章及第 7 章。

2 话题的结构位置

关于汉语话题在句法结构中的地位，我们的基本观点是这样的：作为一种话题优先型的语言，汉语的话题在句法上有与主语、宾语同等重要的地位。从层次分析的角度看，话题在句子层次结构中占有一个特定的位置，正如主语宾语各占一个位置。这就是说，话题不与主语合一个位置，也不与宾语合一个位置。在下面几节中，我们会画出树形图，确定话题的结构位置。我们就汉语话题所作的结构处理，应该能适合其他话题优先型语言（包括话题和主语并重型语言）的情况，因为在我们的结构体系中，同样也给予了主语、宾语应有的位置。

从成分分析的角度看，话题与主语、宾语一样是句子的基本成分。话题可以省略，但主语、宾语也可以省略。汉语句子结构中有一个话题位置，但这一位置不一定在每句中都被一个成分占用。当这一位置被某个成分占用时，该句子就是话题结构，在话题位置上插入成分的过程称为话题化（topicalization）。

在我们看来，话题是某个结构位置的名称，处于这一位置上的词语常常具有某些语义和信息功能方面的特点。但是，这些都不是必要条件，也不是充分条件。主语和宾语也有些语义和信息功能特点。例如，施事充当主语的机会多，受事充当主语的机会少。有定的成分作主语的机会多，无定成分作宾语的机会多。有人因为话题往往是旧信息，往往具有对比特质，从而主张把话题专门留作话语层次上的概念。如果坚持这种观点而不自乱体系的话，他们应该把主语和宾语也看成语义或话语层次上的概念，然后另外造几个名词来称呼我们所说的话题、主语、宾语等句法位置。只要他们把定义下得明确而自成系统，也是完全可以的。在我们的体系中，话题是个句法概念。

2.1　话题的形成

2.1.1　移位的含义

话题的结构是否是由于充当话题的成分位置转移而形成,上文1.1.3已经说到,本节进一步讨论。

所谓移位,当然是一种比喻说法,不可能是物理学意义上的移位,甚至也不是心理学意义上的移位。早在 20 世纪六七十年代心理语言学已经通过实验证明,语法模式中所说的移位,并不真有一个心理过程。假设某一种语法结构经过移位形成,必须要有理论价值。移位说与非移位说比较,前者总不如后者简单。如果前者能说明的事实不比后者多,甚至比后者少,则没有理由采用移位说。请读者不要把我们说的"移位"与汉语语法学界常用的"变换"等同起来。举一个最简单的例子:

（1）他读过这本书。

（2）这本书,他读过。

研究生成语法的人之中,有人认为(2)是在(1)的基础上,某个成分移动位置才形成的,但他们不认为(1)是在(2)的基础上经过移位构成的。我们反对这种提法,下文要详细说明我们凭什么反对。习惯于用变换来处理句子与句子之间关系的语法学家也许会说(2)是从(1)变换来的,(1)是从(2)变换来的。变换只表示两者之间的某种联系,不须说明原因、条件等等。我们下面提出反对移位说的理由,未必都能用来反对变换分析。

2.1.2　孤岛条件

20 世纪 80 年代初期在生成语法领域内汉语话题结构的移位问题曾引起争论。争论的一方以 Huang(1982)为代表,认为话题结构由移位构成;争论的另一方以 Xu & Langendoen(1985)为代表,认为话题结构在语法的基础部分产生,而不是移位以后派生的。这一争论涉及生成语法的理论问题,也涉及汉语的语言事实问题。

黄正德认为汉语话题结构(2)产生的机制和英语疑问结构(3)产生

的机制是一样的。

（2）这本书，他读过。

（3）Which book did he read?

他假设汉语话题结构中也有类似英语 which book 那样的疑问词，从动词后面宾语的位置移到句首话题的位置。不过这疑问词是一种看不见的抽象成分。这种抽象的移位称为疑问词移位（wh-movement）。汉语话题结构中一般没有疑问词，为什么生成语法中常说汉语话题结构中也有疑问词移位，来源于此。

移动的成分既然看不见，我们怎么知道它存在，而且移动呢？根据当时 Chomsky 的管辖与约束理论（Government and Binding Theory，简称 GB），即后来所谓的原则与参数理论（Principle-and-Parameter Theory），判断是否有疑问词移位的标准在于所谓孤岛条件（island conditions）。什么叫孤岛条件？简单地说，有些结构形成一个封闭区域，好比一个孤岛，处于封闭区域内的词语不能移出区域之外。例如，关系从句（relative clause，即用作定语的小句），是一个封闭区，关系从句中的词语不能移出。举个例说，不能把英语陈述句（4）改成疑问句（5），因为不可以把其中关系从句内的 book 加上疑问词移到句首：

（4）I met many people [who had read this book].

（5）＊Which book did you meet many people [who had read].

当时认为，凡是疑问词移位，必然遵循孤岛条件。反之，如果某一语言现象可以违反孤岛条件，那么这一现象就不能认为是由于疑问词移位造成的。

黄正德与徐烈炯争论的基点就在于此。黄正德认为汉语的话题结构和英语的疑问结构一样，遵守孤岛条件。下面一句不成立，因为作定语的小句是个孤岛，岛内成分"这本书"不能移出[1]。

（6）＊这本书，读过［　］的人来了。

而徐烈炯认为汉语话题结构并不服从孤岛条件，他举的例子是：

（7）这本书，读过［　］的人不多。

这两个句子结构相同，为什么（7）中的"这本书"可以作话题，而（6）中的"这本书"不可以作话题，应该有其他原因，与孤岛条件无关。似乎带定语小句的名词短语凡是有指的，把小句中的成分移出去都比较困难。

Xu & Langendoen(1985)还请读者比较一下两个句子:

(8)＊那个强盗,我想抓到的人得了奖。

(9)那个强盗,我想抓到的人应该得奖。

后来我们问过许多人,大家都认为(8)和(9)可接受性很不一样。这两句话中"那个强盗"都是从孤岛移出来的。(8)中的"人"有所指,(9)中的"人"无所指。

围绕这类句子争论了 10 年,主张移位说的 Li(1990)、Shi(1992)、Huang & Li(1996)都设法解释为什么(7)可以成立。他们认为只有当话题表示无生命事物的时候,移出孤岛才有可能,因为汉语中无生命事物一般不能用名词替代,所以(7)不能说成:

(10)＊这本书,读过它的人不多。

于是才允许出现空语类。但是他们都不提(8)和(9)的区别。这里的话题"那个强盗"并不表示无生命事物。黄正德和李艳惠举出(11)为例,说明表示人物的名词不能移出孤岛:

(11)＊张三,我认识很多批评[　]的人。

(11)与(8)—(10)的区别在于,(8)—(10)中的小句是主语的定语,而(11)中的小句是宾语的定语。它们认为两者不同反映出主—宾不对称(subject-object asymmetry)。其实,要是仔细想想,并不难造出一些结构和(11)相同同时由表示人物的名词移出孤岛的例子:

(12)这么顽皮的孩子,我找不到愿意收养[　]的人。

可见这类话题句能否成立与孤岛条件无关。有些句子不成立并不能作为移位的印证。

2.1.3 没有空语类的话题句

撇开由于生成语法理论方面的原因引起的争论,汉语的话题句与英语及其他许多语言的话题句相比,还有其他特点。英语话题结构只有两种形式:

(13)John, I didn't like.

(14)John, I didn't like him/the man.

(13)中动词后面宾语空缺,(14)中宾语位置上补上一个代词 him 或一个完整的名词短语 the man,补上的成分指的也就是 John。汉语除了

具有跟(13)、(14)相当的形式(15)、(16)外,还有英语没有的形式(17):

　　(15) 小张,我不喜欢。

　　(16) 小张,我不喜欢他。

　　(17) 水果,我最喜欢苹果。

(13)和(15)最容易用移位的办法处理。(14)和(16)要用移位处理,略费周折。(17)就是 Chafe(1976)所谓的汉语式话题,要用移位处理很困难。20 世纪 70 年代时 Thompson(1973)曾提出(17)这类句子来自深层结构(18):

　　(18) ＊我最喜欢苹果水果。

早期深层语法对深层结构控制不严,这种假设还情有可原,后来再用这类办法处理,显然缺乏理据。

　　坚持移位说的人想了另一个办法。典型的例子是 Shi(1992)提出的建议。他们认为即使(19)这样的句子也是移位造成的。

　　(19) 那场火,幸亏消防队来得快。

理由是这个句子如果删去"幸亏"就不能接受。要说得更透彻些最好后面再加上:

　　(20) ……,所以〔　〕才没有造成损失。

这样一来,"那场火"就可以很自然地看作是从〔　〕位置上移出去的。这样通过增补成分来论证的目的是证明话题在后面一定有一个位置保留着。袁毓林(1996)对同一个例子的论证基本上重复了 Shi(1992)的增补做法。

　　现在我们来看看这些论证有没有道理,是不是有说服力。如果我们在(20)之后任意增补,当然不难补出一个空位,让"那场火"放回去。可是,我们也同样可以换一个方式来增补,例如:

　　(21) 那场火,消防队来得快,居民才没有遭受损失。

这样说,意思已经非常完整,并没有言而未尽的感觉,大家都能接受。这样一补,"那场火"又不容易放回去了。不过这还不要紧,他们还可以说谓语"遭受损失"可以带一个本小句中未出现的表示原因的"配价",这正是前面的"那场火"。这样补来补去,其实只说明一点:话题总是与后面某个或某些看得见或看不见的成分有点关系。所谓话题本来就是这个意思,没有人否定这一点。问题的关键是,这种处理办法与句法上的移位相距很远了。

我们还可以这样想。一篇文章的标题有时在文中并不出现,但是只要我们把文章再引申一下,加上些未尽之言,总是可以把标题嵌进去的。这大概人人可以接受。但这又说明了什么语法上的问题?

2.1.4 话题与空语类异指

话题移位说还有一个困难。Xu(1986)提到即使是类似(2)的结构,后面的空位有时也不一定与话题共指。假定有人读书都只读序言,他可以说:

(22) 那本书,我读过序言,这本书,我也读过[ ]。

读过的可以不是全书,而只是序言。这时[ ]不与句首话题共指,而与上句中的"序言"共指。又如我们可以说,"我家有三套茶具,没有一套是齐的。每套都缺了一个杯子。红的那套,让爸爸打碎了一个杯子,白的那套,让哥哥打碎了一个杯子",接着可以说:

(23) 蓝的那套,让我打碎了。

"我"打碎的不是句首成分所表示的整套茶具,只是其中的一个杯子。有人会说,只有在一定的上下文中才可以得到这样的解释。我们不妨也给英语句子提供同样的上下文。假定上面这些话全部译成英语,最后一句应该是:

(24) The blue tea set,I broke.

在同样的上下文中,也仍是无法把(24)解释为"我"打破了蓝色茶具中的一只杯子,而只能解释为"我"打破了那套蓝色茶具。由此可见,汉语和英语就是不一样。汉语中的省略,远比英语自由,英语若没有移位,不允许在及物动词后面出现空位,而汉语却不一定要移位才能空缺。归根到底,汉语作为一种话题优先的语言,允许出现(17)、(19)之类话题与句内任何成分不共指的句子,而汉语中省略又比英语自由,在(17)、(19)基础上省略某个成分时,它并不要求与话题共指。例如:

(25) 真该感谢我们的消防队。这场大火,幸亏[ ]到得早,我们才没有遭受损失。

假如移位说成立,(25)中的[ ]只能是"这场大火"移至句首后留下的空位,这样解释显然文不对题。

结论是,汉语话题句不一定有空语类,有空语类也不一定与话题共指。假如要坚持移位说,至多可以说:汉语中有些话题句可以看作由移位构成。有些人确实把一部分话题看成是通过移位构成的。例如,Shyu(1995)给不同的话题以不同的名称。她认为(2)句首的成分是真正的话题,是从后面移过来的,而(17)中的话题原来就位于句首,应改称大主语(major subject)。硬说所有话题都是由移位构成,未免捉襟见肘。分别处理,略微好些,但与其如此,不如把话题统一处理成非移位构成。所以本书不采用话题移位说。

2.1.5 从句中的话题

有人提出从句(充当从属性成分的小句)中出现话题受到一些限制,还有人甚至认为小句中都不可以出现话题结构。以下句子来自 Fu(1994)、Shyu(1995):

(26) ＊请在[那本书,他看完的]时候来找他。

(26)方括号中是一个定语从句。如果稍作修改成为独立小句,完全能接受:

(27) 那本书,他看完了。

但是作为定语从句,似乎难以接受。

其实从句中出现话题结构,是汉语中常见的现象,这类例子不胜枚举,如:

(28) 我估计[这些书,他都没有看完]。

所以,无论如何不应得出从句不能由话题结构充当的结论,即使是定语也不排斥话题结构。以下两句结构与(26)一样,可接受度高得多:

(29) 请不要在[那些事,他还没有处理完的]时候就去找他。

(30) 请不要在[许多事情,我们还没有弄清的]时候就下结论。

这种句子的可接受性应该没有疑问,它们在口语中不像独立小句的话题结构那么常见,这是因为带定语从句的结构本来就是欧化句式,而不是因为定语从句包含了话题结构。什么情况下话题结构受到限制,值得进一步研究,但其中未必有太多结构上的原因。

2.2 主 话 题

本书中,我们将区分三类不同的话题:主话题(main topic)、次话题(subtopic)和次次话题(sub-subtopic)。这里先从主话题谈起。

2.2.1 主话题的线性位置

主话题是指位于句首的话题,即全句的话题,有别于位于主语和动词短语之间的次话题,也有别于位于动词之后的次次话题。更严格地说,主话题是位于所有非话题成分之前的话题。一个句子可以有几个话题:

(1) TOP_1, TOP_2, ……, TOP_n, X

其中只有 TOP_1 才真正位于句首,从 TOP_2 至 TOP_n,虽然不在句首,但都在第一个非话题成分 X 之前,因此也都是全句的话题即主话题。为了简便起见,在不产生误解的情况下,我们仍用"话题"来指主话题或次话题。这一节和下一节说的话题都是指主话题。

2.2.2 层次结构表达法

Xu & Langendoen(1985)中曾用以下规则来描述话题句:

(2) $\bar{S}$→TOP S

自从 Chomsky(1986)以来,已经较少使用 $\bar{S}$、S 之类符号。现在通用的层次结构图是:

(3)

这是一个完整的结构体[2],分三个层级。各书采用略微不同的办法来表示三个层级,例如有的书上在 X 的左上角分别标上数字 0、1、2,也有的书上在 X 上面加一横两横。考虑到打字和印刷的因素,现在较多人用 X、X′、X″。最高一层 XP 中的 P 代表短语(phrase,又译"词组"),X 是一个变项,XP 就是 NP(名词短语)、VP(动词短语)等短语的总称,句子也看作一种短语[3]。最低一层有中心语(head),即名词短语中的中心语名词(N)、动词短语中的中心语动词(V)等等。介乎两者之间的层次用 X′ 表示。与 X 平行的 Comp 代表补语(complement),与 X′平行的 Spec 代表标志语(specifier)。这种结构体系中的所谓"中心语""补语""标志语"等等都不同于传统的概念。不但名词、动词等实词可以作中心语,一些句法功能成分也可以看作中心语。以英语句子(4)为例:

(4) John knows that Mary worked hard.

按 Chomsky(1996)等分析,knows 中表示主谓一致关系(agreement)的成分-s 是中心语,记作 Agr,worked 中表示时态(指 tense,不是指"体",即 aspect)的-ed 也是中心语,记作 T。小句标记 that 是个标句词(complimentizer),记作 C。以这些成分为中心语的完整结构分别为 AgrP、TP、CP。完整结构体中都有补足语,例如 CP 里中心语 that 的补语是 that 以外的整个小句 Mary worked hard,这就是传统概念中的句子,在 Chomsky 当前的体系中记作 IP。把 that 看成中心语,把通常说的句子看成 that 的补语,与传统分析相距甚远。这种以功能成分为中心语的观点不无道理。所谓中心语,是句法结构的中心语,是决定该成分性质的成分,不是语义的中心。推而广之,汉语中"的"字是定语的中心语,也是"的"字短语的中心语,"上""里"等是方位短语的中心语。钱乃荣主编(1990)把介词短语、方位短语等都看作向心结构,以其中的介词、方位词等功能词为中心,也是同类的处理。

用这种每个完整结构分三层的表达法,一般句子可以画成:

(5)

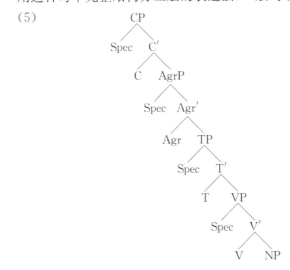

这棵树还没有画完,中间还可以插入其他成分,例如 Chomsky(1996)把 AgrP 分成两半:一个位于 TP 之上,表示动词与主语的一致关系;另一个位于 TP 之上,表示动词与宾语的一致关系。这与汉语话题结构关系不大,这里从略。

以功能成分作中心语的倾向也扩大到对名词短语的处理。请看英语名词短语(6):

(6) the destruction of the city '此城的毁灭'

比较传统的分析法,把名词 destruction 看作整个短语的中心语,把 of the city 看作 destruction 的补语,把冠词 the 看作名词短语的标志语。the 只能用来标志名词短语,不能用于其他结构,所以是名词短语的标志。自从 Abney(1987)以来,许多人把功能成分 the 分析为(6)的中心语。名词短语内部结构的分析对研究话题结构关系不大。本书仍把(6)称为名词短语,而不用限定短语(determiner phrase,DP)。

我们来看看能否采用这套符号和术语来描述汉语的话题结构。汉语中没有用来表示主谓一致关系的 Agr,没有表示时态的 T,也没有相当于 that 的成分。不妨简化,略去 CP,AgrP 改用 TP 来表示话题句。Shi(1992:138)把话题句 TP 的结构树画成:

(7)

石定栩这里的 Spec 用来放置从句子后面部分提前的话题,大概就是指下列句子中的"这种人"。

(8) 这种人,我可不喜欢。

IP 中的 I 也是个功能成分,在印欧语中通常是屈折成分(inflection)。IP 指一般所说的句子,大概相当于(2)中的 S。这里的 IP 显然是指"我不喜欢",T 大概就是话题标记"啊"。石定栩采纳 Li(1985)的看法,认为汉语中心语都位于最后位置,所以把 T 画在 IP 的后面,这样的画法当然与汉语实际语序不符。有些人把 T 放在 IP 之前,如 Gasde & Paul(1994)画成:

（9）

不论是石定栩的画法，还是 Gasde & Paul 的画法，都把（8）中的"这种人"看成话题标志语[5]，而把"啊"看成话题。"啊"往往可以省略，所以话题句常常没有话题，只有话题标志语。这种处理办法与人们的直觉不太一致。一般人会觉得"这种人"是话题，"啊"才是话题标记；有的话题句有标记，有的没有标记，但话题句都有话题。可是，如果坚持 Spec 与 T′ 在同一层次，比 T 和 IP 高一个层次，而坚持 T 代表话题，Spec 代表话题标志语，这种树形图就无法画出来。可能的画法一共有四种，除了上面的两种外，还有两种：

（10）

（11）

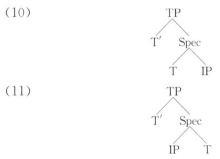

四种画法没有一种能得到 T‐Spec‐IP 的顺序。所以假如我们要采用现在比较流行的三层结构分析，只能认为"啊"是话题，"那种人"是话题标志语（specifier）。本书以后的章节中，除非特别注明，我们仍然按惯例把"这种人"或"这种人啊"称为话题，而把"啊"称为话题的标记（marker）。当我们用到当今生成语法结构层次的术语时，我们都用"TP 的 Spec"等符号，不译成汉语，以免引起混淆。

还有另外一种分析方法。可以不把话题看作一个完整结构的中心语，而把话题当作单一成分处理，通过嫁接（adjunction）的方法接到句子 IP 上去。

（12）　　　　　　　　IP
　　　　　　　　Top　　IP

嫁接法的特点是下层有 IP，上层仍是 IP。被嫁接的成分处于附加语地位。通常把副词或介词短语的状语处理成嫁接成分。如：

（13）

嫁接法有一定的方便之处，便于把一连串成分接上去。例如：

（14）

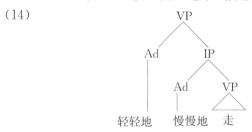

这样便于处理多层话题结构。许多人在研究其他语言的话题结构时，主张把话题或类似话题的成分看作通过嫁接产生的。最早的记载见于Baltin（1982）。用嫁接法处理汉语话题结构的有 Ernst & Wang（1995）、Shyu（1995）等。不过 Chomsky（1996）第四章中认为除了理论上的需要外，尽量少用嫁接。我们整个体系强调话题的重要性，所以不采用嫁接法处理。

2.3　主　　语

2.3.1　主语的位置

如何区分话题和主语是传统语法一直争论不休的问题。假如我们像一些人提议的那样，把话题和主语看作不同层次上的成分，那么马上就面临句法上的主语是不是话语平面上的话题或什么时候兼话题这些问题。我们把话题和主语都看作某个结构位置的名称，区分起来就很容易了：话题是话题，主语是主语，它们是不同的句法成分。我们仍旧用上文的句子来讨论。

（1）这种人啊，我可不喜欢。

按当前生成语法结构层次关系来分析，话题位于 TP 之内、IP 之外，而主语则位于 IP 之内、VP 之外，"这种人"位于 TP 的 Spec 位置上。一般认为主语"我"位于 IP 的 Spec 上：

（2）

有人认为主语原先在 VP 的 Spec 位置上，然后上移到 IP 的 Spec 位置上。最早提出这一看法的有 Kuroda（1988）、Kitagawa（1986）等，较近期的研究有 Koopman & Sportiche（1991）等，后来也有人借用这种方法来处理汉语主语。

（3）

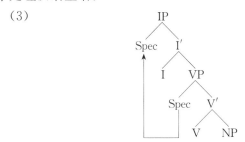

要不要采用这一假设，对本书要研究的问题关系不大，这里不予讨论。

2.3.2　话题与主语的结构位置区别

汉语中的一个句子，可以既有话题也有主语，可以只有主语没有话题，也可以只有话题没有主语，还可以既无话题也无主语。例如：

（4）a. 小张啊，他不来了。

　　　b. 小张啊，〔　〕不来了。

　　　c. 〔　〕，他不来了。

　　　d. 〔　〕，〔　〕不来了。

这四种结构可以通过以下树形图表示，图中 0 表示空位。请注意，当我们在树形图下面加上词语时，我们就不再用 Spec，而改用词语的语类名称。这几个句子中的 Spec 都由名词短语充当，所以写成NP。不过我们仍会把这些 NP 称为 TP 下的 Spec，IP 下的 Spec等等。

（5）a.

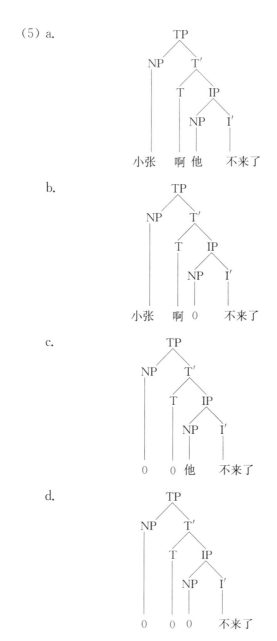

　　　　我们不采用话题移位说，所以并不认为(5b)中的"小张"是从 IP 中的
Spec 位置移到 TP 的 Spec 位置上的。用 Chomsky(1996)的说法，话题和

主语一样，也是通过一般化转换(generalized transformation)，把适当的成分插入结构中。所谓一般化转换，意思是从词库(词典)中选用一些词，按一定的语法结构要求把它们组合成短语，然后把整块短语置入某个位置，与其他成分相结合(merge)成为更大的结构体。这就是话题化。

有人会提出疑问：这样是否真的就把话题和主语分清了呢？例如，(4b)中的"小张"是话题，那是因为故意在后面加上了"啊"，加上逗号，然后又用[ ]表示空位。如果没有逗号和"啊"，而实际说话时又没有明显的停顿，单凭以下句子：

(6) 小张不来了。

我们怎么可以说已经可以分清话题和主语了呢？

我们现在做的是句法分析，在用某种惯用的表达法来描述说话人的语感。我们要表达的是句子的抽象结构，而并不是在描述某一个场合某人用(6)中五个字说出来的一句话。汉语句法学是否需要区分话题和主语？要，否则不能很好处理(5a)中的"小张"和"他"两个成分。我们的结构描述能不能揭示两者的区别呢？能，(5a)已经表示清楚了。(6)中的"小张"是话题还是主语？就句法而言，可以是话题，也可以是主语。换个方式说，(6)是个句法歧义句(syntactically ambiguous sentence)。有人或许又会说，不管把(6)的"小张"分析为话题还是主语，事实上句子所指的事情是相同的，怎么能说是歧义呢。其实，句法歧义并不一定导致所指的不同。就像汉语中的(7)，不管采用哪种语法框架，都是句法歧义句，而它所指的意义并没有不同。

(7) 我跟他交谈过。

(7)不考虑话题问题，可以分析为两种句法结构，一种主语为并列名词短语"我跟他"，另一种主语为"我"，VP前有一个介词短语(PP)"跟他"充当的状语，用简化的树形图，两者可以分别表示如下：

(8) a.

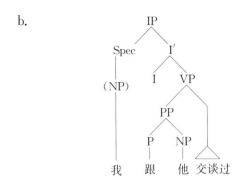

但是这两种句法结构表示的意义却是相同的。再看一个跟话题也有关的例子(9)：

　　(9) 他母亲病了。

讨论汉语话题问题的人都承认这个句子可以是以"他"为话题的句子，更传统一些的分析则称之为主谓谓语句或双主语句，但是，谁也不会否认这个句子还存在同样明显的另一种可能，就是"他母亲"作为一个名词短语充当主语，而这两种结构分析不影响对句子所指的理解。所以，句法学的任务就是指出(6)、(7)、(9)等等这些句子可以分析为哪种或哪几种结构；至于某人某一天在某一个地方说了一个句子比如说(7)，它究竟适宜分析为(8a)还是(8b)，这已经不是句法学的问题。本书在分析具体句子时，对于动词前符合主语的原型意义如施事、当事等而又没有停顿和提顿词等形式的成分，假定它们为主语，但并不意味着它们在特定语境中不能分析为话题。

2.4　次　话　题

2.4.1　双层话题

　　我们把(1)中的"烈性酒"称为主话题，把(2)中的"烈性酒"称为次话题。

　　(1) 烈性酒，我从来不喝。

　　(2) 我烈性酒从来不喝。

2.2.1节已经定义过主话题是在 IP 以外的话题，次话题则是在 IP 以内的话题。"主话题"和"次话题"都是结构概念，以下我们要讨论次话题的结构位置。既然是结构概念，也可以分别称为句子的话题和动词短语的话题,或者谓语的话题。我们之所以用"主话题"和"次话题"是因为这样说比较简便,两者对称。

次话题这一概念有没有必要,各人看法不同。为什么不一定需要?先考虑一下汉语话题句的这几种情况。

第一,句子中可以只出现主话题,而不出现主语。例如,2.3节中的(4b):

(3) 小张啊,[ ]不来了。(=2.3(4b))

如果说这句中去掉了"啊"、逗号和[ ],难以判断"小张"是话题还是主语,那么下面一句更加清楚地显示主语可以不出现。

(4) 小张,我想不会来了。

第二,汉语句中可以出现不止一个主话题,(5)是一个包含小句的复式结构,可以比较清楚地表明句中有两个主话题:"小张"和"这件事"。

(5) 小张,这件事,我认为[ ]办不了[ ]。

这样的双层话题可以通过以下图形来表示:

(6)

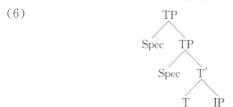

(5)中的"小张"和"这件事"可以各占一个 Spec 位置。如果有两个以上话题,也只需要依此类推。还有其他办法处理双层话题。有些情况下,可以把两个话题处理成并列结构,即一个 Spec 下分出两个并列成分。只有当两个成分同类时,例如"小李"和"小张"、"这件事"和"那件事",这样处理才合适。还可以让 TP 循环,即把(6)改成(7):

(7)

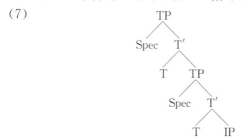

有人会反对这种画法。如果采用 Chomsky 的最简方案(Minimalist Program),每类最大投射一般只出现一次。然而,既然几乎大家公认 VP

可以循环往复,似乎没有理由不许话题优先的语言中 TP 循环往复。(6)和(7)哪个更好些?双层话题结构中两个话题都可以带提顿词,这种情况在上海话中很常见,在普通话口语中也不少见。(7)中有两个 T 位置,而(6)中只有一个。这样看来,(7)比(6)更容易处理这类情况。

第三,句中出现两个话题时,两者的语序没有严格的定则,不一定要先施事后受事或反之。例如,(8)和(5)语义上没有区别:

(8) 这件事,小张,我认为〔 〕办不了〔 〕。

把上述三条连起来考虑,我们就难以确定(2)的结构。如果我们不把(2)中的"我"分析为主语,而把它看成主话题,那么"烈性酒"也可以看成主话题。这个句子可以分析为有两个话题而没有主语的句子,即:

(9)

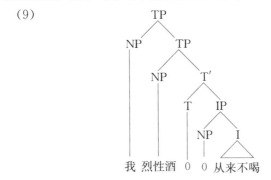

这样就没有必要设立次话题的概念。

这里要附带提一下:有人认为汉语不允许出现多重话题。他们这种提法是出于理论上的需要。但就语言事实而言,多重话题不易否定。例如:

(10) 早餐,面包,他只吃一片。

(11) 这件事,有些人,我故意不告诉。

把"早餐""面包"说成"大主语",不承认它们是话题,并不能改变语言事实。找出几个带多个话题而不能接受的句子,当然不难。

Shyu(1995:111)中有一个例子:

(12) ＊给李四,从美国,张三寄了一本书。

在缺乏上下文,看不出有强烈对比需要时,人们不常用多重话题。不妨设想一个语言环境:张三的父母埋怨说他只寄东西给妻子,不寄给父母,还说他什么也没从美国寄去。我们完全可以为张三辩护说:

(13) 给父母,从美国,他确实没寄去什么;可是从其他地方,他寄去过不少东西。

这样的句子完全可以接受。要论证多重话题不存在，必须证明(10)—(13)之类句子全都不成立，而不能光指出有些带两个话题的句子不成立。

2.4.2 设立次话题的理由

从另外一个角度看，我们有必要问一问：有没有什么证据证明次话题和主话题有所不同呢？如果两者的确有所不同，那我们还是应该采用主话题和次话题的区分。Ernst & Wang(1995)详细讨论了这一问题，观察到了几条规则，跟我们的讨论有密切的关系。

第一，汉语中有些副词可以出现在主语之前，也可以出现在主语之后，而另一些副词只能出现在主语之后，不能出现在主语之前，如下面几句中的"一直"和"已经"都不能位于主语之前：

(14) a. 他们显然不同意。

      b. 显然他们不同意。

(15) a. 小兰一直不看电影。

      b. ＊一直小兰不看电影。

(16) a. 他已经穿好了大衣。

      b. ＊已经他穿好了大衣。

这些不能位于主语之前的副词是接在 VP 上的，而那些可以位于主语前的副词则可以接在 IP 上，下面用 Ad 表示副词作的状语，树形图如下：

(17)

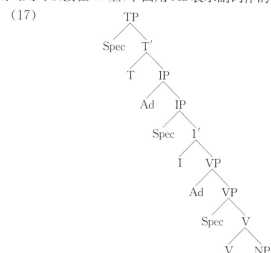

图上画的 Ad 位置是副词可能出现的仅有的几个位置,但 Ernst &
Wang(1995:238)提到了当今语言学理论至少有三种办法可以用来对
副词的位置作些微调。例如,可以让(14)中的"显然"出现在主语之后。
画成:

(18)

然后再移到前面去。

　　现在让我们来看看有次话题的句子:

　　(19) 小兰一直电影都不看。

　　(20) 他已经大衣也穿好了。

这两个句子中的"一直"和"已经"分别位于"电影"和"大衣"之前。假如
"电影"和"大衣"都是主话题,那么这两个句子应该不成立,因为主话题
在主语之前,"一直""已经"之类接在 VP 上的副词必须位于主语之后,
当然更要在主话题之后。而如果我们设立一个次话题的结构位置,位
于主语之后,VP 之前,把"电影"和"大衣"看成次话题,这才能解释为
什么(19)和(20)可以成立。

　　第二,Ernst 等指出,次话题往往要求动词之前出现"都""也"之类
加强语气的成分,或者用次话题来起对比作用。假如把(15)和(16)中
的"都"省去,句子的可接受性会明显减弱:

　　(21) ? 小兰一直电影不看。

　　(22) ? 他已经大衣穿好了。

而主话题并无类似的限制,把(21)、(22)中的"电影"和"大衣"改放在句
首,说成(23)、(24),即使不用"都"和"也",说起来也很顺畅:

　　(23) 电影,小兰一直不看。

　　(24) 大衣,他已经穿好了。

　　第三,Ernst 等注意到含有次话题的句子结构可以用作定语,而含
有主话题的句子结构不能用作定语。

　　(25) 请在[他那本书读完]的时候来找他。

　　(26) *请在[那本书他读完]的时候来找他。

(25)中的"那本书"是次话题,(26)中的"那本书"是主话题。假如取消主话题和次话题的界限,就无法描述(25)和(26)合法程度的不同。

　　第四,他们指出主话题一般应位于情态词之前,而次话题位于情态词之后:

　　(27)你不能饭也不吃,水也不喝。

　　(28)小兰不会连这本书也不买。

如果不区分次话题和主话题,就无法说明为什么"你"和"小兰"必须位于情态词之前,而话题"饭"和"这本书"必须位于情态词之后。不过,他们也注意到,汉语情态词的位置比较复杂,情态词的个性很强,而共性不明显。单凭这一条不足为证。但是有好几条理由基本上可以确定次话题与主话题确实占着不同的结构位置。

　　Ernst & Wang 的论证基本可信,但他们采用移位说,认为次话题由移位构成。还有人如 Shyu(1995)认为有些次话题由移位构成,但并非所有的次话题都通过移位产生。我们在 2.1 节中提出的反对主话题移位说的各项论点,也适用于次话题,所以我们不采用移位法。

　　现在我们可以用树形图来确定主话题和次话题的结构位置。我们用符号 Tm 和 Ts 分别表示主话题和次话题。

　　(29)

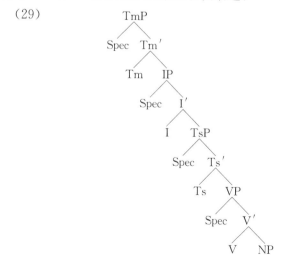

下面我们用树形图将(30)表示为(31):

　　(30)小张啊,他那本书麽已经看完了一半。

（31）

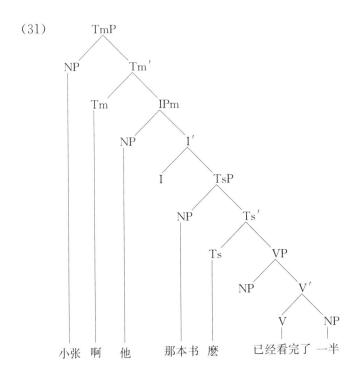

小张　啊　他　　那本书　麽　　已经看完了　一半

2.5　时间词、地点词作话题

2.5.1　话题还是状语

　　哪些词语可以作话题？最常见的当然是名词短语作话题。大家历来比较关心的问题是：表示时间、地点的词语能不能作话题。如果接受我们的观点，问词语 e 能不能作话题，其实就是问：e 能不能出现在 TP 下面 Spec 的位置上。我们很容易说（1）中的"明天"和（2）中的"礼堂里"占据这一位置。

　　（1）明天，你应该穿西服、系领带。

　　（2）礼堂里，你不可以抽烟。

但是，何以见得"明天"和"礼堂里"一定是在 TP 之下 Spec 位置上，而不在主语前面的另外一个位置上？为什么不说它们一定是主语之前的状语？要说这些表示时间地点的词语就是话题，除了表明它们可以出现在话题出现的位置上，最好能证明它们具有话题的某些语义或话语特点。

　　话题的一个重要特点是：可以带一个通常所说的"句中语气词"。我们把这类成分叫作提顿词,本书第 3 章要对提顿词作详细研究。在(1)和(2)句首表示时间地点的词语后可以加上提顿词：

　　(3) 明天麼,你应该穿西服、系领带。

　　(4) 礼堂里麼,你不可以抽烟。

加上提顿词后,这些词语就明显地起对比作用。(3)蕴涵的意思可能是：今天你可以穿得随便一些。(4)蕴涵的意思可能是：走廊里或户外,你可以抽烟。这种对比作用也是话题常有的特点。

　　话题的另一个特点是它一定与后面的部分有所述关系,而且它可以,但不一定与它后面的某一个成分有语义联系。所谓联系,可以是共指(coreference),但又不一定是共指。先看以下句子,每个句子中都有一个指人或指物的名词作话题。

　　(5) a. 小张,我不相信。

　　　　b. 小张,我不相信他。

　　　　c. 小张,我不相信这个人。

　　　　d. 水果,我最喜欢苹果。

　　　　e. 这场大火,幸亏消防队来得快。

我们可以认为(5a)动词后面有个空语类作宾语,与话题"小张"共指某一个大家称他为"小张"的人。(5b)和(5c)是语法上所谓的"错位"(dislocation)现象,人称代词"他"和名词短语"这个人"分别与话题共指。(5d)中的话题没有一个共指成分。"水果"和"苹果"之间也有语义联系,苹果是水果中的一种,两者之间有全集与子集的关系。正因为有这种关系,所以两者的位置不能颠倒,不能把(5d)说成：

　　(6) ＊苹果,我最喜欢水果。

这也是话题的一大特点。

　　(5e)中的话题"这场大火"与句子后面的部分也有语义联系,但并不与其中某个特定成分相联系。

　　表示时间、地点的词语置于句首时,是否也有类似的话题特点呢?请看下面的例句：

　　(7) a. 半山上的那座白房子,我就在那儿度过童年。

　　　　b. 半山上的那座白房子,我就在那地方度过童年。

(7a)中的"那儿"是个处所代词,与句首处所成分"半山上的那座白房子"共指。(7b)中的名词短语"那地方"也与句首的处所成分共指。(7a)、(7b)中句首表示地点词语与后面的代词、名词词组之间的语义关系,和(5a)、(5c)中话题与后面成分之间的关系是一致的。表示时间的词语也有类似用法。

(8) 1971 年 8 月 24 日,她在那一天出生。

(9) 去年夏天,他那时在海滨度假。

当表示时间地点的词语作话题时,它与后面成分之间的关系也不限于共指关系。

(10) 明天下午,我三点钟在办公室等你。

(11) 火车上,乘客可以在餐车里用膳。

"三点钟"是"明天下午"的部分,"餐车"是"火车"的一部分。它们之间的关系跟(5d)中苹果与水果的关系类似。我们不可以反过来说:

(12) * 三点钟,我明天下午在办公室等你。

(13) * 餐车里,乘客可以在火车上用膳。

很多人注意到,当表示时间地点的词语放在句首时,前面不须加介词,而当它们位于句中时往往需要用介词引导:

(14) a. 花园里,许多老人在打太极拳。

      b. 许多老人在花园里在打太极拳。

(14a)中"花园里"是话题,各种语类都可以作话题,名词短语尤其适宜作话题,所以不用介词引导。(14b)中的"花园里"作状语,介词短语作状语比名词短语作状语常见得多,也自由得多,所以在状语位置用介词是非常自然的。

汉语的时间词语,总体上加不加介词都是非常自由的,不管在主语前还是主语后,总体上都是以不加介词为常。在此前提下,如果要加介词,也存在跟地点词语类似的倾向。在(15)中,a、b、c 三句都是非常地道的汉语句子,而 d 的可接受性却略微差一些,原因只是它在句首的时间词语上加了介词:

(15) a. 晚上十点钟,电影结束了。

      b. 电影晚上十点钟结束了。

      c. 电影在晚上十点钟结束了。

　　　　　d. ? 在晚上十点钟,电影结束了。

所以,在句法分析中,当表示地点及时间的词语作状语时,它的结构位置是在 VP 之内。

　　　　（16）

$$\text{VP} \rightarrow \text{Ad} \quad \text{VP}$$

（16）中我们用 Ad 表示附加成分(adjunct),也可以用 PP(preposition-al phrase,介词短语)注明介词加时地名词的语类,则结构如下:

　　　　（17）

$$\text{VP} \rightarrow \text{PP} \quad \text{VP}$$

从图上看到,Ad 和 PP 都是嫁接到 VP 上的。

2.5.2　状语还是次话题

　　上一节我们说到,当表示时间地点的词语出现在主语之后、动词之前时,前面常常要带介词。不过,它们在这种位置也不一定都离不开介词。例如以下一句也可以接受:

　　（18）这个怪人厨房里睡觉。

这样说时,会有以下含义:卧室里不睡觉。假如把这种意义说明白,句子的可接受性更强,也就是说,这时候不加介词就更加自然:

　　（19）这个怪人厨房里睡觉,卧室里做饭。

因为,当说话人想把两个处所作对比时,"厨房里"和"卧室里"成了次话题,而名词短语特别适合于作话题。我们还可以在"厨房里"和"卧室里"后面加上提顿词,使话题性更加明显:

　　（20）这个怪人厨房里呢,睡觉,卧室里呢,吃饭。

这时,加上介词反而显得多余了。

2.6　小句和动词短语作话题

2.6.1　小句作话题

　　本小节,我们将进一步研究除了包括时地名词的名词短语外,还有什么语类可以充当话题。2.5.1 说过,所谓词语 e 能不能当话题,要看:一、e 能不能进入 TP 之下的 Spec 的位置;二、e 是否具有话题常见的某些语义和话语性质。我们举过一组名词性词语当话题的例子：

(1) a. 小张，我不相信。

　　b. 小张，我不相信他。

　　c. 小张，我不相信这个人。

　　d. 水果，我最喜欢苹果。

　　e. 这场大火，幸亏消防队来得快。

这几个句子中句首的名词都位于话题所占的结构地位，而且具有话题的典型的语义和话语功能。

　　现在我们来看看下面一组例子，与上面一组句子对照：

(2) a. 小张骗老婆，我不相信。

　　b. 小张骗老婆，我不相信这件事。

　　c. 小张骗老婆，我不相信他会这么做。

　　d. 小张会骗人麽，我想他只好骗骗老婆。

　　e. 小张会骗人，幸亏同事们早有警惕。

动词"相信"可以跟一个名词短语，也可以跟一个小句。无论是名词性宾语还是小句性宾语，都可以出现在句首话题位置。(2a)就是小句放在句首作话题的例子。汉语中没有专门用来指代小句的代词，但是可以用某些短语来指代小句或动词短语。(2b)中的"这件事"意思就是指上文"小张骗老婆"，其作用与(1c)中的"这个人"指"小张"相仿。(2c)中的"这么做"相当于英语中的 do so，意思是指上文的动词短语"骗老婆"。(2d)中的"小张会骗人"和"只好骗骗老婆"的关系是一般和特殊之间的关系，类似于"水果"和"苹果"之间的关系。不能把(2d)中的两个小句调换位置说成：

(3) ＊小张会骗老婆，我相信只好骗人。

　　(2e)中最前面的小句显然意思与下文有关，但并不与其中某一具体成分发生关系。从上面的分析，我们可以看出(1)和(2)两组句子相当对称，具有许多共同点。由于汉语没有多少形态标记，不能排斥其他可能的分析法，但把(2)中各句前面的小句看作话题，似乎可行。而在上海话中，作话题用的小句常常带提顿词，如：

(4) 小张会得骗老婆末，我是勿大相信个。

这使小句话题跟其他话题的对称更加明显，事实上，它们在意义和话语功能上的一致性也显得比普通话高,关于这些,本书下文还将详细讨论。根据上海话的情况,我们将有更加充分的理由认为小句可以充当句子的话题。

如果采用当前生成语法的结构表示法,这类小句作主话题的结构可以用树形图(5)来表示,其中 Spec 的位置用语类符号 IP 代入。

(5)

小句充当的话题和名词短语充当的话题在话题结构中占同一位置,还是占不同的位置? 要回答这一问题我们应当研究一下:当两者并存时,它们的顺序是否固定。如果小句作话题必定在名词性话题之前,或者名词性话题必定在小句话题之前,则有可能要在结构图中区分两个位置。这时还要研究是否有一些其他成分一定位于两者之间。(6)中的 a、b 各有两个话题,一个由名词短语充当,另一个由小句充当。

(6) a. 每个会员,明天的会议延期,我都通知过了。

　　b. 明天的会议延期,每个会员,我都通知过了。

(6a)和(6b)都能成立,可能 a 的出现频率稍低于 b,而结构上并没有明显差别。既然这样,看来没有必要为这两种话题安排性质不同的位置,而只需要根据实际出现的情况在结构中反映它们的语序。这种双重话题的结构,在名词性话题居于句首时可以图示如(7),在小句话题居于句首时可以图示如(8):

(7)

(8)

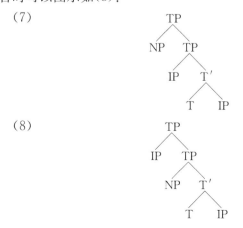

2.6.2　动词短语作次话题

现在来看看动词短语充当次话题的情况。这种情况在上海话中相当普遍，典型的例子是：

（9）伊讲闲话末，讲勿来。

（10）伊做事体末，总归做得一塌糊涂。

含同一动词的两个动词短语先后出现的情况受到过不少汉语学家的关注，这种情况有动词拷贝结构（verb-copying construction）之称，有些研究者的兴趣在于动词的体貌特征，如 Hsieh（1992）等。我们把其中的前一个动词短语看作次话题出于几个原因。一是在上海话等方言中前面的动词短语后经常出现话题标记即提顿词；二是后面的动词短语可以是指代性短语，下面是普通话的例子：

（11）他处理重要问题常常这样做。

上文已经说过，"这样做"等是汉语中用来指代动词短语的专门用语，请与 2.6.1 节（2c）比较。第三，后面的动词短语也可以用另一个动词，而两者的关系必然是前面的动词表示一般概念，后面的动词表示具体化的概念，两者有属种关系，两者的位置也不容许颠倒：

（12）他烧菜不过炒鸡蛋、煮白菜而已。

（13）＊他炒鸡蛋、煮白菜不过烧菜而已。

我们已经发现名词充当话题的时候，以及小句充当话题的时候，也都表现出类似的现象。至于动词短语充当的次话题的结构特点和功能特点，以及上海话中丰富的动词短语作次话题的现象，本书后面将有详细讨论。

Matthews & Yip（1994）分析广东话中先后出现的两个动词短语形成的结构时，也把前一个动词性成分看作话题，跟我们的看法接近。他们的例句之一是：

（14）望就咁望啦。

动词短语作次话题的结构可以用以下树形图来表示：

（15）

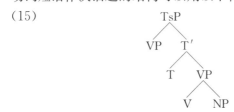

2.7　次　次　话　题

结束本章之前,我们还要提到一种比较特殊的非句首话题。这种话题结构比 2.4 讨论的次话题还要低,不妨称之为次次话题(sub-subtopic)。它不但位于主语之后,而且位于句子的主要动词之后。次次话题主要出现在兼语式和某些双宾语结构中。

2.7.1　兼语式中的次次话题

下面是一个典型的兼语结构:

(1) 我请小张负责业务工作。

现在在"小张"后面加上提顿词:

(2) 我请小张麽,负责业务工作。

这样的句子单独出现听起来不是很顺,如果再补上半句,说成:

(3) 我请小张麽,负责业务工作,小李麽,负责行政事务。

这样的句子在普通话中可以说,但不一定很常说,而在上海话中则是十分普通的句子。这时,"小张"和"小李"对比,正符合话题的典型性质。

我们无法像测试主话题和次话题那样用加代词的办法来测试次次话题是否也有话题和后面代词共指的特点。下面一句不成立:

(4) *我请小张,他负责业务工作。

那是因为"请"是生成语法所说的控制动词(control verb)。所谓兼语,意思是动词后面的"小张"兼作"请"的宾语和小句"小张负责业务工作"中的主语。主句的宾语和小句的主语不能同时出现,其中一个只能是空语类。用树形图画出来是(我们用 Tss 表示次次话题):

(5)

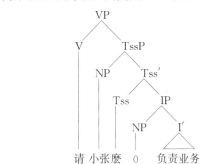

2.7.2　双宾语语句中的次次话题

至少在上海话中,一部分双宾语句可以出现次次话题现象。下面先看一个一般的双宾语句,跟普通话的类似句子结构相同:

　　(6) 伊拨仔儿子一幢房子。　　'他给了儿子一幢房子'

我们还是用上文的办法,在"儿子"后面加上提顿词,然后补上下半句:

　　(7) 伊拨仔儿子末一幢房子,拨仔囡儿末一只钻戒。

这种结构译成普通话不一定很顺,但在上海话中是非常自然而普通的。这里,位置在前的指人间接宾语成为了话题——次次话题。

值得注意的是,上海话表示给予的双宾语句,存在另外一种语序,即指物的直接宾语可以放在指人的间接宾语之前:

　　(8) 伊拨仔一幢房子伊。

而这种双宾语结构中的前一个宾语不能成为话题,不管补上什么样的上下文:

　　(9) ＊伊拨仔一幢房子末伊。

再看粤语。粤语表示给予的双宾语一般只有上海话的后一种语序,即指物的直接宾语放在指人的间接宾语之前,跟普通话相反。尽管粤语也经常使用提顿词来表示话题,如(10),但是跟结构相同的上海话(8)一样,粤语双宾语句不能在直接宾语后加提顿词构成话题,如(11):

　　(10) 我啊,畀五百文你,佢啊,畀一千文你。

　　　　　'我呢,给你五百元,他呢,给你一千元'

　　(11) ＊我畀五百文啊,你,＊佢畀一千文啊,你。

为什么话题成分对双宾语结构的两种宾语有选择性,而不完全取决于语序? 有不少语法学家把这样的两个宾语分析为一个主谓结构的小句,间接宾语是它的主语,直接宾语是它的谓语。间接宾语和直接宾语的语义关系可以看作是一种表示占有的主谓关系。最早提出小句分析法的有 Goldsmith(1980)、Kayne(1983)。近期作品中研究小句中两个成分存在主谓关系的有 Bowers (1993)、Stowell (1995) 及 Cardinaletti & Guasti(1995)中的多篇论文。也有不少人用这一办法来处理汉语的双宾结构。虽然我们不一定要全盘采纳这些意见,把一切双宾语都分析为主谓小句,但这些看法至少说明这两个宾语间存在一定程度的类似主谓结构的关系,而性质上接近于主语的那个宾语经过一定的语法程序成为次次话题,就是很容易接受的了。据此,(7)前面一部分的结构就可以画成:

(12)

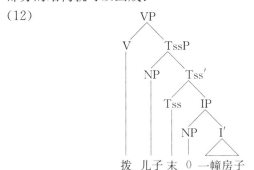

拨 儿子 末 0 一幢房子

次次话题结构中的小句标志语也不一定是空着的。例如,可以说(13),所以可以用树形图(14)表示:

(13) 拨儿子一家末,一人一样礼物。

(14)

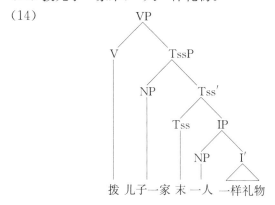

拨 儿子一家 末 一人 一样礼物

另一方面,(8)不能说成(9),这也就意味着这一树形结构不适宜于(8)和(9)。这是因为(8)中的间接宾语加直接宾语的结构不存在主谓关系,构不成类似小句的单位。在我们的话题结构中,虽然话题可以出现的位置很多,但话题的后面必须出现具有谓语性的单位,或者是谓词,或者是小句,或者是在结构制约下取得谓语性的单位,而不能是完全没有谓语性的单位,更不能完全没有东西出现。另外,类型学家也注意到人类语言中指人的间接宾语通常比指物的直接宾语有更强的话题性(Mallinson & Blake 1981:161),这跟两种宾语"生命度"的差异也有关系。因此,从语言共性和语言功能的角度看,指人间接宾语可以成为次次话题而直接宾语却不可以,也是很可以理解的。

2.7.3 数量短语前的主话题、次话题和次次话题

数量短语在汉语中本身具有比名词更强的谓语性,在某些结构中,数量短语的谓语性由潜在变成现实,如:

(15) 这袋苹果三斤半。

(16) 一斤苹果才两三个。

因此,在数量短语前出现话题成分是很自然的。在讨论数量短语前的次次话题前,我们顺便先讨论一下数量短语前的主话题和次话题。(15)(16)都可以加上提顿词成为明显的话题结构:

(17) 这袋苹果啊,三斤半。

(18) 一斤苹果吧,才两三个。

(17)(18)中的话题当然应该是主话题。数量结构前出现次话题也很常见,如:

(19) 苹果一斤啊,两块五。

由于(19)全句没有出现动词,因此似乎也可以把句首的"苹果"看成主话题,这样,紧跟其后的"一斤"也就可以是主话题而不必是次话题,因为次话题应该出现在某个非话题成分如主语之后(参看 2.2.1)。但是,从结构特点上看,我们倾向于把"一斤"这种成分看成次话题。因为,根据前面划分主话题和次话题的讨论,有些副词不能出现在主语前,但是可以出现在次话题前。我们看到,"已经"不可以出现在"苹果"之前,而可以出现在"一斤"之前:

(20) *已经苹果 一斤两块五了。

(21) 苹果已经一斤两块五了。

可见,"苹果"较符合主语的特征,而"一斤"较符合次话题的特征。

在以下两种情况下,数量成分前出现的是次次话题。

第一,是动量补语或时量补语前的宾语,可以加上提顿词成为话题成分,而该成分在句子主要动词后,所以应当是次次话题。这方面可能

也是上海话更加典型，所以我们举上海话的例句：

　　(22) 我看见过美国总统末三趟，英国女王末两趟。

　　(23) 我今朝下半天读外语末两个钟头，打篮球末一个钟头。

汉语的动量补语和时量补语本来有较强的谓语性，所以我们可以在其前面加上动词"有"，下面是普通话的例子：

　　(24) 我碰到他有三趟了。

这种成分前出现话题成分当然很自然。

　　第二，是名词宾语后对名词进行计数的数量短语。这种成分传统上分析为后置的数量定语，实际上有较强的谓语性。Tang(1992)专门讨论过这类句子。

　　(25) 他买了笔十支。

她认为，"十支"可以看作"笔"的谓语，"笔十支"类似主位主谓结构的小句。这类结构中的名词后可以加提顿词成为次次话题：

　　(26) 他买了笔呢，十支，纸呢，才五张。

更有意思的是，在上海话口语中，基本上不使用(25)这样的结构，但是加上提顿词的(26)这种结构，却非常普通和自然，也就是说，只有在原名词宾语取得明确的话题性质的情况下，才适合在原来的宾语名词后用上有谓词性的数量短语。比较：

　　(27) a. ?? 伊买仔笔十支。

　　　　　b. 伊买仔笔末十支，纸头末五张。

附注

　　[1] 为了叙述的方便，在评论移位说时，我们也用"移出""移位"等。

　　[2] 有个专门名称，叫作最大投射(maximal projection)，意思是 X 扩大到一定程度就不能再扩大了，再大就不是 X 的结构，而是其他结构了。

　　[3] 现代语言学句法分析中的名词短语 NP、动词短语 VP 等等，都包括只有一个词构成的情况，如"快跑"是一个 VP，"跑"也是一个 VP。本书所说的名词短语、动词短语和 NP、VP 等等都包括单个词的情况。另外，因为汉语的形容词在句法性质上跟动词有较大共同性，所以在句法上也可以跟动词合为一类，这样，本书所说的动词短语或 VP 也可以包括形容词短语，即国内常说的谓词短语。

　　[4] Gasde & Paul 用的符号有所不同，他们不用 TP，改用 TopP，在 IP 的位置

上他们写上 VoiceP。

[5] 这里,我们小心地区分"标志语"和"标记"。在采用生成语法术语时,我们把 Spec 译成"标志语",在我们作一般化论述时,把通常所说的"句中语气词"等形式手段叫作"话题标记"(topic marker)。

3　话 题 标 记

3.1　话题标记概说

3.1.1　话题标记的广义和狭义

话题作为一种语法成分,通常具有语言形式方面的某种表现,尤其是在话题优先的语言中。用来体现话题功能的语言形式手段就可以称为话题标记(topic marker)[1]。广义的话题标记可以包括各种音段成分、超音段成分(或叫韵律成分),以及成分的排列顺序即语序。即使是主语优先的语言,也可能存在语序这类广义的话题标记,如英语作为主语优先的语言,也有用语序和停顿表示的话题现象,如:

(1) This movie, I've seen twice.　'这部电影,我看了两遍'

狭义的话题标记就是指用来表示语言单位的话题功能的某种音段成分,在语法上属于形态或附属性的虚词。这种狭义的话题标记,在当今生成语法的结构分析中,被看成话题本身,而话题的实词部分,则被看作话题的标志语(specifier),这种处理更是突出了这些话题标记的句法地位。在语言实际中,我们也经常会见到不止一种形式手段同时用作话题标记的情况。

语序是最常被提及的一种广义话题标记。一般认为话题有前置性(包括强式的前置性即句首位置)。这可能是人类语言的一个倾向性共性。不过,的确有些语言是话题后置的,如美洲的奥吉布瓦语(Ojibwa)。还有一些语言的话题没有固定的句法位置,主要依靠形态来表示话题性。在所谓"自由语序"的语言里,如斯拉夫语族的俄语、捷克语等,语序表达话题的作用尤其明显。这些语言中格的系统较发达,句法上的一致关系较严格,主语宾语等大多通过词的形态来表示,而语序的安排往往取决于话题的选择。如俄语:

（2） a. Гуля /поехал к Днепру.
　　　 '古丽娅' '去了' '向、到' '第聂伯罗'

　　 b. К Днепру поехал/ Гуля.
　　　 '向、到' '第聂伯罗' '去了' '古丽娅'

　　 c. Поехал Гуля/ к Днепру.
　　　 '去了' '古丽娅' '向、到' '第聂伯罗'

（2）a、b、c 三个句子用词相同，并且都表示"古丽娅到第聂伯罗去了"，但是语序不同。据王福祥（1981：37）的分析，a 句回答"古丽娅干了什么"的问题，以"古丽娅"为话题，所以将"古丽娅"放在句首；b 句回答"谁到第聂伯罗去了"的问题，以"到第聂伯罗去了"为话题，所以把"到第聂伯罗"和"去了"放在前面，"古丽娅"作为述题放到了句末；c 句回答"古丽娅去了哪儿"的问题，以"古丽娅去了"为话题，所以"去了"和"古丽娅"放在前面（从而区别于单以"古丽娅"为话题的 a 句）。严格地说，这类语言的所谓"自由语序"是指主语宾语状语等成分的位置比较自由，而就话题成分而言，恰恰是相当固定的，被选作话题的成分要占据句首或句子前部的位置，当然，这些语言的话题可以看成纯粹的话语成分，跟汉语中句法性的话题性质不尽相同。汉语完全没有格的形态和一致关系，但也有比英语大的语序自由，朱德熙（1985：2—3）把语序有一定的灵活性作为汉语的特点之一。因此，汉语语序成为广义话题标记也不难理解。关于汉语语序在话题结构中的作用，2.1 已有专门的讨论，这里不再赘述。

　　停顿是话题的一个常被提及的标记。最典型的例子是郑恒雄（1991：105）所述的台湾高山族的布农语（Bunun，布农语为郑书原文，大陆地区多称布嫩语以区别于壮侗语族的布依语）的情况。这种语言存在可以跟主语明显区别的话题，其标记之一就是停顿。每个话题后必然都有一个停顿跟句子后面的部分隔开，而主语后则没有这种停顿。在这种情况下，停顿的确可以成为辨认话题的重要标记。停顿也是汉语话题的常被提及的标记，但其作用不像布农语那么明确。赵元任、朱德熙等把可以停顿作为他们"话题-主语"统一体的重要特征。陆俭明则把可以停顿作为话题而不是主语的标记。在汉语中，停顿的作用跟提顿词（即所谓句中语气助词）相近，而跟语序有所分工。停顿除了表示话题外,也有提顿词那种突出(话题中的)焦点的作用。比如,句首的时间地点词语在汉语中都可以分析为话题,但哪个话题更被突出就跟停顿有关,比较:

(3) 昨天晚上我们家后院跳进来一个人。

(4) 昨天晚上,我们家后院跳进来一个人。

(5) 昨天晚上我们家后院,跳进来一个人。

(6) 昨天晚上,我们家后院,跳进来一个人。

(3)—(6)中动词前有两个时间地点 NP 都是话题,分别表示事件的时间背景和空间背景。(3)两个 NP 都有话题作用,但都没有被突出;(4)话题的焦点是停顿前的"昨天晚上";(5)话题的焦点是停顿前的"我们家后院";(6)中,两个 NP 都成为被突出的话题即话题中的焦点。可见话题的焦点总是落在停顿之前的成分上。但是,也不能说停顿只是焦点标记而不是话题的标记。因为,我们可以看到,停顿同时使句中可作话题而未带停顿的成分减弱其话题性。停顿在汉语话题结构中的标记作用,我们将在 3.3.2 结合提顿词的作用来进一步分析。此外,属于主语优先型语言的英语中,被提升至话题位置的成分通常也有停顿以与句子的其他部分隔开,如(1)。所以话题,常常处于所谓左悬置状态(left-dislocation)。

陆俭明(1986)提出话题不是句子自然重音所在的地方。所谓自然重音,按我们理解,就是在句子没有焦点重音(对比重音)情况下也比其他音节读得重的成分。如果他的规则成立,则也是属于韵律方面的话题标记。陆俭明该文的主题是讨论周遍性主语句的,他用这一条特征否定了周遍性主语的话题性,因为这种主语通常带自然重音,如:

(7) 每个人都有自己的想法。

"每个人"即使不强调也带重音。但是,我们也发现不利于把这种重音特征看作话题标记的现象。普通话中的所谓无定主语句(范继淹1985),一般认为其中的主语是不属于话题的,但恰好这类主语也是从不带句子自然重音的。当然,从逻辑上说,话题不带自然重音,不等于不带自然重音的都是话题。问题的复杂性在于,在正常状况下,无定主语句的语音强度似乎比可能充当话题的有定主语更弱。比较:

(8) 一个警察抓住了一个小偷。

（9）这个警察抓住了一个小偷。

（10）个个警察都抓住了一个小偷。

三个句子的主语自然重音强度逐个增强，而恰巧是居中的最有可能成为话题。可见用它来确定话题，至少可操作性不是很强，况且句子自然重音本身就是个比较难以确切把握的概念。

狭义的话题标记就是加在话题前或后体现其话题性的音段性单位。本章讨论的话题标记，主要取其狭义，所以下文就集中讨论这一类的话题标记。对汉语及上海话来说，我们的主要讨论对象就是提顿词。

3.1.2　话题标记的专用性

狭义的话题标记，可能还有专用与兼用的差别。所谓专用，就是该标记的作用就是表明所附着的实词性成分是句子的话题成分；所谓兼用，就是该标记在表示其他语义或话语功能的同时，可能兼有表示话题的作用。拥有专用的话题标记，也许是话题优先语言的一种重要表现。不过，跨语言的比较显示，与其说存在话题标记专用或兼用的两极，不如说存在专用性程度的差别。我们就想在这种背景下来讨论汉语及其方言的话题标记的专用程度。先来看一下话题标记专用性的不同程度。

最典型的专用话题标记的例子，可以举一种傈僳语方言。据 Li & Thompson（1976：472—473），傈僳语（他们指的是 Hope 调查的泰国境内一个傈僳族社团所使用的傈僳语方言）是一种非常典型的话题优先型语言，表现之一就是使用专用的话题标记。

这种傈僳方言里句子主要动词前面的名词没有区分施事和受事（或者说"格"）的语法手段，但每个句子都要在句首的名词后加上一个话题标记 nya。区分施事和受事则主要依靠常识或背景知识。如：

（11）lathyu　　nya　　　ana　　khu-a.

　　　人　　话题标记　狗　　咬　陈述语气词

　　　'人啊，咬了狗/人啊，狗咬了'

（12）ana　　　　nya　　　　lathyu khu-a.

　　　狗　　话题标记　　人　　咬　陈述语气词

　　　'狗啊，咬了人/狗啊，人咬了'

以上例句原著是用英文解释和翻译的，我们改用中文，并用停顿和"啊"

显示其话题的地位。从理论上说,这两个句子都是歧义句,但在实际生活中,人们一般都会优先按狗咬人的意义来理解[2]。nya 这种话题标记的使用是强制性的,每个话题成分都要加,而且它除了表示话题以外似乎也没有其他的语义和功能。因此,这是专用程度很高的话题标记。

据郑恒雄(1977),台湾的布农语也有专用的话题标记,而且既有前附的 maqa、maq,也有后附性的 qai、ka(例句中多表现为 a,疑为 ka 的弱化形式),两者一般同时出现在话题的前后,形成一种框架式标记,这可算是最强化的标记形式了。而主语则没有专用的标记,但在谓语是可屈折类的情况下可以导致谓语的格的屈折。跟泰国的那种傈僳语方言相比,布农语主宾语是可以相区别的。当话题成分和主语同一时,留下的是可以带话题标记的话题,而主语则受到强制性的“删除”(deletion)或“代词化”(pronominalization)。另一点不同是,那种傈僳方言的话题标记是强制性的,而布农语的话题可以带标记,也可以不带,从使用的强制性看,其专用程度比那种傈僳方言要略低一些。

有些语言既有专用的格标记,又有专用的话题标记,这就是主语和话题并重型的语言。例如,日语和朝鲜语中,都是主语由主格标记(后附性助词)表示,话题由话题标记(也是后附性助词)表示。在日语中,主语助词是が(ga),话题助词以は(wa)为代表,有类似作用的还有も(mo)等。传统语法把话题标记叫作“提示系助词”,而且把带话题标记的成分也看作状语的一类。理论语言学界则多把它看作话题标记。日语的主语格标记和话题标记虽然不同,但主语也可以加话题标记は(wa),这时主语后的が(ga)就不出现。有些成分加话题标记后原有的格标记仍然保留(Nagashima 1988:88—92)。比较以下例句:

(13) わたし　　が　　太郎　　の　　父　　です。
　　　watashi　ga　Taroo　no　chichi desu.
　　　‘我　　　ga　太郎　　的　　父亲　是’
　　　‘我,(并且只有我,)是太郎的父亲’

(14) わたし　　は　　太郎　　の　　父　　です。
　　　watashi　wa　Taroo　no　chichi desu.
　　　‘我　　　wa　太郎　　的　　父亲　是’
　　　‘我是太郎的父亲’

(15) パン　　は　　ぼく　　が　　食べ　　た。

pan	wa	boku	ga	tabe	ta
'面包	wa	我	ga	吃	了'

　　'面包我吃了'

（13）主语带主语标记が（ga），（14）主语带了话题标记は（wa），就不再带主语标记が（ga），（15）宾语提至句首作话题，带上话题标记は（wa），也就不再带宾语标记，但同句的主语仍带主语标记が（ga）。从表层结构看，可以认为日语中加了话题标记的主语已经提升为话题，而主语位置已经空缺，主语标记的强制性删除支持这种分析。宾语的情况也是如此，提升为话题后，宾语的位置也就空缺。另外请注意（13）的全句意译中加括号的部分，它显示日语主语在无话题的情况下有强烈的对比焦点作用，用于强调，而同一成分在（14）中当话题却反而是中性的，无强调意味。这一对比显示，日语句子在没有主语外成分带 wa 作话题的情况下，通常优先使用话题标记而不是主语标记，也就是说，优先选择有话题无主语的状态，只有特别强调时才选择有主语无话题状态[3]。另外，日语的话题标记は（wa）等也可以用在句子中的其他一些成分后起"提示"作用，有些日语研究者认为这时候它们不是话题标记，而当同一句几个带は（wa）的成分连用时，第一个は（wa）是话题标记，后面的は（wa）不是话题标记而是起对比的作用（参看徐昌华（1990：66））。不过也有人把后面的带 wa 的成分看作小话题（mini-topic），这跟我们的次话题和次次话题的看法接近。前面 2.4 提到过汉语中次话题有较强的对比性，日语小话题有较强的对比性也不奇怪。朝鲜语话题标记的用法跟日语相近，如没有主语外成分作话题的情况时优先使用话题标记而不是主语标记，话题标记可出现在主语后的成分后等。

　　举这些语言的例子，除了扩大我们关于话题标记的视野外，也是想以此为背景来讨论汉语及其方言能否算或在多大程度上算有专用的狭义话题标记。

　　方梅（1994）认为北京话里的"句中语气词"不能都看作话题标记[4]，主要理由是这些语气词可以加在不能看作话题的成分之后，如：

　　（16）他最喜欢啊，吃冰糖葫芦。

有的甚至加在连词、副词、介词或起篇章连接作用的短语后，如"反正呀……""一直啊……""比如吧……""说到底啊……"等。但是她认为"句中语气词"除了并列项后的语气词以外，基本上都是主位标记或准主位标记。同时也提到有些主位标记同时也有表话题的作用,包括转移话题或表示对比性话题等。方梅的分析下面我们还要进一步讨论。不管怎样,按她的意见,只能推出北京话的"句中语气词"至多是兼用的话题标记,而不是专用的话题标记。

我们说的话题是一种句法结构成分,因此应该主要从结构的角度同时结合功能来考察话题标记的专用性。从方梅所描写的北京话的情况看,"句中语气词"的确又可以出现在难以归入话题的成分后,如(16)那种动宾之间的位置,但大部分情况都加在明显可做话题(包括次话题及次次话题)的成分后。因此,不妨认为,提顿词基本上是北京话的一种专用话题标记,只是存在一些类推或泛化的用法。在这方面,各方言的情况不尽相同。在上海话中,提顿词似乎就更接近专用的话题标记一些。北京话中非典型话题后加提顿词的地方,有的在上海话中不能加提顿词,比较:

(17)伊末,顶欢喜吃冰糖葫芦。

(18)*伊顶欢喜末,吃冰糖葫芦。

还有,上海话的最常用的话题标记"末"也不能加在方梅举的"反正、一直、比方"等副词性成分后,但在某些关联性的成分后,上海话也可以用提顿词,如"所以末""一则末,……二则末……"。这些位置出现提顿词的原因与话题标记的身份基本上是统一的,本书下面将有讨论。从话语功能看,重要的是看这类标记有无话题功能。只要有话题功能,就应该归入专用话题标记,即使它在表示话题的同时还兼有其他跟话题性有关的语义或话语功能。上海话的提顿助词大多有表示有对比性的话题焦点的作用,所以毫不妨碍它被看作专用的话题标记。从刚才提到的有专用话题标记的语言看,有些语言的专用话题标记往往也同时兼有类似上海话提顿词的意义和功能,特别是对比功能。比如,据 Gundel(1988:239),日语和朝鲜语的专用话题标记都是常用在引进新话题的时候。据郑恒雄(1977:110),布农语话题标记主要表示新引进的话题或具有对比性的话题(参阅 6.3)。因此,表示话题焦点的话语功能,不影响上海话提顿词成为专用的话题标记。张伯江和方梅认为提顿词的作用是表示主位,所谓主位也是话语功能概念而不是句法结构概念,但就功能而言,它跟话题的功能是不矛盾的。因此,北京话提顿词在话语功能方面的特点也不妨碍它们被看作话题标记。

最后需要补充一下:作为话题优先型语言特征之一的专用话题标记,是句法上的一种成分标记,一定不能在充当句子话题标记的同时又是其他结构成分的标记,因为在话题优先语言中,话题是一种句法成分,因此,它不能同时是其他句法成分。实际上,专用话题标记的使用类似或接近格形态语言的格标记,是常见的适合于常规句式中的结构标记,而不是偶尔一见、只用于特殊句式中的成分。以上讨论的各种语言中有一定专用性的话题标记,包括普通话(口语)中的所谓句中语气词和上海话中的提顿词,都不是其他句法成分的标记,也是在常规句式中很常见的结构标记。不妨以此比较英语中的 as for 这类成分。在话语功能上,as for 这类成分也可以说是专用的话题标记。然而,英语中的 as for 是明显的介词性成分,其句法作用是表明其所介引的成分在结构上是句子的状语,这就不符合上面所说的句法性专用话题标记的性质。事实上这类虚词不但不能显示话题是一个句法结构成分,反而明确把话语中的话题确定为句法上的状语,换句话说,排除了话题作为一个句法成分而存在的可能。而且,英语中的 as for 这类话题标记并不常用,使用这类标记的句子是明显的非常规句式。因此,这类标记不是我们所说的专用话题标记,它们的存在恰恰说明了所在语言不是话题优先型语言。

3.1.3 "句中语气词"和"提顿词"

汉语及其方言有话题标记作用的单位主要是所谓"句中语气词"。这个名称不但太长,而且不很准确,尤其不能适应方言至少是吴语的实际,所以本书根据在吴语语法研究中已经用过的"提顿助词"的名称,略加简化称之为"提顿词"。这不仅是个术语问题,而且反映了我们对这种标记的不同认识。

"语气词"所说的语气,主要是指说话人对所说内容的态度。它大致与语言学术语中的 mood 相近,事实上国内也经常用"语气"来翻译 mood,作为"式"的同义词,只是语气作为一种语法范畴不一定要求用词的形态来表示,也可以用虚词这类半分析性的手段来表示。作为形态的语气经常是加在句子的主要动词上的,但从其意义和功能上看,语气其实是加在整个句子上的,因为动词是句子的核心,所以加在动词上来表示整句的语气也说得上是合理的,而汉语把语气词用在句子的末尾更是很好理解的,因为语气体现的是说话人对整个句子内容的态度。

而所谓"句中语气词",用在句子中间的停顿处,此时句子内容尚未表示出来,而且作为句子核心的动词多半还未出现,所以还谈不到说话人的态度,也就不存在所谓语气问题。其实方梅(1994)也认为"句中语气词"用作"主位标记"时已经不带语气意义,而她认为带语气意义的"句中语气词",其前面部分或者作用相当于一个分句,或者相当于自问自答中的问句。换句话说,都不是真正加在 clause 中间的虚词。可见,真正的"句中语气词"是没有语气的,叫"语气词"只会有误导作用。

而所谓提顿词,"提"字表示它的功能,反映话题在句子中的提挈作用,又正好跟日语语法中用"提示助词"称话题标记相合;"顿"表示它的结构特点,即停顿作用,因为大家都承认它是一种停顿的标记(方梅1994;另见本书3.3.2)。

除了名不副实这个原因外,还有一个重要原因使我们放弃"句中语气词"而改用提顿词。方梅(1994)说:"从历史来源上看,现代口语里的句中语气词都是由句末语气词发展而来的。"这里所说的现代口语其实就是指北京话。此外,在北京话中它们通常同时兼有句末语气词的作用。而上海话中的提顿词并不都来自句末语气词。常用性和重要性仅次于"末"的提顿词"是"来自联系动词,语法化程度稍低的提顿词"倒、也"来自副词(节律上由前附性向后附性发展),它们也都没有句末语气词的用法。下面是一些用例:

(19) 箇桩事体是,我也无没办法。　'这件事情啊,我也没办法'

(20) 箇种办法倒,阿拉也可以试一试。
　　'这种办法呀,咱们倒也可以试一下'

(21) 伊箇种事体也,一眼想勿着。
　　'他/她这种事儿,一点儿都想不到'

在当代上海话中,还有两个尚未有人注意过的常用双音节话题标记"是哦""对哦",它们的语源非常清楚,同时还是仍在使用着的是非疑问小

句,因而也不是语气词。它们的语源义是"是吗""对吧",如:

(22)小张是大学生,小王是哦?

(23)我也应当去一趟,侬讲是哦?　'我也应当去一趟,你说是吗?'

(24)我搭侬讲过个,对哦?　'我跟你说过的,对吧?'

这些"是哦""对哦"都有疑问义,强调时可以重读。进一步的虚化用法是用作口语中无意义的插入语,用来填补边想边说时的话语空档,如:

(25)辩桩事体末,是哦,阿拉要慢慢叫来。

　　　'这件事儿,对吧,咱们得慢慢儿来'

(26)老王辩个人,对哦,我一向顶顶相信伊勒。

　　　'老王这个人,我一向最信得过了'

(25)、(26)中的"是哦""对哦"已经完全没有疑问意义。(25)"是哦"前的成分已经是话题并且有话题标记"末",(26)的"对哦"前也是明显的话题,都跟话题性停顿有关。不过"是哦""对哦"语音上跟话题不相连,结构上仍当属插入语。在当代上海话实际话语中经常见到的是"是哦""对哦"的前面完全没有停顿,而"是哦""对哦"后则仍必须有停顿;这种"是哦""对哦"不但绝不能重读,而且有轻读弱化倾向,语音上也进一步虚化,在意义上除了表明前面成分是话题外已经没有其他意义和作用,是明显的话题标记,如:

(27)辩桩事体是哦,我也呒没办法。　　(义同(19))

(28)老王对哦,我还呒没通知勒。　'老王啊,我还没通知呢'

(29)足球赛是哦,守门员老重要个。

这两个话题标记不但经常用于主话题,也可以用于次话题,偶尔还能用于次次话题,如:

(30)老王昨日上半日对哦,搭我讲勒一桩事体。

　　　'老王昨天上午吧,跟我说了件事情'

(31)阿拉儿子数学是哦,考得一直勿大理想。

　　　'我儿子数学吧,一直考得不太理想'

(32)我送拨伊是哦,一束老漂亮个花。

　　　'我送给他/她一束很漂亮的花'

所以,把这些来源不同的成分,尤其是虚化得还不彻底的或从来没有作过语气词的词都叫成语气词不很妥当。所以,本书下面就一律称之为提顿词。

3.2 话题、焦点与"话题焦点"

前面提到,上海话的提顿词有表示话题中的焦点的功能。但是,正如前面提到过的,有许多学者是把焦点排除在话题范围之外的,甚至把焦点看作跟话题相对而跟述题等同的概念。因此,在描述上海话提顿助词的话题作用之前,有必要先从理论上澄清一下话题和焦点这两个概念的关系。

3.2.1 焦点的话语性和非结构性

话题是个句法结构的概念,虽然话题在不同语言里语法化的程度各不相同,但都可以看作句法结构中的一个成分。在话题优先的语言里,话题可以不跟句子中的任何别的句法成分或空位成分有共指关系,而仅仅是作为句子的话题。另有一些话题(即有人按提升或移位来看的话题)跟其他句法成分或空位有共指关系,但一旦它成为话题,就不再是原来那个句法成分,而只是在原位留下一个空位,如(1),这个空位也可以由代词之类成分来填补,如英语句子(2),上海话句子(3),有时还必须由其他成分来填补,如(4)。

(1) 老王麽,我从前见过[　]。

(2) This man, I hate [him].

(3) 门外头个人,侬去叫[伊]进来。

(4) 曹禺,我很喜欢[他的]剧本。

焦点(focus)在本质上则是一个话语功能的概念,它是说话人最想让听话人注意的部分。在句子内部,焦点是说话人赋予信息强度最高的部分,跟句子的其余部分相对,可以用"突出"(prominence)来概括它的功能;在话语中,焦点经常有对比的作用,跟语境中或听说者心目中的某个对象对比,可以用"对比"(contrastive)来概括它的功能。从理论上说,焦点可以存在于句子的任何部位,因此不是一个结构成分。

焦点是相对于背景(background)而存在的。根据背景的存在形式,背景可以分两类,一类是话语成分,即话语中的某个部分,另一类则是认知成分,即并没有在话语中出现、而只是存在于听说者的共享知识中的对象。根据背景跟焦点的位置关系,焦点所对的背景又可以分出两类,一类是本句中的其他成分,另一类是在上下文或共享知识中的某个对象或某项内容。

我们可以根据背景和焦点的位置关系,采用[±突出]和[±对比]两对特征来刻画焦点的功能。"突出",是指焦点以本句其他内容为背景,焦点成为本句中最被突出的信息。"对比"是指以本句外的其他话语成分或共享知识为背景,相对于那个句外成分,焦点是被突出的信息。根据这两对特征,可以把焦点分为三类,人们通常谈论的焦点大致可以分为两类,即自然焦点和对比焦点,而本文所说的话题焦点,则不属于这两类,而是除此而外的第三类。下面分别分析。

3.2.2　自然焦点

句子的自然焦点,又可以叫常规焦点、中性焦点、非对比性焦点等。其特征表现如下:

(5) 自然焦点:[＋突出],[－对比]

具体地说,某些句法成分在没有对比性焦点存在的前提下,自然成为句子信息重点突出的对象,同时往往也是句子自然重音的所在,其背景则是句子的其余部分。比如,在许多 SOV 型语言中,紧接在句末动词前的成分就是自然焦点所在(Kim 1988),而由 SOV 为主向 SVO 为主发展的匈牙利语在自然焦点的位置上仍跟 SOV 一致(Harlig & Bardovi-Harlig 1988)。在汉语中,句子末尾通常是句子自然焦点的所在,下面是刘丹青(1995)举的两对例子,后面括号中是成为自然焦点的成分:

(6) 他三十年来一直住在芜湖。　　(芜湖)

(7) 他在芜湖一直住了三十年。　　(三十年)

(8) 经济在缓慢地增长。　　(增长)

(9) 经济增长得缓慢。　　(缓慢)

上述两对例子在没有任何对比的语境和对比的意图时,自然分别以位于句末的成分为表达重点和自然重音的所在。从以上所述来看,自然焦点的确跟语序的关系较为密切,但并不需要具备专门的句法特性。比如,在上面四个句子中,自然焦点都是在句末,但句法上它们分别是处所补语、时量补语、谓语动词、状态补语,其实还可以是其他允许位于句末的句法成分。在以紧邻动词前的成分为自然焦点的 SOV 型语言中,成为自然焦点的成分也可以是宾语、主语及其他附加成分(参阅 Kim 1988),并没有统一的句法特性,也没有类似提顿词那样的语法标记。这足以说明自然焦点不是一种句法结构成分。

3.2.3　对比焦点

对比焦点不同于常规焦点,其特征表现如下:

（10）对比焦点:[＋突出],[＋对比]

对比焦点有双重背景。它既是本句中最被突出的信息,因而以句子的其余部分为背景,所以有[突出]的特征;又是针对上下文或共享知识中(尤其是听话人预设中)存在的特定对象或所有其他同类对象而特意突出的,有跟句外的背景对象对比的作用,所以又有[对比]的特征。总是借助语言中的一些特定手段来表示,其中有些不影响到句法结构,如加重音(表示焦点的方式而不影响到原来的句法结构,带上焦点重音(focus stress),又叫对比重音(contrastive stress)的句法成分跟同样的成分没有带重音时的句法性质是相同的)。如(11)a 和 b 焦点重音(用前加 ' 表示)的位置不同,但两句的句法结构毫无分别:

（11）a. ' 老王上午借了老李一笔钱。

　　　 b. 老王上午借了 ' 老李一笔钱。

也有些表示焦点的手段会影响到句法结构,这时,焦点已经在一定程度上被语法化。但被语法化的焦点并不具有统一的句法性质,它的句法性质仍由句法结构决定而无关乎它是不是焦点。如英语中表示焦点的分裂句(cleft-sentence)就是一种语法化的焦点表达形式。汉语中功能跟它相当的表达形式有两种,其中一种接近英语的形式而仍有不同(有的书叫作准分裂句),另一种差别较大;而在汉语内部,同样表示焦点的这两种手段,句法性质也不相同,焦点所在成分的句法地位也就不完全等同。如:

（12）It was yesterday afternoon that he entered the town.

（13）他是昨天下午进的城。

（14）他昨天下午进的城。

(12)和(13)的共同点是在焦点(yesterday afternoon,昨天下午)前加联系动词。区别点是英语需在句首加上傀儡主语(dummy subject),焦点成为联系动词的表语,而汉语则将"是"插到主语和焦点之间,不改变句子的基本结构,同时在后面加另一个相配的焦点标记"的",焦点并没有成为"是"的表语。(14)单纯用焦点标记"的"表示,"的"跟焦点根本没有直接的句法关系,而焦点的句法地位也毫无改变。所以,被语法化的焦点,固然一定是某种句法成分,但不是一种叫作"焦点"的句法成分;而话题则是叫作"话题"的句法成分。

另外需要补充说明,与焦点相对的背景成分,只是在本句中起背景作用,不意味着它在上下文的其他句子中可以是自然焦点乃至对比焦点。

3.2.4 话题焦点

以上两类焦点都是平时焦点研究主要关注的对象。而我们所说的话题的焦点,实际的性质却非常独特。有些人已经注意到话题可能有对比的作用,甚至用焦点来描述它(如 Chafe (1976)),但可惜都没有将这种焦点与上述两类焦点区分开来,通常是把话题焦点混同于对比焦点。所以需要着重讨论。

话题焦点既不是上面讲的自然焦点([＋突出][－对比]),也不是一般意义上的对比焦点([＋突出][＋对比]),而是只有对比没有突出的焦点,即:

(15)话题焦点:[－突出][＋对比]

就是说,话题焦点只能以句外的某个话语成分或认知成分为背景,在本句中得到突出,而不能以本句中其他成分为背景。即使是话题焦点也并不比句子的其他成分突出,句子可以另有突出的部分。话题焦点的强调作用只表现在跟句外成分的对比上。带话题焦点的句子的整个表达重点仍然在话题后的成分,这是被比的话题间的具体对比内容所在。另外,[对比]的含义正如上面所说的,是在本句中以某个句外成分为背景,并不意味着该背景成分在别的句子中不能是焦点。对话题焦点来说,作为背景的成分有可能在别的句子中也是话题焦点,有一种情况就是平行的句子互以对方的话题焦点为背景,这样构成真正的对比。下面我们以上海话为例作一点说明。

上海话的"末"在充当话题标记的同时经常表示话题焦点,即跟语境中的另一个话题(或许也是话题焦点)或听说者心目中共同了解的话题相对比,但它并不比本句中的其他成分更被强调。如:

(16) 礼拜天末,人老轧个。　'星期天啊,人很挤'

这一句的话题显然是跟非星期天的平时相对。这个被比的对象(上海话中的"平常日脚")可以隐含在背景知识中,也可以说出来,如:

(17) 平常日脚,人倒勿多;礼拜天末,人老轧个。

　　'平时啊,人倒不多;星期天啊,人很挤'

但在句子内部,"礼拜天"的信息强度不如后面的"人老轧个",这个后面的部分甚至还可以采用很强调的形式,如(18),或带上焦点重音,如(19):

(18) 礼拜天末,人轧得侬气也透勿转。

　　'星期天啊,人挤得你气也透不过来'

(19) 礼拜天末,小明顶欢喜到'动物园去孛相。

　　'星期天啊,小明最喜欢到动物园去玩'

另一方面,可以发现,对比焦点并不一定在句子的后部,句法上的主语也可以成为对比性焦点,而话题焦点跟这种作对比性焦点的主语仍然明显不同,比较:

(20) 老张末,当过海军个。

(21) '老张当过海军个。

(20)是带话题焦点的句子,其话题是对比性的,所以它的上文或背景可以是(22);但它的表达重点仍在后面的"海军"上,它跟(22)的"空军"相对。所以,决不能在已经有人说了(23)或认为(23)的情况下使用;(21)句是主语带对比性焦点的句子,它的全句表达重点就是"老张",而后面的部分包括"海军"等是已经提及的次要信息,所以它的上文可以是有人说了(23),或者预设是有人认为(23),但决不能以(22)为上文:

(22) 老王当过空军个。

(23) 老王当过海军个。

"话题焦点"和对比焦点还有一点重要区别。对比焦点,包括作主语的对比焦点,一般都可以在语境或背景知识的支持下省去句子的其余部分,而话题焦点无论怎样对比也不能省略它后面的部分,因为话题焦点句的句内表达重点就在话题后的某个成分上。如：

(24) A：老王当过空军个。

　　B₁：＊老张末。

　　B₂：老张。

(25) A：老王当过海军个。

　　B₁：'老张！

　　B₂：是老张！

当然,我们指出话题焦点没有"突出"的特征,是就全句而言的。假如一个句子有几个话题,那么话题焦点是比不带焦点特征的话题更加突出的成分。比较：

(26) 礼拜天末,淮海路浪,人老轧个。

　　'星期天啊,淮海路上,人很挤'

(27) 礼拜天,淮海路浪末,人老轧个。

　　'星期天,淮海路上啊,人很挤'

在两个话题中,(26)突出"礼拜天",句子有跟平时相对比的含义；(27)突出"淮海路浪"(淮海路上),句子有跟其他街道相对比的含义。但在全句的平面,话题焦点并不是被突出的对象,这一点通过前面的分析已经足以看出。

用以上话题焦点的观念来分析普通话"连"字话题句及其相应的方言句式,特别方便。"连"是个前附性的话题标记,它所带的成分就是话题焦点,有明显的对比性,但这不妨碍它所在句子的 VP 部分表达句子的重要消息,如：

(28) 连老王都忍受不下去了。

(29) 他连自己的妻子也瞒得紧紧的。

(28)是让施事"老王"充当话题焦点,跟其他人对比,而句子的信息重心是"忍受不下去",(29)是让受事"妻子"充当话题焦点(结构上是次话题),跟其他人对比,而句子的语义重心是"瞒得紧紧的"。不用"连"字,单靠后面的副词"也、都"也有同样的作用。如：

(30) 老王都忍受不下去了。

(31) 他自己的妻子也瞒得紧紧的。

由于"都、也"的位置在话题焦点的后面,因此它们实际上也带有后附的话题标记的作用,只是由于它们原本作为副词具有很强的前附性,因而没有发展成真正后附的话题标记。不过我们在 3.3.1 马上就能看到，在上海话中，至少"也"已经真的变成了后置的专门表示话题焦点的话题标记。

从省略的角度看，"连"字焦点句也不同于对比焦点句，而跟其他话题焦点句一样。无论提供什么样的语境，它都不能省略对"连"所带的成分进行陈述的部分，因为这是"连"字句的语义重心所在，而"连"前的成分则可以省略。如：

(32) a. 我(连)鸵鸟肉都吃过。

　　 b. (连)鸵鸟肉都吃过。

　　 c. ＊我(连)鸵鸟肉。

　　 d. ＊(连)鸵鸟肉。

以往有些研究，由于没有区分本节所述的三种焦点，因此难免出现概念和解释上的混乱。特别表现在焦点、话题、"连"字句等的关系上。比如，徐杰、李英哲(1993)所给出的汉语"焦点选择系列"就突出反映了这种问题。这个序列为：

　　 "是"强调的成分→"连/就/才"强调的成分→数量成分→"把"
　　字宾语→其他修饰成分→中心成分→话题

该序列让明明应该属于话题焦点的"连"强调的成分高居序列第二位，让具有一定话题性的"把"字宾语也位居第四，同时又把一切话题放在最末位，而且还明确说明"话题成分成为焦点成分的可能性接近零"，产生了明显的矛盾。该文确定焦点依据的标准是 Jackendoff(1972)的界定，而 Jackendoff 所界定的显然只是对比焦点。序列中有些明明是自然焦点，如"数量成分"等，但放进去问题还不大，因为它们有可能加上对比重音变成对比焦点；序列把话题排在末尾也可以，但其实更应该排除在外，因为话题充当对比焦点的可能性不是接近零，而是真正的零。但是，他们显然又感受到"连"字强烈的焦点作用，因此不分种类把它也放进了这个序列，从而严重破坏了这个系列的内部一致性。这种混乱的后果当然不仅仅是在抽象的序列上，它必然要影响到对具体现象的分析。比如，他们注意到疑问焦点和否定焦点的相关性，找错了疑问焦点会导致否定句的答非所问，这是很对的；但所谓疑问焦点和否定焦点都是对比焦点，而不能是话题焦点(包括"连"字句)。可是在他们举的用来说明规律的例句中却不恰当地包括了"连"字句,结果出现明显的分析失误。下面两个对话,他们认为 A 对 B 错,因为 B 没有针对疑问焦点否定,下画线、问句后的破折号及其后面的说明均为原文所有,说明的是选择焦点的规则(编号按本书重编):

(33)问：你是<u>去年夏天</u>来美国的吗？——"是"强调的成分

　　答：A. 不,我是前年夏天来美国的。

　　　　B. ? 不,他是去年夏天来美国的。

(34)问：你连<u>小刘</u>都不认识？——"连"强调的成分

　　答：A. 不,我连小王都不认识。

　　　　B. ? 不,我连小刘都不喜欢。

他们认为否定句应当否定疑问句中的焦点,而按他们的选择规则,"是""连"后面最应该是疑问焦点,所以否定句应该否定这些焦点,即(33)中的"去年夏天"和(34)中的"小刘"。可是我们看到,按这一规则给出的(34)A 却仍然是答非所问的。我们请一些人判断该句,回答都是该答句"答非所问",甚至怀疑有无印刷错误。而他们给出的合格否定句都是：

(35)答：不,我认识小刘。/不,小刘我认识。

这个正确的答句证明了我们的结论：话题焦点句的语义重心仍然是话题后面的成分,对于"连"字句来说,就是句子后部对"连"字所带成分进行陈述的部分,在(34)句中就是"不认识"。只有否定"不认识",才是答其所问。可见,区分话题焦点和对比焦点是十分必要的。

　　下文我们所用的"话题焦点"的概念,就是在本节所说的这种意义上使用的。

3.3　上海话提顿词的整体分析

　　后加性的提顿助词是上海话最重要的话题标记,可能也是比起普通话的提顿词来更典型的话题标记。所以对上海话提顿词的详尽分析,或许能够加深我们对汉语话题现象的认识。这一节先对作为一个类的上海话提顿词作一个总的考察和分析,下一节再分析各个提顿词在用作话题标记时的不同特点和作用。

3.3.1 提顿词的来源

提顿词属于后附性虚词。上海话中作为话题标记用的提顿词有下面一些：

末[mə ʔ]

呢[nə ʔ]

是[zɿ]

倒[tɔ]

也[a/aʔ]

对哝[tɛ³⁴ vaʔ]

是哝[zɿ¹²⁻²² vaʔ]

北京话的提顿词据方梅(1994)都来自句末语气词,而上海话的提顿词却不都来自语气词,几个提顿词的语法化程度也各不相同,所以有必要先简要分析一下它们的来源。

"末"也可以作"么、麽","末"是清代以来吴语小说及上海话教材等最常用的字形。它是完全虚化的提顿词,也可以用作句末语气词,跟普通话的"么"(也作"嚜""嘿"等,本文作"麽",以区别于读 iao 的"幺"(异体字为"么"))当同源。不过,在上海话中,"末"的提顿词用法比语气词用法常见得多,而且两者看不出意义联系。

"呢"也是同时兼提顿词和语气词的虚词,用法跟普通话的"呢"相当,不过在上海话中不如在普通话中常用。

"是"作为提顿词的作用是普通话没有的,它在上海话中至今也只有提顿词的用法而没有语气词的用法,所以不宜称为语气词。它应该是由联系动词发展来的。(1)就可以看作介于提顿词和联系动词之间的用法,因为正好句末一个"个"(的)和"是"呼应,类似于普通话的"是……的"式;(2)则是更明显的提顿词用法,已经无法用普通话的类似句式来翻译,尽管对吴语没有语感的人仍然可能会误以为(2)中的"是"是联系动词;而在(3)中的"是"恐怕没有人会再看作联系动词了,因为它已经用在假设小句中了。在上海话中,所有提顿词都能用在表示假设条件的分句中,因为它们在上海话中也是属于一种话题(详 6.4)。

(1) 我是,勿相信有窝种事体个。　'我可不相信有这种事情'

（2）掰桩事体是，我一眼印象也呒没哉。

　　　　'这件事儿，我可一点儿印象都没有了'

（3）伊勿答应是，阿拉桩事体办勿成功个。

　　　　'他不答应的话，咱们的事儿就办不成'

"倒"和"也"正处在由前附性的副词向后附性的提顿词发展的过程中。在用作提顿词时，它们的意义仍与其副词用法有联系，而且有些句子中前附后附两可，而意义接近，只是后附时前面名词的话题性质更加明显。如：

（4）a. 老王倒，本事蛮大个。

　　　b. 老王，倒本事蛮大个。

（5）a. 老王也，听勿下去哉。

　　　b. 老王，也听勿下去哉。

大体上说，用"倒"的句子有跟预期情况不同的含义，用"也"的句子是"连"字强调句的近义句式，表示话题焦点，跟"连"字句一样，它也经常用在次话题或非句首的主话题中，如：

（6）我现在介大个字也，一眼看勿清爽哉。

　　　　'我现在这么大的字，都一点看不清楚了'

（7）老张是，个能介事体也，做勿落主。

　　　　'老张连这样的事情都作不了主'

但是有一些"也"字话题句没有这类"连"字句的含义，其中的话题成分念得明显比上一类"也"字话题句轻，其中的"也"应该就是"啊"，跟普通话的提顿词"啊"同源，如：

（8）老王啊，要退休快哉。　　　'老王啊，快要退休啦'

不过，现代的语气词兼提顿词"啊"就是古代汉语的语气词兼提顿词"也"，上海话又正好跟副词兼提顿词"也"同音，将提顿词写作"也"也完全可以。普通话"啊"和"也"写法不同是应该的，因为它们不同音[5]。

"对哦""是哦"来自疑问小句，3.1.3 已作过分析。

3.3.2　提顿词的韵律特征及其与停顿的关系

作为后附的虚词，提顿词不能出现在任何语言片断的开头，而总是用在一个语言单位的末尾，同时后面还必须有其他成分出现，而不能用在全句或话语的终结处。这是提顿词区别于语气词的显著特征。作为话题标记,这是非常正常的。汉语及其方言中,话题不一定是句首的成分,但话题肯定不能是句子和话语的最后一个成分。话题后面必须有对话题进行陈述的成分。本身是后附性的,而它后面又必须有其他成分出现,这就使提顿词永远处于"句中"的位置。

单音节的提顿词在上海话中没有单字调,总是念轻声,双音节的提顿词可以读出单字调,但在作话题标记时事实上通常也弱化成轻声。像吴语中的其他后附轻声音节一样,提顿词总是跟前面的词构成一个广用式连调组(即吴语中的一种紧密的语音组合单位),自身再作为连调组的末字带上一定的调值(其实北京话的轻声也带由前字声调决定的调值),而跟后面的词语不发生连读变调关系,即使提顿词后没有明显的停顿。比较上海话(9)和(10):

(9)		开	水		热	个。	'开水热的'
	单字调	53	34		12	0	
	连调	55	21		11	12	
(10)		开	水	末	热	个。	'开水呢,热的'
	单字调	53	34		12	0	
	连调	55	33	21	11	12	

在(9)中,"开水"和"热个"构成两个连调组。加进"末"后,"开水末"成为一个连调组,所以"水"的声调由(9)的 21 变成 33,这是按阴平开头三字组第二字的规则得来的;而"热个"的声调没有发生变化。

提顿词在韵律上是一种强化的停顿标记。停顿本来是一种韵律特征,而且实际上是以"无"即"零"为手段的消极性特征。提顿词的韵律作用是将停顿物化为一种音段特征,并强化成一种积极的语法标记。

具体地说,凡是提顿词后都可以紧跟着一个停顿,书面上表现为一个逗号;但是,这个停顿也可以并不明显出现,而停顿的作用犹在,并且可以随时加进停顿而丝毫不改变句法结构。所以,在上海话的书面语料中,提顿词后也可以不加标点(如上面的(10)及下面的(11)),或同样的情况,加不加标点较自由((12)):

(11) 今年天气旱来,日日做空阵头,雨末一点也落勿出。

(蒲课 273 页)

(12) 我有两个媳妇(→新妇);大媳妇末蛮会做人个,小媳妇末,一

眼勿懂啥,只晓得字相。　　(蒲课 50 页)

提顿词后有无停顿或书面上的标点,跟小句中"末"前后单位的长度有一定关系。话题成分较短(如(11)中的"雨"),或述题部分较短(如(12)中的"蛮会做人个"),都使停顿较容易不出现。不过,这无论如何只是一种倾向,它不能改变提顿词后停顿可以自由隐现的根本性质[6]。

我们说提顿词是停顿的物化,因为有些句子的话题,在不加提顿词时必须有停顿,如果加了提顿词,就可以不停顿。比较:

(13) a. 老张,老王请哦?　　(按老王请客理解,下同)

　　　 b. ＊老张老王请哦?

　　　 c. 老张末老王请哦?

(14) a. 西瓜,北方个比南方个好吃。

　　　 b. ? 西瓜北方个比南方个好吃。

　　　 c. 西瓜末北方个比南方个好吃。

但是,提顿词不仅仅是停顿的替代物,它实际上还强化了停顿的语法作用并成为积极性的语法标记。3.1.1用(3)—(6)说明停顿有表示话题焦点的作用,主要是通过停顿与不停顿的比较看出的。现在我们再拿类似的上海话句子来比较停顿与加提顿词两种手段在表示话题焦点方面的作用。

(15) 昨日夜里向,阿拉屋里向倒,蛮暖热个。

　　　 '昨天晚上,我们家倒挺暖和的'　(预设是其他地方都比较冷)

(16) 昨日夜里向倒,阿拉屋里向,蛮暖热个。

　　　 '就昨天晚上而言,我们家挺暖和的'　(预设是其他时间不一定暖和)

(15)的被突出的话题即话题焦点是"阿拉屋里向",(16)的话题焦点是"昨日夜里向",都是在带提顿词"倒"的成分上(换用"末、是、呢"等也是如此)。即使带提顿词的话题后不停顿,情况仍然如此,如(提顿词换用"末",因为取消停顿后"倒"易被理解成副词):

(17) 昨日夜里向,阿拉屋里向末蛮暖热个。

(18) 昨日夜里向末阿拉屋里向,蛮暖热个。

可见提顿词是比停顿更强的话题焦点标记。另一方面,比起停顿来,提顿词也是一种更加专门的话题标记,因为上海话提顿词适用范围比单纯的停顿小,有些可停顿的句中位置前面的成分不具有话题性,这样的位置就不能加提顿词,如:

（19）侬要耐心眼，脱伊讲讲清爽。

　　'你要耐心点儿，跟他/她谈清楚了'

（20）＊侬要耐心眼末，脱伊讲讲清爽。

这是就提顿词作为一个整体说的，至于每个具体的提顿词，还有自己特定的跟其话题性有关的专门语义，这更是停顿所无法代替的。最重要的是，韵律特征标记还同成分的话语特性关系密切，而音段标记则更多的是句法手段了。

　　所以，上海话提顿词是与停顿比起来更专门也更句法化的话题标记。

3.3.3　提顿词的句法分布

　　从语类范畴看，能带提顿词的成分相当广泛，除了纯副词性单位外，其他各种实词及短语都可以带提顿词。一般的名词及名词短语、时间处所词语带提顿词的用法，大家都很熟悉，不用专门举例。下面我们谈几种值得注意的情况。

　　所有的介词短语都可以带提顿词。介词是一种深层格成分的标记，按格语法理论，当某个格在表层被选作主语时就应该删除所带的介词。当然，删除也是一种比喻说法，不管用不用删除的观念，事实上差不多任何语法理论都不承认介词短语可以作主语。话题的情况却不尽相同。深层格充当话题（主话题或次话题）是十分自然的，但话题无须遵循介词删除规则，或者说，话题本来就可以由介词短语充当，相应的，我们经常见到介词短语带提顿词的情况[7]，表示时间处所方向等等的介词短语自不用说，其他像受事标记"拿……"（把）、施事标记"拨……"（被）、对象标记"对……"等在上海话里都可以而且经常带提顿词，当然还包括前加性的话题标记"至于……"。

（21）辣人家屋里向末，伊一声口也勿敢开个。

　　'在人家家里呀，他一声都不敢吭'

（22）老王今朝拿小张是，训得来头也抬勿起。

　　'老王今天把小张啊，训得头也抬不起'

（23）我今朝拨小偷末，冲脱一笔大钞票。

　　'我今天被小偷啊，偷去一大笔钱'

（24）对年纪大个人倒，侬是要多照顾一眼个。

　　　　　'对岁数大的人啊,你倒是要多照顾一些的'

以上有些句子译成普通话时加"啊"和停顿并不都很自然,可能在介词短语作话题化方面,上海话也比北京话更常见。

　　提顿词可以加在谓词性单位后,构成主话题或次话题,如:

　　(25) 烧菜末,伊只会得炒鸡蛋。

　　(26) 吹牛三是,老王本事顶大。

　　(27) 小张钓鱼倒,蛮会得拣地方个。

　　(28) 认真末,大家侪蛮认真个。

　　(29) 啥人勿开心末,就嘸参加。

有些带提顿词的谓词,作用已经像一个小句,其实真正的小句也能带提顿词,如:

　　(30) 侬勿去末,我自家去。

　　(31) 衣裳忒小是,我穿勿进个。

　　(32) 侬想去也,我勿让侬去。

　　(33) 身体勿好末,就蹲辣屋里休息休息。

上海话中带提顿词的这类小句,的确跟后面成分之间有一种复句式的语义关系,但在结构上,它们仍是一种话题,所以我们称之为话题小句。关于它们的话题性质,2.6节已经说明;至于其意义和功能,6.4节还将进一步讨论。

　　纯粹副词性的单位和其他的虚词(句法功能词),在上海话中不能带提顿词。下面这个例子就说明,一方面,提顿词可以用在句子中很不相同的成分后,另一方面,它们仍然不能用在副词性的修饰成分后,如(34i、j、k):

　　(34) a. 为仔调查方言,小张今朝早浪向辣茶馆店里向用小录
　　　　　　音机偷偷叛叛拿人家讲个闲话一眼一眼统统录下来。

　　　　b. 为仔调查方言末,小张今朝早浪向辣茶馆店里向用小录
　　　　　　音机偷偷叛叛拿人家讲个闲话一眼一眼统统录下来。

　　　　c. 为仔调查方言,小张末,今朝早浪向辣茶馆店里向用小录
　　　　　　音机偷偷叛叛拿人家讲个闲话一眼一眼统统录下来。

　　　　d. 为仔调查方言,小张今朝末,早浪向辣茶馆店里向用小录
　　　　　　音机偷偷叛叛拿人家讲个闲话一眼一眼统统录下来。

   e. 为仔调查方言，小张今朝早浪向末，辣茶馆店里向用小录音机偷偷叛叛拿人家讲个闲话一眼一眼统统录下来。

   f. 为仔调查方言，小张今朝早浪向辣茶馆店里向末，用小录音机偷偷叛叛拿人家讲个闲话一眼一眼统统录下来。

   g. 为仔调查方言，小张今朝早浪向辣茶馆店里向用小录音机末，偷偷叛叛拿人家讲个闲话一眼一眼统统录下来。

   h. 为仔调查方言，小张今朝早浪向辣茶馆店里向用小录音机偷偷叛叛拿人家讲个闲话末，一眼一眼统统录下来。

   i. ？为仔调查方言，小张今朝早浪向辣茶馆店里向用小录音机偷偷叛叛拿人家讲个闲话一眼一眼末，统统录下来。

   j. ＊为仔调查方言，小张今朝早浪向辣茶馆店里向用小录音机偷偷叛叛末，拿人家讲个闲话一眼一眼统统录下来。

   k. ＊为仔调查方言，小张今朝早浪向辣茶馆店里向用小录音机偷偷叛叛拿人家讲个闲话一眼一眼统统末，录下来。

上面是从语类角度进行的考察。下面再从句法位置的角度考察一下提顿词的句法分布。上面(34)的各句实际上已经同时展示了提顿词在句法分布方面的部分情况。就是说，它可以让句子主要动词前的各种实词性成分成为话题，包括主话题(a、b)和次话题(c—h)。除此而外，需要补充说明两点。

第一，话题是一种句法成分，根据语法递归性的原理，句子中的嵌入小句都可以跟主句一样有话题成分。事实也是这样：上海话中这些成分后都可以带提顿词，包括宾语(包括双宾语)小句、补语小句等主句谓语后的小句话题成分(关系小句即定语小句除外，见下)。

(35) 我希望侬末快点跑脱。

(36) 老王告诉我小菜末，伊已经买好哉。

(37) 伊讲故事讲得大家末，侪睏着哉。

    '他讲故事讲得大家啊，都睡着了'

(38) 小张一跤跌得来眼镜也，全部碎脱。

第二，各种次次话题后都可以用提顿词。在句子主要动词后带有类似主谓关系的某些成分间，也可以形成话题结构，2.7已经分析了这些次次话题的结构性质和具体类别，这里不必详述。上海话的这些次次话题后都可以用提顿词。下面的例子有些是在 2.7 中举过的,有的是这里补充的。

(39) 我请小张末,负责业务工作。

(40) 我劝王军末报文科,劝李霞末报医科。

(41) 伊拨仔儿子末一幢房子,拨仔囡儿末一只钻戒。

　　'他给了儿子一幢房子,给了女儿一只钻戒'

(42) 小囡叫我末,爷叔,叫阿拉兄弟倒,老伯伯。

　　'小孩儿叫我呢,叔叔,叫我弟弟呢,倒是伯伯'

(43) 我看见过美国总统末三趟,英国女王末两趟。

(44) 我今朝下半天读外语末两个钟头,打篮球末一个钟头。

(45) 伊买仔笔末,十支,纸头末,五张。

不能加提顿词的句法位置有:

1) 句子的主要动词(谓语动词)后,包括句末的动词(连同其形态成分)后、动词和它的宾语补语之间、整个 VP 后。由于北京话的提顿词都来自句末语气词,所有的提顿词至今仍都有句末语气词的用法,所以这条规律无法得到明确的验证,而上海话提顿词中有"是、倒、也"等并非来自语气词的成分,因此这条规则表现得特别清楚:

(46) *我吃过末。

(47) *张阿姨要买末,两张票。

(48) *小王等仔是,半个钟头。

(49) *伊到过交关国家倒。

我们的确发现有少数动词和它的宾语小句之间可以加提顿词,似乎成为上述规则的例外,如:

(50) 我希望末,大家一道去。

(51) 我听说末,老王勿是自愿辞职个。

这类动词似乎不像一般主句的主要动词,而是习用程度比较高的一种小句,因为,即使是很普通的扩展,在加了提顿词后也很难进行,比较:

(52) 我一直/老/真心/希望大家一道去。

(53) ?我一直/老/真心/希望末,大家一道去。

所以,在话题性质上,它们应该跟前面举过的话题小句有相似的性质,而且比一般的话题小句更加习语化。Matthews & Yip(1994:341)在谈到粤语的话题助词时,也把话题标记前的这类习语性小句看作话题,

如(54)中的"重有"(还有,俗作"仲有"):

(54) 重有 wo,你记住带锁匙啊。

从字面和来源上看,"重有"也像是以后面的句子为宾语小句的,但他们还是把"重有"看作话题,这跟我们的看法一致。

2) 关系从句(定语从句)中的各种成分。下列各例中,a 是小句作定语的情况,b 是小句带了提顿词作定语的情况,c 是同样的小句带了提顿词单用的情况,只有 b 不可以,可见关系从句的位置是阻碍小句内的成分带提顿词的主因:

(55) a. 伊看中个人　'他看中的人'

　　 b. ＊伊末看中个人

　　 c. 伊末看中一个人。　'他,看中一个人'

(56) a. 我昨日夜到买个衬衫　'我昨天晚上买的衬衫'

　　 b. ＊我昨日夜到末,买个衬衫

　　 c. 我昨日夜到末,买仔一件衬衫。

　　　'我昨天晚上买了一件衬衫'

(57) a. 老张酒勿吃个辰光

　　 b. ＊老张酒末勿吃个辰光

　　 c. 老张酒末勿吃。

(58) a. 一斤六块洋钿个鱼

　　 b. ＊一斤末六块洋钿个鱼

　　 c. 鱼一斤末六块洋钿。

3) 名词短语中的修饰成分(即处在定语位置的任何词和短语)。以下 a 是名词短语,b 是同一短语在定语后带提顿词的形式,c 是定语标记"个"后带提顿词的形式。

(59) a. 阿拉阿哥　'我哥哥'

　　 b. ＊阿拉末阿哥

(60) a. 新装修个房间

　　 b. ＊新装修末个房间

　　 c. ＊新装修个末房间

4) 谓词短语中的形容词性修饰成分,即作状语的形容词。本小节前面已经提到副词状语不能带提顿词,其实同样位置的形容词也不能带提顿词。(34j)显示"偷偷叛叛"后不能加"末",这个词本来也是形容词。这条规则容易被一种现象混淆:动词前确实能出现带提顿词的形容词。(61)由 30 多年前的一段宣传口号而来,原文是"舒舒服服学不了大庆,轻轻松松赶不了大寨",译成上海话时,加"末"非常自然,但该句中形容词跟动词之间本不存在修饰关系,带提顿词的形容词跟话题小句作用是一致的。换句话说,只有跟动词没有修饰关系的形容词才能在动词前加提顿词。

(61) 舒舒服服末学勿好大庆,轻轻松松末追勿上大寨。
这条带"末"的限制不能推广为一切动词修饰成分都不能带上提顿词而成为话题,因为介词短语都能带提顿词,而介词短语在动词前传统上都被看作状语。

总之,提顿词可以出现的位置可以概括为:一、句子谓语动词前除副词性状语和形容词状语以外的各种成分后,这里的句子包括主句和关系小句以外的其他小句;二、句子谓语动词后有陈述关系的两个成分之间。最重要的是提顿词后面必须有对它进行陈述的部分;而不能加提顿词的位置主要是后面没有对它进行陈述的成分。而定语关系小句中的话题结构也排斥提顿词,这一现象还需其他方面的解释。

提顿词的句法分布也从一个方面证实了上海话的话题是一种句法结构而不仅是一种话语平面成分。张伯江、方梅(1994)认为北京话句中语气词是主位和述位的分界线。按照布拉格学派及其继承者的话语实际切分理论,在话语中,主位和述位的界限可以切在句子的任何两个成分之间,只要话语环境和新旧信息的分配支持这样一种切分,比如,在下列对话中的答句中,主位和述位的界限就在动词和宾语之间,即加竖线的地方:

(62) 甲:侬每天看啥个报纸?

乙:我每天看|《新民晚报》。
但是,上海话提顿词的句法制约已经决定了句子主要动词不能成为话题,所以提顿词不能用在加竖线的动宾之间。可见,上海话的话题及其形式标记提顿词,都已经是句法结构的一部分,受句法规则支配,而不仅仅是话语现象。

提顿词的使用当然也受到语义关系和话语功能环境方面的制约,

这个问题我们将在4、5、6各章中讨论。但有一点因为跟已经语法化的话语制约有关，可以先在这里谈一下。

如果句子中带有用"是"（不是提顿词"是"）和紧接其后的重读来表示的对比焦点，则提顿词只能出现在对比焦点之前，绝不能出现在这种对比焦点之后；若句首成分成为这样的焦点，那么整个这个句子都不能带提顿词。其实若不用"是"而只用对比重音，结果也是如此，加上"是"是为了提供一个更加明显的测试标记。下面(63)中各句提顿词都在对比焦点之前，句子成立；(64)对比焦点在句首，句子也成立；(65)各句提顿词都在对比焦点之后，句子全部不成立：

(63) a. 昨日末，伊拉是 ' 辣文化馆里搭外国人比赛围棋。

　　 b. 昨日末，伊拉辣文化馆里是 ' 搭外国人比赛围棋。

　　 c. 昨日末，是 ' 伊拉辣文化馆里搭外国人比赛围棋。

　　 d. 昨日末，伊拉辣文化馆里搭外国人是 ' 比赛围棋。

　　 e. 昨日伊拉末，是 ' 辣文化馆里搭外国人比赛围棋。

　　 f. 昨日伊拉末辣文化馆里，是 ' 搭外国人比赛围棋。

　　 g. 昨日伊拉辣文化馆里末，是 ' 搭外国人比赛围棋。

　　 h. 昨日伊拉辣文化馆里搭外国人末是 ' 比赛围棋。

(64) 是 ' 昨日伊拉辣文化馆里搭外国人比赛围棋。

(65) a. ＊是 ' 昨日末，伊拉辣文化馆里搭外国人比赛围棋。

　　 b. ＊是 ' 昨日伊拉末，辣文化馆里搭外国人比赛围棋。

　　 c. ＊是 ' 昨日伊拉辣文化馆里末，搭外国人比赛围棋。

　　 d. ＊昨日是 ' 伊拉辣文化馆里末，搭外国人比赛围棋。

　　 e. ＊昨日是 ' 伊拉辣文化馆里搭外国人末，比赛围棋。

　　 f. ＊昨日伊拉是 ' 辣文化馆里末，搭外国人比赛围棋。

　　 g. ＊昨日伊拉辣文化馆里是 ' 搭外国末，比赛围棋。

这一规则适合任何带提顿词的句子。(66)的提顿词出现在宾语小句中，于是它前面的部分，包括主句中的所有部分，都不能再带对比焦点：

(66) 阿拉一家门侪真心希望侬末能够考上大学。

这一规则也再次说明了话题焦点和对比焦点的明显不同。

3.3.4 提顿词的连用

话题作为一种句法成分可以在同一个句子中出现多个。多个话题可能分别是句子的主话题或次话题,也可以同属主话题或同属次话题。与此相应,作为话题标记的提顿词也可以在同一个句子中多次使用。当然,由于提顿词有或强或弱的话题焦点作用,因此,也不可能有太多的成分在同一层次成为话题焦点,所以我们最常见到的是两个带提顿词的话题相继出现在同一句子中的情况,而该句中话题数目不一定只是两个。(67)—(70)是主话题中连用提顿词的情况。(68)有三个话题,其中只有第一和第三两个话题用提顿词;而(70)则是三个话题都用提顿词,这种情况不常见,而且多用不同的提顿词。

(67) 我末,今朝上半天末,要去看一个朋友。

(68) 迭个歌星末,现在报纸浪,照片是,天天登得老老大。
　　　'这个歌星啊,现在在报纸上,天天照片登得很大'

(69) 瓣桩事体末,小王是,两三日天办勿好个。

(70) 阿拉学堂个大会堂末,开会是,两三千个人也,笃定坐得落。
　　　'我们学校的大会堂,开起会来两三千个人也肯定坐得下'

下面是次话题中连用提顿词的情况:

(71) 俚两家头明朝子末,房间里向末,先灰尘啥啥末掸掸清爽。
　　　'你们俩明天先把房间里的灰尘什么的掸干净了'

(72) 我已经开会个通知末,一家一家末侪发到哉。
　　　'我已经把开会的通知每家每户都发到了'

下面是主话题和次话题同时使用提顿词的情况:

(73) 迭个人末,我辣迭爿新店里倒,用得着伊个。
　　　'这个人,我在这家新店里倒用得着的'

我们讲的提顿词连用,是就一个单句内的范围而言的,几个小句或几个句子因为对比或引进新话题等而连用平行性的提顿词则是更普通的事。(74)这个取自上海话口语教材的实例正好两种情况都有。小句b连用两个带"末"的话题,c、d两个小句用一个"末"跟b的第一个带"末"的话题对比,而b的第二个带"末"的话题("起头田末")因为属于相同的话题没有对比作用而在c、d中没有出现,e因为引进一个新话题又一次用"末":

(74) a. 今年车花生意好来;b. 机器车花末,起头田末,要八角洋钱一亩;c. 牛车末,一块二角洋钱一亩;d. 脚踏车末,一块半洋钱一亩;e. 连吃末,总要算到两块洋钱一亩　(蒲课275页)

提顿词连用的情况,也有它的理论意义。张伯江、方梅认为北京话"句中"语气词是句子的主位标记,是主位(旧的、次要的信息)和述位(新的、主要的信息)之间的分界线,并且进一步认为,"与其说主位标记是标示主位的,不如说是标示述位的,也就是说,句中语气词固然标志着次要信息的结束,更标示着重要信息的开始。语气词可以说就是个信号,说话人利用它引起听话人对下文(重要信息)的重视"。可是,上海话提顿词连用的事实,却说明难以把提顿词简单地看成他们心目中主位和述位的界限(一个句子只应该有一处界限),更不一定意味着下文就是重要信息,因为一个带提顿词成分后面出现的可能是另一个带提顿词的成分,句子的重要信息可能要在几个带提顿词的成分后才出现。而北京话同样存在这种提顿词连用的情况。他们讨论主位标记举的第一个例子[即 1.1.2(10)]中就包含连用两个提顿词的小句:

(75)······所以她一直啊没有把这一片痴情啊告诉老师,······

下面是俞敏(1957)举过的一个普通话口语或北京话的例子:

(76) 昨日晌午呀,德胜门外头哇,一个老头儿啊,钓上来了一条十斤重的鱼。

提顿词连用,不能违背话题成分后必须有陈述性成分的原则。不管有多少带提顿词的成分出现,至少最后必须出现一个陈述性成分,不能以带提顿词的成分结束一个句子或一段话语。

附注

[1] 我们再次提请读者注意,本章所说的"话题标记",并非上一章结构分析中所说的话题的标志语(Spec)。

[2] 据徐琳等(1986),中国境内的傈僳语有用助词显示的宾语标志和主语标志的区别,都是后附成分;其中主语助词是可选的,主宾区别明确时可以省略,宾语助词是强制性的,在出现宾语的句子里都要用。这一情况跟泰国境内的傈僳语方言很不同。

[3] 由此可见,日语虽然因同时存在主语标记和话题标记而被划入主语话题并重型语言,但在句法上还是话题显得更加优先一些。话题句在意义上显得更常规(unmarked),而主语句却显得更特殊(marked),这显示话题是直接生成的,而不是由主语转化来的,因为很难设想意义上更常规的成分反而是由更特殊的成分转化来的。

[4] 方梅把话题用于话语功能的概念,从这里起到 3.1.3 节我们在评论她的

看法时，保留她所用的"话题"的原意。

　　[5] 副词"也"在北部吴语中用作提顿词很普遍，读音则有[a]和[ia]两种。读[a]的，跟"啊"无别，如上海话、苏州话；读[ia]的，跟"啊"不同音，如无锡话、常熟话。副词"也"读[ia]的，也都有提顿词用法。从语源上说，现代副词"也"的本字可能是"亦"，现代语气词兼提顿词的本字倒是"也"。现在我们将副词也写作"也"，是遵循普通话的现有规范。

　　[6] 普通话书面语的提顿词后总是伴随着停顿标点，这看起来跟上海话的书面材料很不一样。不过我们在张伯江、方梅(1994)中看到若干提顿词后没有标点的北京口语例句，如下面这一句中的"哪"和"啊"：

　　　　我们女人哪就是倔，我年轻那会儿啊也有这种情况。

总体上，上海话在提顿词后不停顿要比北京话更加自由，如下面的两个句子，上海话有没有停顿，可接受性没有差别，而北京话没停顿时可接受性似乎明显小于有停顿的：

　　〈沪〉　侬末快点跑吧！　＝侬末，快点跑吧！
　　〈京〉　你呢快点走吧！　＜你呢，快点走吧！

不过，即使提顿词后不停顿，由于提顿词作为轻声字的附着性，因此实际上还是会在话题与其后的成分之间造成韵律上的"凹谷"，跟停顿所造成的"断裂"在韵律表现上仍有相近之处。

　　[7] 尽管原则上话题不必遵循介词删除规则，但主话题删除介词的情况还是比较常见的，至少比次话题常见。

4 话题的语义关系
及其句法表现

从语义角度研究话题,有两个方面的课题需要探讨。一个方面是话题的关系语义,即话题跟句子其他成分的语义关系。具体地说,就是话题跟话题后的述题或述题中的某些部分之间的语义关系。另一个方面是话题的指称语义,即话题以怎样的方式跟外部世界中的对象发生联系,具体地说,就是话题在有指无指、有定无定、特指泛指等方面的特点。指称语义在现代学术规范中也属于语义学的范围,但它跟话语功能(国内常称为语用平面)的关系非常密切,对话题来说尤其如此。我们在本章中只讨论话题的关系语义,仍以现代汉语包括上海话为主要对象,而把话题的指称语义放到第 5 章中讨论。

4.1 话题结构的语义关系类型

话题与其后的述题组成的结构为话题结构。在英语这类主语优先的语言里,能充当话题的成分在语义关系上很受制约,一般都跟它的述题(均为主谓结构)中的某个成分或空位有共指关系,因此话题结构内部的语义关系是十分紧密的。而在汉语这种话题优先的语言中,能充当话题的成分十分多,跟句内其他成分有明显同指关系的成分固然比较容易成为话题,但其他成分也有很多机会成为话题。总体上,话题所受的语义制约比较小,能否充当话题往往跟许多语言外的因素如环境、认知等等有关。而且,话题结构可以在同一句子的多个层次存在。话题之后也不一定是主谓结构,有可能是一个名词性单位、动词性单位或另一个话题结构。这样,话题结构内部的语义关系就相当松散,难以处处找出共指关系。

当然,语义关系松散,不等于完全没有关系,或者语义关系完全没有规律。2.5.1已经指出话题与述题中的某个成分经常具有的某些关系,包括共指关系、全集与子集的关系等等。根据话题和述题或述题的组成部分的语义关系,我们把话题分为四类:论元及准论元共指性话题、语域式话题、拷贝式话题、分句式话题。

　　第一类,论元共指性话题(普遍性话题)及准论元共指性话题。论元共指性话题与句子(主句或小句)主要动词的某个论元或相关的空位所指相同,比较起来这是最紧密的一种话题-述题间语义关系。Xu & Langendoen(1985)的1—5节,主要就讨论这类话题结构。这一类也是最体现语言普遍性的话题结构,在人类语言中广为存在,即使是所谓主语优先的语言也常常会存在这类话题结构。不过,在汉语及其方言中,还存在一种话题与准论元共指的情况,所谓准论元,就是虽然在句法上有部分的论元特点,但其实不是地道的论元。这种话题,已经带有汉语的特点,在其他语言中不一定存在。4.2节将参考 Xu & Langendoen(1985)简要分析这些话题结构在汉语及上海话中的一些特点。

　　第二类,语域式话题(汉语式话题)。这类话题就是为述题提供一种时间、空间和个体方面的范围和框架。这类话题总体上跟述题的语义关系比较松散,但内部的差异也很大。其中有的话题可能跟句子的某些非论元成分或空位有共指关系,并且可以据此分出一些次类;也有的关系非常松散,语义关系主要依赖环境和认知等非语言条件而建立。典型的如从 Li & Thompson(1976)以来一再被讨论的"这场火,幸亏消防队来得快"。这一类也就是 Chafe(1976)和 Xu & Langendoen(1985)所称的汉语式话题结构,它们更多地体现了汉语或话题优先语言的特点。4.3将着重以普通话为例讨论这类汉语式话题的特点。

　　第三类,拷贝式话题(吴语式话题)。这类话题跟述题的语义关系又异乎寻常地紧密,话题干脆就是述题中某个重要成分在话题位置上的全部或部分复制(copy),而且被复制的成分还主要是在其他语言中很少会话题化的谓语动词。这一类可以说比上一类更加突出地体现了话题优先语言的特殊之处。不过,这一类话题虽然在普通话或北京话中有少量存在,但在上海话及吴语中却远为常用和多样。所以,相对于上一类汉语各方言共有的"汉语式话题",我们可以称这一类为"吴语式话题"。因为"复制"与另一个术语"复指"读音太接近,"复制关系"和"复指关系"说听都不便,所以我们索性采用 copy 的现成音译词称之为"拷贝"关系。由于拷贝关系的话题结构以往描写和讨论得最少,因此我们将把它作为本章的重点在 4.4 节中作较为详尽的分析。

第四类,分句式关系(吴语式话题)。这类话题是带话题标记的小句形式,跟述题之间有复句间的逻辑关系或事理关系。但是,它们又带着明显的话题标记,并且在语义关系上跟其他话题结构也有共同之处,因此也应该归入话题结构。2.6.1 已经从结构和语义上初步论证了这类小句的话题性质。下文将结合对上海话的描写进一步分析其话题的地位。不过由于这类话题结构的语义关系跟话语功能关系密切,我们将在第 6 章讨论话题的话语功能时再详细讨论,本章下面暂不涉及。这一类也是在吴语中比在普通话中更加常见和重要,所以不妨也称为"吴语式话题"。

4.2　论元共指性话题结构与空位和复指

4.2.1　共指论元的多样性

跟述题中的某个论元或相应的空位有共指关系的成分是最容易成为话题的成分。上文说明,这个论元在句法语义上是跟句子的主要动词(谓语动词)发生关系的成分。所以,论元共指话题在语义上通常表现为施事、当事、工具、受事、对象等等,在句法上则表现为在主语、宾语(包括间接宾语)等论元成分所占的句法位置上存在空位或复指成分。以下例句有的是 Xu & Langendeon(1985)中举过的(本书可能略有改动),有的是本书新加的;例句中加方括号的成分表示话题在述题中的复指成分,它也可以不出现而成为空位,如:

(1) 吴先生,[他]认识我。

(2) 吴先生,我认识[他]。

(3) 吴先生,我给了[他]两本书。

(4) 我这把刀啊,[它]砍倒过一棵大树。

尽管论元共指话题是最带有普遍性的话题类型,但是,作为话题优先型语言,汉语还是具有自己的特点。在汉语中,能与话题共指的成分更为自由而多样,受到的限制更小。表现之一,是与话题共指的成分不限于主句谓语动词的论元成分,也可以是嵌入小句中谓语动词的论元,如(5)、(6),包括内嵌层次较多的小句中的论元,如(7)、(8),甚至是处在所谓"孤岛条件"制约下的关系小句中的论元,如(9)(参阅2.1.2):

(5) 这个人,他们说吴先生见过[他]。

(6) 这个人,他们说[他]见过吴先生。

(7) 这本书,我不记得你说过他已经读完了[它]。

(8) 小明的婚事,我觉得老王暗示过[这件事]不合适。

(9) 这本书,读过[它]的人不多。

表现之二,话题不限于NP,也可以是VP,这时,与话题共指的论元是表示事件、状态的指代性词语,如:

(10) 赚大钱,我可不指望[这样的事儿]。

(11) 小张骗老婆,我不相信[这件事]。

表现之三,话题也能跟动词的准论元共指。像联系动词"是"等,联系动词和后面表语的关系,能愿助动词和后面VP之间的关系,在语法理论中并不是严格意义上的动词—论元关系,至多在句法上跟动宾关系有相近之处。在汉语中,这类组合跟动宾关系的共同点比英语之类语言更多一些,所以汉语语法学通常把"是"和表语的关系处理为动宾关系,还有少数学者如朱德熙(1982:61)更把能愿助动词跟后面动词的关系也处理为动宾关系。不管怎样,在汉语的话题化中,这类准论元结构都可以按普通的动词—论元关系作句法处理,让话题跟这类结构中的准论元共指,而它们在其他语言中不常能组成话题。如:

(12) 主治医师,他几年前就是[这个职务]了。

(13) 半夜单独出去,我敢[这样做]。

(14) 在家照顾生病的孩子,你当然应该[这样做]。

4.2.2   论元共指话题结构的句法表现:复指与空位

现在我们来讨论一下语义上的共指关系在句法上的表现,即共指性话题在述题中的空位与复指问题。以上(1)—(14),都是最常出现的与话题同指的主语、宾语或类似宾语的成分。这些例句中,我们都用方括号表示述题中与话题共指的成分。需要再次指出的是,这些用方括号表示的复指成分也可以不出现而成为空位。假如共指成分在述题中位于主句或小句的主语或宾语位置上,则空位的出现是比较自由的,而复指则受到一定的制约。制约主要来自话题成分的语义范畴。指人的话题,用"他"复指比较自由,而不指人的话题尤其是指无生命物的话题,用"它"来复指就不是很自然,所以(4)、(7)、(9)这些例句中用来复指"刀""书"的"它",其实不说出来句子更加自然。抽象意义的名词短语、动词短语以及小句虽然可以用"这件事""这样做"等带指示词的简短名词短语来复指,在实际语言中也是更常以空语类出现。以上的有关例句中,大部分方括号内的成分其实不出现更加常见和顺口。有些人想用英语中制约空语类的规律来处理汉语话题结构中的空位。而汉语的事实使这一愿望难以实现。汉语中受到制约的不是空语类,反而是实体词语,所以空语类的存在比复指成分的存在更为自由。

另一方面,跟句首名词共指的成分不一定都适于分析为话题的复指成分。在句首的 NP 后没有停顿的情况下,复指成分可以跟句首的NP 构成一个紧密的同位性短语,这个短语共同充当一个句法成分,不一定分析为两个句法成分。如:

(15) 小王这个人就是粗心。

(16) 钱这东西有好有坏。

不过,在主要动词的句法投射(projection)中,论元除了出现在主语和宾语的位置外,还可以出现在其他一些句法位置,上面讲的空位比复指更自由的情况,并不一定适合主语宾语以外的句法位置。下面分别讨论。

汉语动词的论元成分有时出现在某些介宾状语中。假如话题跟介宾状语中的论元共指,按汉语的句法规则,介词宾语位置不能是空位,必须有复指成分。(17a)"把"后的"他们"是复指成分,(17b)"把"后是空位,所以不能说,(17c)连介词"把"一起不出现,倒可以说了,这是因为该句的空位可以出现在宾语后,根本不存在介词短语。类似情况的(18c)不能让话题共指成分的空位出现在宾语位置,所以还是不能说。而(19c)让空位出现在宾语位置后,语义关系已经改变,跟(19a)的语义关系已经不同,而跟(19d)的语义关系相同。

(17) a. 那些客人，你把他们带到哪儿去了？

   b. ＊那些客人，你把〔 〕带到哪儿去了？

   c. 那些客人，你带〔 〕到哪儿去了？

(18) a. 吴先生，我除了他就不认识别的人。

   b. ＊吴先生，我除了〔 〕就不认识别的人。

   c. ＊吴先生，我就不认识别的人。

(19) a. 吴先生，我被他骂得很厉害。

   b. ＊吴先生，我被〔 〕骂得很厉害。

   c. 吴先生，我骂〔 〕得很厉害。 （＝d，≠a）

   d. 吴先生，我把他骂得很厉害。

不过，这些制约中，介词后不能有空位是真正的句法制约，而整个介词短语出现与否，主要还是语义制约。假如语义上允许，介词短语也可以整个不出现，这时，句子的话题可能已经不是真正的共指话题，而成为凭语言环境和背景知识建立起来的第二类话题即语域性话题了，如由(20a)省略介词短语而来的(20c)：

（20）a. 姓张的，我对他很不满。

   b. ＊姓张的，我对〔 〕很不满。

   c. 姓张的，我很不满。

比较特殊而有趣的一种复指现象，是让施事充当话题，然后用被动句中的施事标记"被"或"给"来引出复指话题的代词。句子中虽然有被动句标记，但并没有让受事充当主语或话题，甚至根本不存在受事。这类句子倒是可以完全去掉介词短语，句子语义关系丝毫不受影响，而句首成分更是典型的施事主语，但是，它的实际结构其实已经改变。如：

（21）小王，倒给他中了个头奖。 （小王＝他）

（22）这个小偷，昨天被他逃跑了。 （小偷＝他）

从表面上看，这类句子是普通的施事主语句插入了一个复指主语的介词短语，即来自：

（23）小王中了个头奖。

（24）这个小偷逃跑了。

其实情况不是这样。跟(21)和(22)这类句子最直接相关的句子不是(23)、(24)这种施事主语句，而是明清白话以来一直存在于汉语口语中

的一种无主语的被动句,不妨叫形式被动句,如:

(25) 被这个畜生正不知害了多少人性命。　　(《水浒传》一百回本 23
回)

所以,跟(21)、(22)最直接相关的句子就是跟(25)同类的(26)和(27):

(26) 倒给小王中了个头奖。

(27) 昨天被这个小偷逃跑了。

(21)、(22)就是让(26)和(27)中的施事充当形式被动句的话题,然后再在被动句的施事标记后用代词复指话题。形式被动句有特殊的语义语用条件制约,即句子表示施事者得益(同时有一方可能受损)的行为事件,并且是出人意料的事件。并不是任何施事主语句都可以换用形式被动句:

(28) a. 小王做了今天的作业。

b. ＊被小王做了今天的作业。

而用被动标记引出复指成分的话题句,全都符合形式被动句的语义语用要求,因此,我们只能把这种句子的句首施事分析为话题而不是普通的施事主语,而包含复指成分的介词短语,也就不是可有可无的成分了,去掉这个介词短语固然不改变句子的语义关系,但却改变了原有的形式被动句的特殊语用意义,并且在结构上把一个带主话题的形式被动句变成了普通的施事主语句。

不过,以上所述的介词后不能有空位的制约,在普通话中也发现了个别例外。至少有一个介词的宾语可以在共指的话题后保持空位,这就是工具格介词"用"。但"用"的后面必须用助词性"来"或文言虚词"以""于"。这种用法可能跟"用"保留较强的动词性有关,而且"用来""用以""用于"在现代汉语中实际上都已接近一个凝固词。如:

(29) a. 这支笔,我用它来写大字。

b. 这支笔,我用〔　〕来写大字。

c. 这支笔,我用〔　〕以写大字。

d. 这支笔,我用〔　〕于写大字。

汉语兼语结构中的兼语,也是动词的论元,而且语义上兼作两个动词的论元,这一句法位置本身就比较排斥空语类。所以,假如跟话题共指的是兼语,一般不能是空位:

(30) a. 小张，我让他去送一封信。

　　 b. ＊小张，我让〔　〕去送一封信。

(31) a. 小张，我们想提拔他当副主任。

　　 b. ？小张，我们想提拔〔　〕当副主任。

有少数兼语动词本身允许兼语不出现，那么在话题结构中也就允许表现为空位。如表示"容许"义的"让"，就跟(30)中表示使令义的"让"不同，它本身可以不出现兼语，如(32a)，也就让与话题同指的兼语表现成为空位，即(32b)：

(32) a. 他爸爸不让〔　〕吃巧克力。

　　 b. 这个孩子，他爸爸不让〔　〕吃巧克力。

这种情况可视为北京话或某些方言的特殊习惯用法，其他有些方言如上海话就不能在这种"让"后出现空位。

　　补语助词"得"后面也可能出现动词的论元，有时是"得"后小句中动词的论元，如(33a)中的"这些听众"，有时兼主句和后面小句两个动词的论元，如(34a)中的"小张"。这种位置上的共指成分，一般也倾向于用复指成分而不大用空位：

(33) a. 我说得这些听众笑起来了。

　　 b. 这些听众，我说得他们笑起来了。

　　 c. ？这些听众，我说得〔　〕笑起来了。

(34) a. 老王骂得小张抬不起头了。

　　 b. 小张啊，老王骂得他抬不起头了。

　　 c. ＊小张啊，老王骂得〔　〕抬不起头了。

"得"后避免出现空位，可能因为这个位置在一般的句法结构中优先用作"得"前动词的主语的空位，例如(35a)通常被理解为跟(35b)同义，而不大会被理解为跟(35c)同义：

(35) a. 我说得〔　〕笑起来了。

　　 b. 我说得自己笑起来了。

　　 c. 我说得别人笑起来了。

　　以上所讨论的一些限制都不宜看作对话题与后面结构中的成分在共指关系方面的限制。这些都是对使用空语类的限制，与话题无关。汉语中介词宾语、兼语以及"得"前动词的主语都不能由空语类充当。

我们不妨把(17b)、(18b)、(30b)和(34c)改换一下,让这些句子中作话题的词语出现在上文另一个句子里:

(36) 我们在找那些客人呢。＊你把[　]带到哪儿去了?

(37) 那天茶话会我只和吴先生一个人说话。＊我除了[　]就不认识别的人。

(38) 你在找小张吗?＊我让[　]去送一封信,还没有回来。

(39) 小张这下可惨了。＊老王骂得[　]抬不起头了。

方括号位置上的成分所指在上文已经交代得很清楚了,但是汉语句法不允许在这些位置上出现空位。这几句都不是话题结构,可见对这些位置上出现空位的限制与话题无关。正如 Xu & Langendoen(1985)所指出,汉语话题结构成立的先决条件是述题本身要能成立。这一点上,汉语和英语不同。英语话题结构本身常常不能成立,必须把话题放进述题后才能成立。例如话题句 These things, I will not take 中 I will not take 不能成立,假如不用话题句必须说 I will not take these things。

现在我们从另一个角度证明上述限制并非对话题结构的限制。我们可以把(17b)、(18b)、(30b)和(34c)用另一种方式改写一下,保留话题结构,而在后面的空位上用其他词填满,即:

(40) 那些客人,你把一部分人带到另一间屋子里去吧。

(41) 那些客人,我除了吴先生不认识别的人。

(42) 小张,我让这小伙子去送一封信,还没有回来。

(43) 那几个人啊,老王骂得他们抬不起头了。

这些句子都能成立,可见句中话题与后面的名词短语都可以存在语义关系[1]。

4.2.3　上海话论元共指话题结构的句法特点

上海话的论元共指性话题结构,跟普通话的情况大体相同。但是在优先选择复指成分还是空位上,上海话很有一些自己的特点。总体上,上海话的共指性话题,比普通话更多地采用复指形式,尤其是用第三人称单数代词"伊"来复指各种话题,包括指人的、指物的和指事的。(44)—(47)在普通话中也可以用"他/它"复指话题,但还是明显不如空

位形式说得更多。而在上海话中,用"伊"复指是绝对优势的形式,仅仅有空位显得很不顺口,(46)去掉"伊"甚至根本不能说:

(44) 辂杯酒侬总归要吃脱伊。   '这杯酒你总得喝了[它]'

(45) 迭只坏牙齿我一定要拔脱伊。   (独脚 166 页)

   '这颗坏牙我一定得拔了[它]'

(46) 迭个赤佬我从今以后认得伊。

   '这个家伙我从今以后算认识[他]了'

(47) 老王我去年碰着过伊个。   '老王我去年碰到过[他]的'

这里的"伊"是一个专用的复指代词(proform)。虽然在形式上与上海话第三人称单数代词一样,却不能看作一般的人称代词。当话题是复数意义的非指人名词短语时,后面的复指成分仍是"伊",不能改用复数的"伊拉",比较(48)的 a 和 b:

(48) a. 迭几只坏牙齿我一定要拔脱伊。

   b. ＊迭几只坏牙齿我一定要拔脱伊拉。

最常使用复指形式的是祈使句和意愿句。在话题结构的祈使句中,宾语位置的共指成分几乎总是采用这种"伊"字复指形式,即使话题成分是复数成分。而这种句子在普通话中用话题结构已经不多,虽然还可以接受,用"它"来复指话题更显得别扭。因此,这种句式成为上海话日常话语区别于普通话的一大特色,也使话题-复指句式在上海话中的整体频率相当高:

(49) 地板侬去拖拖伊。

   '你去拖一下地板'/'地板你去拖一下'/? '地板你去拖拖它'

(50) 侬反正呒没啥事体,书去看看伊唉。

   '你反正没什么事儿,去看看书'/? '……书去看看它么'

(51) 辂眼衣裳我现在就汏脱伊。

   '我现在就把这些衣服洗了'/? '这些衣服我现在就洗掉它'

复指成分在上海话中另一个常用位置是相当于普通话"把"字、"拿"字的宾语,也是在祈使类句子中更加常见。这些句子在普通话中可能更倾向于直接让受事成分作"把"字的宾语。如:

(52) 老酒拿伊吃脱。

   '把酒喝了'/? '把它喝了'

(53) 迭眼肉丝拿伊炒一炒。

'把这些肉丝炒一下'/？'这些肉丝把它炒一下'

另外，前面提到的带话题的形式被动句，可能也是上海话用得比普通话更多。如下面(54)、(55)代表的是上海话中常用的句子，在普通话中也可以说，但可能更倾向于选用其他句式表示：

(54) 小王末，今朝拨伊钓着交关鱼。

'小王啊，今天被他钓到不少鱼'/'小王呀，今天钓到不少鱼'

(55) 我也，总算拨我寻着一个欢喜集邮的朋友哉。

'我呀，总算被我找到一个喜欢集邮的朋友了'/'我呀，总算找到一个……'

以上情况除了进一步显示"伊"在上海话中已经带有话题复指专用成分的性质外，也说明上海话话题结构的使用比普通话或北京话更加普遍，从一个方面显示了上海话更加明显的话题优先特点。此外，上海话也能用其他指代成分或带指代成分的 NP 来复指话题，但这方面情况跟普通话除了词汇性差别外没有实质性的差别，无须细述。

4.3 语 域 式 话 题

这类话题为述题提供所关涉的范围[domain，Chafe (1976)用语]，或者框架[framework，Haiman (1978)用语]，我们统称为"语域"。实际上，这是话题最基本的共同话语功能，上面的论元同指性话题和下面的话题种类也有这类话语功能。只是因为其他话题跟述题中的成分还有其他的比较紧密的语义关系，而本类话题跟述题的关系相对来说较松散，主要就是话语的范围或框架，所以就将语域作为这一类话题的专用名称。当然，细分起来，这一类内部也比较复杂，与述题的语义关系也有松紧程度的差异，所以可以分出一些小类。下面就按小类分别讨论。

4.3.1 时地语域式话题

话题为述题提供时间处所方面的语域，这是汉语话题的很常见的语义类别。主语前或无主语句句首的时间处所词语一般都是这种话题；主语后谓语动词前的时间地点词语，在有停顿、提顿词等标记的情况下，是这种类型的次话题，在没有这类标记的情况下，则可以看作状语。

　　时间处所词语对于谓语动词来说，不是论元。它们不是动词必要的同现成分，跟动词没有选择关系，比起论元成分来，它们跟谓语动词的关系要松散一些。但是，在语义上，它跟谓语动词有修饰限定关系，所以在格语法中，时间处所成分也占有一个语义格的地位，因此，比起单纯以语言外因素建立起来的语域式话题结构来，时地话题跟述题的关系显得要紧密一些，介于论元共指式话题和其他语域话题之间。它们跟论元共指式话题的一个共同之处是也存在共指现象。

　　作为谓语动词的修饰成分，时间地点词语的常规位置是在主语和动词之间，少数可以出现在动词之后。当时间处所成分出现在句首时，可以认为这时在主谓之间也有空位存在，因为我们也可以在这个空位的位置使用复指成分。例如下列句子中，a 有句首时地词语的复指成分，所以可以认为 b 在同样位置有一个与句首时地词语共指的空位：

　　（1）a. 1947 年，我在那一年出生了。

　　　　 b. 1947 年，我［　］出生了。

　　（2）a. 河东的密林中，猎人们经常在那儿打到野猪。

　　　　 b. 河东的密林中，猎人们经常［　］打到野猪。

　　（3）a. 光华仪表厂里，我有不少朋友在那儿。

　　　　 b. 光华仪表厂里，我有不少朋友［　］。

　　汉语中有的句式主要就是以时间地点词语为话题的，而通常没有主语，因此这类话题在传统语法或结构语法的分析中，往往比其他句首时地词语更有资格被分析为主语。最重要的是表示存在、出现、消失的句子，即汉语语法学界常讨论的存现宾语句：

　　（4）桌子上放着一盆花。

　　（5）大门口站满了看热闹的人。

　　（6）明朝时，出过一个大清官叫海瑞。

　　（7）树丛里，跳出来一只大老虎。

　　（8）前几天，走了一位贵客。

在存现句中，动词真正的论元出现在宾语位置。其中有的是受事，如（4），有的是施事，如（5）、（7）、（8），也有的是单价动词，没有施事和受事的分别，如（6）。在这类句子中，施事、受事等的语义角色的区别已经在一定程度上被中和,说话人并不意识到(4)和(5)的语义关系有什么不同,因为这时候动词的动作义已转化为一种存在、出现或消失的方式,而不表示具体的动作行为。

在汉语中,除了存现句外,其他句子也常会只有时地话题而没有主语,这样的句子,在上海话中可能更加平常。下面的(9)取自上海话课本中的句子,而且是没有上文的始发句;其中动词"看"之前只有时间成分和处所成分充当的两个话题,而没有"看"的施事论元出现。

(9) 今朝,报上(=浪)向,看见火车出轨。　(蒲课 33 页)
　　'今天,报纸上,看见火车出轨'

本来,"今朝"和"报浪向"都是简短的时地短语,假如它们作状语,通常不需停顿,但因为它们在本句中是作话题而且句子是零主语,所以用停顿突出话题地位就更加合适。

作次话题的时地成分很少用复指成分:

(10) a. 我 1985 年呢,考进了兰州大学。

　　 b. ＊我 1985 年呢,在那一年考进了兰州大学。

(11) a. 我们在客厅里呢,只谈了些无关紧要的事。

　　 b. ＊我们在客厅里呢,在那儿只谈了些无关紧要的事。

4.3.2　领格语域式话题

领格语域式话题,不是谓语动词本身的论元,因而跟谓语动词本身没有直接的语义关系;但是,它跟谓语动词的论元有语义上的紧密联系,在意义上是谓语动词的某个论元的领属格成分,因此,跟谓语动词有一种间接的语义联系。在这类话题结构中,述题部分有可能出现跟话题共指的定语,因此,也可以认为在没有复指成分时句中有领格空位,不过这种"空位"仅仅是语义上的,因为论元的领格处于句法的"孤岛"中,本来不应该有句法上的空语类,只是在汉语中,话题可以在语义上指这些论元的领格,所以为了方便,我们也说它们在语义上有空位。这类话题在语域关系话题中还算与述题有较为紧密的语义关系。如:

(12) a. 老王,他儿子考上了大学。

　　 b. 老王,〔　〕儿子考上了大学。

(13) a. 我祖父,我只见过他的照片。

　　b. 我祖父，我只见过[　]照片。

　　话题在意义上是谓语动词主语的领格，这种情况在话题优先的语言中非常普遍，也许是话题优先语言中带有较大普遍性的话题类型，Li & Thompson(1976)举到的普通话、傈僳语、拉祜语等话题优先语言的话题句，都有这种类型。日语中也经常有这种类型的句子。而且，从各种语言的举例来看，最常见的意义关系是话题跟主语有整体和部分的关系，或整体与它的某方面属性的关系，如：

　　(14) 大象，鼻子很长。

　　(15) 这间老房子，门窗都坏了。

　　(16) 这种牌子的冰箱，保修期挺长。

当然，部分和整体的关系，不能概括所有领格的情况，像(13)那种亲属关系，就不能说是部分与整体的关系，而且谓词性的话题也常有这种情况。在李讷等举的例子中，没有见到这类话题用复指的现象。事实上，汉语复指成分虽然可以在主语的领格位置出现，但是否出现是自由的，而且也以不出现为常。如上面的(14)—(16)，都没有用复指成分，加进复指成分实际上较为少见。即使出现跟话题共指的主语领格，也都是可以省略的，如上面(12)中的 a 句和 b 句所显示的。再如下列句子中的复指领格，也都可以是空位，所以我们都用方括号表示：

　　(17) 这位病人，[他的]情况很危险。

　　(18) 我们班的张明，[他的]书法特别棒。

　　当话题与主语并不紧连时，空位领格比较困难，比较：

　　(19) 小张，爸爸很有钱。

　　(20) a. ＊小张，以前爸爸很有钱。

　　　　 b. 小张，以前他爸爸很有钱。

　　还有些话题，在意义上是宾语的领格。这种领格总是与话题不紧连，因此，空位领格也要比主语领格困难一些。不过，这里起作用的不仅有位置因素，也跟领格的语义类型和语义关系有关，情况较为复杂，所以复指话题的宾语空位领格的可接受性并不相同，如：

　　(21) a. 新教学楼，我只见过这幢楼的图纸。

　　　　 b. 新教学楼，我只见过它的图纸。

　　　　 c. 新教学楼，我只见过[　]图纸。

(22) a. 王德刚，没人敢动他一根毫毛。

　　 b. 王德刚，没人敢动一根〔　〕毫毛。

(23) a. 金星，我买过这种牌子的电视机。

　　 b. ? 金星，我买过〔　〕电视机。

(24) a. 王德刚，我见过他的舅舅。

　　 b. ＊王德刚，我见过〔　〕舅舅。

有许多生成语法著作都提到，只有主语领格才能与话题共指，宾语领格不能与话题共指，如 Huang(1982)、Huang & Li(1996)等。他们称之为主宾语不对称(subject object asymmetry)。以上一些例子足以说明仅用主宾语来划分，过于简单化。汉语话题句中的这些现象和生成语法学中注意到的某些英语中的主宾语不对称现象，例如 that 效应[2]等等，并无内在关系。跟话题共指的宾语领格，有的可以是空位，有的不可以，这除了位置因素外，还跟宾语领格的语义关系类别有关，例如所谓可分离的领格与不可分离的领格之类，这里就不再细述。

4.3.3　上位语域式话题

上位语域式话题是句子谓语动词某个论元的上位概念。换句话说，话题跟述题中的成分有全集与子集的关系，通俗点说，就是上下位关系或种属关系。这是汉语话题的又一种常见类型。本书 2.5—2.6 已经提到，不但名词性的话题跟述题中的有关成分有这种关系，如"水果"和"苹果"的关系，而且动词性话题和小句话题也跟述题中的有关成分有这种关系，如"烧菜"和"炒鸡蛋"的关系，"小王骗人"和"小王骗老婆"的关系。有关内容可以参阅 2.5—2.6。

在我们这里被分开来的上下位关系和整体–部分关系，在某些传统词义学著述中有混淆的情况。比如，在谈到词义扩大时，常举到"脸"（由脸颊义到整个面孔义）和"颜色"（由脸色到所有颜色）。其实，"脸"的这一词义变化是由部分到整体，而"颜色"的变化则是真正的由下位词到上位词。这两类语义关系在句法上有不同表现，在话题结构中也有不同的表现。

整体和部分的关系，在句法上可以组成领属关系，由表示整体的词充当领格，由表示部分的词充当中心语。如"大楼的门窗""大门的锁"

"人的身体""人的精神"等等。而上下位词不能直接构成领属关系,不能说"水果的苹果""动物的老虎"等等。我们只能说"水果中的苹果""动物中的老虎"等等。

上下位概念可以用系词构成表示归类的判断命题句,下位词作主项,上位词作谓项;而整体–部分关系的词语不能有类似的表达,如:

(25) 苹果是(一种)水果。

(26) 老虎是(一种)动物。

(27) *门是(一种)大楼。

(28) *身体是(一种)人。

表现在话题结构中,两者也有差别。

第一,有整体—部分关系的词语,常由表整体的词语充当话题,由表部分的词语充当句中谓语动词的某个论元,如4.3.2中的(14)、(15)等。但是,也可以倒过来,由表部分的词语充当话题,由表整体的词语充当句中谓语动词的某个论元。如下列各例中的 a 和 b:

(29) a. 这幢大楼啊,门窗很好。

　　　 b. 门窗啊,这幢大楼很好。

(30) a. 这只小花猫麽,我喜欢它的眼睛。

　　　 b. 眼睛麽,我喜欢这只小花猫。

(31) a. 老王啊,头发全白了。

　　　 b. 头发啊,老王全白了。

以上的 a 句和 b 句,语义关系没有改变,只是表部分的词的指称意义有所改变。在 a 句中,"门窗"这类表部分的词是有指成分,而在 b 句中,它变成了无指成分。

由上位词充当话题的句子,决不能倒过来,让下位词充当话题。有时,下位词充当话题,而让上位词变成方位短语或介词短语或许句子可以成立,但加上方位词或介词后,上位词已经不是谓语动词的直接句法成分,而是范围性状语内的部分:

(32) a. 动物,老虎最凶猛。

　　　 b. *老虎,动物最凶猛。

　　　 c. 老虎,在动物里最凶猛。

(33) a. 水果,我很喜欢吃苹果。

　　b. ＊苹果，我很喜欢吃水果。

　　c. ？苹果，我在水果里很喜欢吃。

　　第二，由表整体的词语充当话题时，述题中可以有复指成分，根据复指成分，我们也可以确定在没有复指成分时句子里有空语类存在，复指或空位表现在动词论元的领格定语上，见 4.3.2 的有关例句。而我们在本小节中已经指出，上位词无法充当下位词的领格定语（＊水果的苹果），因此，由上位词充当话题时，述题里不能有复指成分，也说不到空语类的部分。所以，我们不能说（34a），因此也无法认为存在带有空位的（34b）：

　　（34）a. ＊水果，我最喜欢吃水果苹果。

　　　　b. ＊水果，我最喜欢吃［　　］苹果。

在述题中没有复指成分和空位，构成上下位式话题结构的主要特色，也使这一类话题跟述题的语义关系显得比上一类（整体—部分式话题结构）更加松散，换句话说，更加"汉语式"一些。

4.3.4　背景语域式话题

　　背景语域式话题和述题的关系最松散，它跟述题内容的联系，主要是依赖背景知识或谈话当时的语境而建立起来的，在句子内部，无法建立明确的话题-述题句法语义联系。典型的例子是本书中一再引述的（35）。

　　（35）那场火，幸亏消防队来得快。

"那场火"跟"消防队来得快"没有任何可以作形式化解释的句法语义关系，它们能建立起话题结构是因为常识告诉人们，消防队的作用是在发生火灾时前往火灾地点灭火，而且行动速度越快，火灾造成的损失越小。这种联系，早已超出语言学研究的范围，因为它已经不是人类的语言知识，而属于外部世界的知识。所以，我们甚至很难称这种联系为语义联系。这类话题是典型的汉语式话题，所以在译成英语之类主语优先语言时往往很难展示原有的话题结构，而需要对句子结构作较大的调整。下面是另外一些同类的话题句：

　　（36）老王的这个义举，我们只剩下敬佩二字了。

　　（37）电脑使用常识麼，我们也许该办一个短期班。

(38) 获奖电影,你们得多准备好一些加座。

(39) 这个任务,你无论如何不能马马虎虎。

(35)—(39)都是由背景语域成分充当主话题。实际上,因为这类话题跟述题的语义关系最松散,凡是不存在其他明显语义关系的话题都可归入这一类,所以在次话题和次次话题位置上也常见到这一类话题。有的著作在用话题结构重新分析一部分所谓"主谓谓语句"时,认为总是在前的"大主语"作话题,而"小主语"则作真正的主语,其实情况并不尽然。也可能是主语在前,次话题在后,其中有的次话题就是背景语域,如:

(40) 张小慧语文是全班第一名,数学麽,算不上拔尖。

这个句子的两个主谓结构是"张小慧……是全班第一名,(张小慧)……不算拔尖"。"语文"和"数学"是插在主语后的次话题,是谓语所表内容的背景,"语文"跟"是全班第一名","数学"跟"算不上拔尖"都不能构成主谓结构,也没有直接的语义关系。次次话题与其述题之间通常都没有直接的句法关系和直接的语义关系,所以次次话题一般都属于背景语域式话题,如上海话句子(41)、(42):

(41) 伊拨大儿子末一间房子,小儿子末,一只钻戒。

(42) 我到过北京末,两趟,广州末,三趟。

有些人总是想用同一的办法来处理英语中的话题结构和汉语中的话题结构。要做到这一点,最要紧的是要设法否定背景语域式话题结构的存在。他们提出了几点看法。石定栩博士论文(Shi 1992)中的观点在这方面较有代表性,我们在这里作一点评论。

他们认为,像(35)那样的句子,如果后面多补出几句,是可以出现一个跟话题共指的空语类的。本书所说的背景语域式话题,在他们看来其实也只是后面某个成分移到前面来的,不过移的距离要长一些。我们已经在2.1.3小结中指出:(35)这类句子意思是否完整,能不能在后面再补些话,这与话题结构无关。补上些话固然可以使整段话语的意思更加完整,但补上的话中未必一定要出现跟话题共指的空语类。请参阅2.1.3的(21)例。

他们还认为,人们常举的一些背景语域式话题结构的例子都有很大的局限性,例如:

（43）他们，我看你，你看我。

（44）它们，大鱼吃小鱼。

（43）中的述题只能是两个对称的小句子，不能省去其中之一。（44）中的述题是一个熟语，熟语当然有很大的局限性，不能任意类推。虽然这些是人们常常用来举例的背景语域式话题结构，但背景语域式话题结构远不是都有上述局限性。本书举的（36）—（39）各例，都是很普通的句子，其述题既不是对称形式，也不是熟语，没有什么特别的局限性。

他们还提出，以下这类句子中的话题也不是背景语域式话题：

（45）生物伦理学，我是外行。

理由是（45）相当于：

（46）我生物伦理学是外行。

既然如此，就可以把（45）分析为（47），即话题"生物伦理学"是从述题中[　]处的空位移到句首的：

（47）生物伦理学我[　]是外行。

但是，他们忽略了（46）中的"生物伦理学"也是个背景语域式话题，只是不在句首而已，它并不是通常说的论元。我们用了次话题的概念，就很容易区分（45）和（46）。前者有背景语域式主话题，后者有背景语域式次话题。假如主话题是从次话题的位置上移到前面去的，那么次话题又是从哪里来的？英语中既没有（45）这类结构，也没有（46）这类结构。两种语言的差别还是在于：汉语中允许表示言语的某种背景的非论元词语出现在某个话题位置上，与后面作述题的整句话相联系，而不特别与述题中的某一个词语相联系；而英语不允许出现这种情况。

4.4　拷贝式话题结构

拷贝式话题跟句子中的主语、宾语甚至谓语动词完全同形或部分同形，同形的成分之间在语义上也是同一的。"拷贝"是一个比喻式说法，只是说明前后两个成分的相同，并不表示何为基础形式何为拷贝形式，所以我们可以说话题是述题中某个成分的拷贝，也可以说述题中某个成分是话题的拷贝。

用句法语义学的普通规律，无法解释拷贝式话题结构在语义上存在的理由。这种成分在句子里的重复出现,除了为逻辑语义律所排斥的同义反复外,不可能存在其他的句法语义关系。但是,在汉语中,尤其是在上海话中,它们却能在话题结构中出现,其中拷贝的一方充当话题(包括次话题及次次话题),另一方则构成述题的一部分。普通话中也存在这类话题,有的还是从古代汉语和近代汉语中沿用下来的结构,可见汉语作为话题优先型语言的某些特点,具有久远的历史背景。但总体上普通话的拷贝式话题结构,还远不如上海话等吴方言发达,也就是说,汉语话题原本就有的话题优先特点在某些方言中得到了更高程度的发展。比起普通话来,上海话拷贝式话题的种类更多,使用频率更高,语法化程度也更高。

下面我们先简要分析一下普通话拷贝式话题的若干表现,然后着重分析上海话拷贝式话题的句法与语义关系。

4.4.1　普通话中的拷贝式话题

从传统和现代的各种语法理论中很难找到能分析、解释拷贝式话题现象的现成学说,因此,对普通话中存在的拷贝式话题,各种汉语语法著作大多语焉不详,或者用表面近似的句法现象来解释其中的一部分,让同属拷贝式话题的现象被分散在句法的不同部分,使人难以获得完整的印象。句子(1)—(11),在我们看来都含有拷贝式话题,我们先列例句,然后逐类分析。

(1) 星星还是那个星星,月亮还是那个月亮,山还是那座山,梁还是那道梁。　(电视剧《篱笆·女人·狗》主题歌)

(2) 他人不像人,鬼不像鬼。

(3) 他主任倒也是主任,但是这一摊子的工作不归他管。

(4) 他现在领导倒也不算正式的领导了,但在单位里说话还是挺有影响的。

(5) 我这几年小说也写过几篇小说,但自己都不满意。

(6) 他儿子聪明倒挺聪明,就是写作业太粗心。

(7) 我登台表演也表演过几次,但那都是二十几岁时候的事儿了。

(8) 小张打篮球打得非常好。

(9) 我真的说话都说不出来了。

（10）螺丝帽锈得拧都拧不动了。

（11）去就去，我还怕你不成。

上面这 11 个例子，其实代表了拷贝式话题的 11 种多少有点差别的小类，我们可以轻易地就每个类型举一反三，造出大量的同类句子。

（1）由 4 个结构相同的并列小句构成，以第一个小句为例分析。话题"星星"跟判断命题句谓项的中心词同形。"是"前没有其他名词短语，但是"星星"在这里的作用并不是作判断句的主目，而是引出话题，意思是"论星星（或"说到星星"），则还是那个星星"。

结构主义式的句法分析无疑会把句首的"星星"分析为判断句的主语。这在句法上似乎也说得通，但这样分析在语义上行不通。真正的主目和谓项相同的判断命题句，在语义上叫"同义反复"（tautology）。同义反复句有的可能是语言使用中真正的废话，如大人给小孩作的一种失败的词语解释：

（12）石英表就是，就是……就是石英表。

但更多的同义反复句则带有特定的修辞意义，就是主目提出一种对象，着重表示外延，谓项提示听话人注意该对象的某种属性或联想意义，着重揭示内涵，如：

（13）孩子到底是孩子。

它真正的意思是强调孩子就是淘气的或天真的，等等。而（1）既不是（12）这种废话，也没有（13）这种语义关系，不是真正的同义反复句，因此句首的"星星"也不是判断句的主目，在句法上也就不宜分析为主语，而是一种话题。

比较（2），"星星"的话题性和非主语性就更加明显。

（2）用准系词"像"充当谓语动词的判断句，但每个小句前面有两个 NP。显然，判断命题的基本结构是"他不像人，不像鬼"，主语是"他"，而拷贝成分"人""鬼"是主语后的次话题，意思是"他论人不像人，论鬼不像鬼"。反过来看（1），则拷贝成分"星星"也是同类的话题。（1）、（2）的另一个共同点是拷贝话题小句都用作并列复句的一个子项，一般不能只说一个小句，这是因为这类话题或次话题有对比性话题的作用，一个小句构不成对比。

（3）前一小句的结构跟（2）接近，拷贝成分也是次话题，系词前有语气副词"倒""也",但整个小句不再是并列复句的子项之一,而是用作让步小句,后面有转折句呼应,这也是(3)—(7)的共同特点,跟(1)、(2)一致的是不能只说含拷贝式话题的那个小句。

(4)跟(3)结构和语义关系相同,谓语动词是准系词"算"。主要的不同在于(4)是否定句,话题结构是"NP 不是(或不算、不像等)NP"。在否定判断句中,我们更可以看出前面拷贝的 NP 不是主语而是话题;若它是主语,整个小句就变成自相矛盾句(contradiction,如"花非花"),而(4)并没有表达自相矛盾的判断。

(5)也用拷贝式次话题小句作让步小句,跟(1)—(4)不同的是(5)用动作动词而非系词作谓语动词。语言实际中还是(1)—(4)这种用系词准系词的更多。

若以拷贝成分的词性而论,(1)—(5)可以归并为一个大类,拷贝式话题都是名词短语。(6)—(11)则构成另一大类,拷贝式话题是动词短语(包括形容词短语)。但这只是一种分类角度,从别的角度看,两大类之间存在很多明显的共同点。

从拷贝式话题结构表示让步小句的特点看,则(3)—(7)都可以归入一类。(6)、(7)的特点在于拷贝式话题不是谓语动词的句法宾语(在汉语中包括判断谓项),但在语义上,它跟(3)、(4)一样,都由命题的谓项充当拷贝成分。(5)跟(6)、(7)一样不是判断句,而拷贝名词性成分的(5)其实也能取拷贝动词性成分(包括形容词性成分)的(6)、(7)的形式,即把拷贝成分由(5)的"小说"扩展为(5a)的整个"写小说",而句法意义毫无改变:

(5)a. 我这几年写小说也写过几篇小说,但自己都不满意。

另一方面,(6)、(7)也可以方便地加进"是"变成跟(3)—(5)同样的形式,如:

(6)a. 他聪明是挺聪明,但做事情太粗心。

(7)a. 我登台表演也是表演过几次,但那都是二十几岁时候的事儿了。

可见,拷贝成分是作谓语的动词短语本身还是动词短语中的名词性宾语,对句法关系和语义关系没有什么影响,前面的拷贝成分的话题性质是非常统一的。

　　此外,(7)也有自己的一个特点,即次话题"登台演出"在述题中只
被部分拷贝成"演出"。这种拷贝成分在前后部分不同的情况在拷贝式
话题结构中也是常见的。其实也可以倒过来说成(7b),让述题中的拷
贝成分"登台演出"在次话题中只被部分拷贝成"演出":

　　(7) b. 我表演也登台表演过几次,但那都是二十几岁时候的事
　　　　　 儿了。

从(7)和(7b)的关系可见,在拷贝式话题结构中,很难说是话题拷贝了
述题中的某个部分,还是述题中的某个部分拷贝了话题。"拷贝"一词
只是比喻性地指出了前后两个成分在语言形式上的完全同一或部分
同一。

　　(8)在结构上跟(7)的前一小句非常接近,主要的区别是,(8)没有
(3)—(7)都有的语气副词。语气副词是用来帮助表达让步小句的,(8)
没有语气副词,同时也不再表示让步句,而成为能独立的小句。汉语语
法著作对这一类常见结构倒都不回避,但普遍将(8)的两个动词短语分
析为连动、状中或补充关系。其实呈拷贝关系的两个动词所指相同,这
就决定了它们不可能是连动所具有的时间或事理上的相承关系,也不
可能是修饰关系。放在(1)—(13)的大类聚中,便不难看出,(8)类结构
只是汉语中众多拷贝式话题结构的类型之一。(8)也有(8a)这种同义
形式:

　　(8) a. 小张篮球打得非常好。

(8a)的"篮球"是明显的次话题,而(8a)是(8)的同义形式,差别仅在于
(8a)的次话题是名词"篮球"而不是动词短语"打篮球"[3]。

　　(9)和(10)非常接近,结构上跟(8)也近似,但(9)、(10)都用语气副
词"都",构成表示强调的专用句式,从而不同于(8)。(9)和(10)的主要
区别在于拷贝成分在两句中分别充当次话题和次次话题。吕叔湘主编
(1980：154,524)把"动都没动"分析为由"连动都没动"省"连"而来的
形式,把"动也不动"分析为由"一动也不动"省"一"而来的形式,这是很
不统一甚至自相矛盾的分析法。其实"动都没动"也可以加进"一","动
也不动"也可以加进"连",而上海话"动也朆动"根本不加"连","动也
不动"也极少加"一",所以不宜采用上述分析。问题的症结就在于各种
汉语语法体系中没有给极其常用的话题结构以一席之地。有了拷贝式

话题的概念,则根本无须用加进"连""一"的办法来分析。

(11)的"去就去"在现有句法框架中大概可以分析为紧缩复句。这种分析有一定道理。不过,我们已经指出,条件小句具有话题的性质。而(11)的前一个"去"若要算复句中的前一个小句,只能是条件句,本身就具有话题的性质,而它在形式上又跟后面的成分结合得极其紧密,已经很难看作一个独立小句,所以,直接分析为话题是最容易被接受的,而且,它也有其他拷贝式话题结构共有的强调作用。

总体上说,拷贝式话题结构都有某种肯定和强调的作用。有的是直接对拷贝成分的强调,有的则表现为让步。用拷贝式话题结构表示强调和让步,是从古到今的汉语中一直存在的语言现象[4]。让步复句总是由让步小句加转折小句构成。所谓让步就是先肯定对自己观点不利的事实,所以在让步小句中通常会用一些表示肯定或强调的成分。所以拷贝式话题结构的强调作用和让步作用本质上是相通的[5]。

拷贝式话题结构为什么有强调的作用?它是利用汉语话题优先的特点,让同一个成分既作话题,又作述题中谓语或补语的一部分,通过该成分的重复出现而对其强调。而且,拷贝式话题往往具有对比性,因此实际上成为话题焦点;而拷贝式述题成分前面通常有强调类语气副词,使该成分又成为谓语中的焦点。一个成分在同一句子中同时占据话题和谓语的两个焦点位置,所以得到最大程度的强调。

另一方面,拷贝式话题跟谓语的一部分同形,所以拷贝式话题最常充当次话题,而把前面的位置留给句子的主语。不过在实际使用中拷贝式话题也可能出现在主语之前成为主话题,例如由(3)、(8)改造成的(3a)、(8b):

(3) a. 主任他倒也是主任,但是这一摊子的工作不归他管。

(8) b. 打篮球小张打得非常好。

4.4.2 上海话中的拷贝式话题

上海话中的拷贝式话题比普通话发达而丰富。普通话上述拷贝式话题结构类型,在上海话中全都存在,而且比普通话更常说。而上海话中另有多种常用的拷贝式话题结构,在普通话中却不存在,或很少说。因此,拷贝式话题,不但是一种汉语式话题,更是一种上海话式或吴语式的话题[6]。

下面分类列举和分析上海话中的拷贝式话题,跟普通话完全相同的类型不再重复。所用的代号只是简单地显示其线性成分,并不反映层次和结构关系。先从名词性话题说起。

1)"NP+末+NP"式。

这类话题结构主要用来"正名",即强调或重申 NP 所代表的概念或事实,同时,常常会用后续小句来否定其他概念或情况在这里的适用性。话题后一般要加提顿词"末",句末常有表示肯定意味的语气词。如:

(14)姘头末姘头勒晚,啥个好朋友。

'就是姘头么,说什么好朋友'

(15)阿香:姆妈(念成"苗")。

二房东:姆妈末姆妈,"苗",像死猫叫。 (滑稽 138 页)

'阿香(被恶妇二房东领养者):妈(念成"苗",显示不情愿喊"妈")

二房东:喊妈就该念出"妈"的音,怎么念成"苗",像死猫叫'

(16)上半天末上半天,侬自家记错脱,板要讲下半天。

'(某件事)明明是上午么,你自己记错了,非要说下午'

这种不见于普通话的拷贝式话题结构在句法上有一个鲜明特点,就是话题结构所在的整个小句没有动词性成分,也可以说,小句内明显地只有话题结构而没有主谓结构。因此,这是一种非常能体现话题优先语言特点的句子结构。当然,从形式上看,这类话题结构中的拷贝成分也可以是动词短语,但这里的动词短语实际上仍用作名物化的概念,不影响拷贝成分的 NP 的性质,如:

(17)作弊末作弊勒晚,讲啥个参考参考。

'这就是作弊末,说什么参考参考'[7]

2)"NP(+末)+NP+VP,NP1(+末)+NP1+VP1"式。

这种结构很少单独出现,一般由两个或更多个同类小句整齐地并列起来,前面或后面通常还有表示总括意义的小句,所以用两个小句的形式代表。这类句子拷贝主谓结构开头的一个 NP 作话题,这个 NP 最常见的是谓语动词前的施事主语或受事主语,但也可以是其他成分,甚至是一个句法成分的一部分。如:

(18)水末水紧张,电末电紧张,辫个地方生活是老勿便当个。

'水又紧张,电又紧张,这个地方生活是挺不方便的'

(19) 我问侬！米米轧勿着,三轮车,三轮车喊勿着,侬勒浪动啥格脑筋？ （滑稽 53 页）

'我问你！米呢又没有挤着买到,三轮车呢又没有叫到,你在动什么脑子？'

(20) 现在吃饭是不容易呀……屋里屋里要受气,客人客人面前要受气。 （滑稽 44 页）

'现在吃饭是不容易呀……在家里呢,也要受气,在客人面前呢,也要受气'

(21) 伊到仔上海,身体末身体勿好,亲眷末亲眷个地址落脱了,朋友末朋友个公司搬脱了,真真急煞人。

'他到了上海,身体又不好,亲戚的地址又丢了,朋友的公司又搬走了,真是急死人了'

这种话题的后面可以加"末",但不一定加"末",(19)、(20)这两个引自上海滑稽戏剧本的例子都没有用"末",在我们观察到的上海话口语实际中也经常不加"末",而同样常用这种句式的苏州话则以加"末"为常。上面的翻译只用较简洁的形式译出基本的语义关系,而没能完全体现话题的话语功能。若要尽可能体现话题的功能,则必须采用更加啰唆的形式来翻译,如将(18)译成"论水吧,水又紧张,论电吧,电又紧张……"。普通话必须用"论……吧"这种专用形式来突出话题,不能像上海话那样通过拷贝式话题结构来构成话题。

这类话题结构,尤其是拷贝成分为主语的句子,最清楚地显示主语跟话题的区别,因为主语还可以通过拷贝而话题化[如(18)中前面的"水"和"电"],则主语本身[如(18)中后面的"水"和"电"]自然并不兼话题。假如认为话题只是话语或语用平面的成分,在句法平面总是充当主语或其他成分,就无法解释这种拷贝主语的话题在句法上的地位。

3）"NP（＋末）＋V＋NP"式。

这一类结构拷贝谓语动词后的名词性单位（主要是宾语、兼语）作话题,由于话题实际上跟宾语等非主语论元同一,所以话题的后面或前面还可以插入句子的主语。如：

(22) 钞票末,侬倒要存好一眼钞票个。

'钱呢,你是要准备好一些的'

（23）小张已经论文发表过好几篇论文勒。

　　'小张论文已经发表过好几篇了'

（24）办法总有办法好想的。　（滑稽68页）

　　'办法呢，总可以想出来的'

（25）电缆末阿拉公司自家就有爿厂生产电缆个。

　　'电缆呢，我们公司自己就有家厂生产的'

（24）"有"和"想"两个动词的主格论元都空缺，句子只有话题没有主语。（22）、（25）两例主语插在话题后，拷贝式话题用作主话题。（23）例主语放在话题前，拷贝式话题用作次话题，请注意次话题前可以出现时间副词"已经"。这是 2.4.2 已经分析过的主话题和次话题的一个重要差别。（23）的"论文"也可以改作主话题，这时话题前不再能用"已经"：

（26）a. 论文末，小张已经发表过好几篇论文勒。

　　　b. ＊已经论文末，小张发表过好几篇论文勒。

　　4）"VP＋做/纵＋VP，（VP1＋做/纵＋VP1）"式。

　　这类结构由钱乃荣（1997）首先提到。它是表示让步的拷贝式话题结构，后面还得有转折小句（不是括号中的"VP1……"），总体上跟普通话中表示让步的拷贝式话题结构是同类的，其中的拷贝成分不是动词的论元，所以主语论元是空缺的或在拷贝式话题前出现。但是它也有一些自己的特点。它里边起提顿词作用的成分是在其他结构中不见用作提顿词的"做"和"纵"（钱书原作"中"），其中"做"多用于动词（老派则不用"做"而用"管"），"中"多用于形容词。这类让步结构不一定马上后接转折句，而是可以先由两个让步小句并列，然后再接转折句，括号中的"VP1……"就表示可能出现的第二个让步小句。这类结构中的拷贝成分 VP 不能复杂，通常是一个单词。如：

（27）骂做骂，打做打。也拿伊呒没办法。

　　　'纵然又是打，又是骂，也还是拿他没办法'

（28）想做想，想勿出好主意。　'虽然想了，但想不出好办法'

（29）任务重纵重，也勿会叫声苦。

　　　'任务固然很重，但（他）也决不会叫苦'

　　5）"VP（＋末/是/倒）＋VP，VP1（＋末/是/倒）＋VP1"式。

　　这类结构跟第二类一样也以并列小句的形式出现，并列项之间有平行、对比等关系，几个小句所用的提顿词不一定相同，其中用提顿词

"倒"的总是带有对比性,用"末""是"的则可以平行也可以对比(这几个提顿词在语义和话语功能方面的差异,第 6 章还将详细讨论),也可以干脆不用提顿词。这一类跟第二类的主要区别是拷贝成分为充当谓语的动词性成分 VP。由于拷贝式话题是动词,而不是谓语动词的论元,所以句子还可以另有式中未列的主语。不过,有了话题而让主语空缺本是话题优先语言的常见现象,如(31)、(32),其相应的普通话翻译则由于没有用拷贝式话题而最好补出主语。本式中的拷贝话题一般是单个动词或紧密的动词短语,而后面的拷贝成分却不能是单个词,而需要修饰补充成分或至少带一个表示肯定的语气词"个"。如:

(30) 倷夫妻争末也勿要争啦,寻末归寻,迭两个小赤佬,我吃定在
(→辣)苏州河一带,……   (滑稽 72 页)

'你们夫妻俩也别再吵下去啦,还是接着找吧,这两个小家伙,我断定在苏州河一带,……'

(31) 流氓:侬是啥地方一帮?

三毛:磅是呒没磅过,立夏节称末称过的,九十九斤。   (滑稽 74 页)

'流氓:你是哪儿一帮的?

三毛:(我)可没磅过(用磅秤称物为磅,用于人有侮辱意,此处故意跟"帮"相混),立夏节倒是称过的,九十九斤。(立夏称体重为吴地旧俗)'

(32) 为了两只裤脚又要争了,改倒没有改好,撕倒要撕坏了。
(滑稽 112 页)

'为了两条裤腿又要争吵了,(裤腿)没有改好,反而倒要撕坏了'

(30)—(32)都出自同一滑稽戏剧本选的不长篇幅内,可见这种句子在上海话中的出现频率之高。在这几个句子中"末""是""倒"全部出现,也反映这三个提顿词都很常用。普通话可能在一定程度上也允许这类表达方式,但肯定远不如上海话常用和普遍。在目前通行的汉语语法观念看来,第二类的拷贝式话题作为名词是谓语动词的一个论元,可以分析为主语,而第四类的拷贝式话题作为动词是谓语动词本身,或许可以分析为状语,却决不能分析为主语。而在我们看来,它们同为拷贝式话题,事实上这两类结构也经常互为并列复句的子项,体现了在当地人语言心理中的一致性。例如,(33)a—d 的四种并列方式在上海话中都

是可以接受的,在意义上也是等价的:

(33) a. 伊乒乓球末乒乓球勿会得打,象棋末象棋勿会得着。
       (NP 末……,NP 末……)
       '他乒乓球又不会打,象棋又不会下'

   b. 伊打乒乓球末打乒乓球勿会得,着象棋末着象棋勿会得。
      (VP 末……,VP 末……)
      '他打乒乓球又不会,下象棋又不会'

   c. 伊乒乓球末乒乓球勿会得打,着象棋末着象棋勿会得。
      (NP 末……,VP 末……)
      '他乒乓球又不会打,下象棋又不会'

   d. 伊打乒乓球末打乒乓球勿会得,象棋末象棋勿会得着。
      (VP 末……,NP 末……)
      ?'他打乒乓球又不会,象棋又不会下'

显然,只有能把(33)中"末"前的拷贝成分看成同一句法成分的处理法,才是反映当地说话人心理的处理法,话题正是对这类成分统一的句法性质的一个合适的概括。

6)"VP+是/倒+VP"式。

这一类结构形式上大致相当于第四类的一个小句,但是可以作为单句出现,不必几个小句并列,整个句子用来表达非常肯定的语气。这一类后面的 VP 必须有表示肯定强调的修饰补充成分或语气词,提顿词也跟第四类不同,主要用"是""倒",也常不用提顿词,较少用第四类最常用的"末"。

(34) 小赤佬,快倒跑得快个。 (滑稽21页)
     '小崽子,跑得倒挺快的'

(35) 老王热心真个热心个。 '老王可真的是很热心的'

(36) 伊来肯定会得来个。 '他是肯定会来的'

(37) 聪明是小王拉儿子蛮聪明个。
     '要说聪明,小王的儿子是挺聪明的'

(38) A:勿去惹伊哭。 '别去惹他哭'
     B:伊哭倒勿哭个。 '他倒是不哭的'

从(34)—(36)各例看,这类句子中前面的拷贝成分的话题功能已经不太明显,整个结构似乎是一种表达肯定语气的特殊格式,甚至有点像由不连续的重叠成分构成的形态形象,但在当地人语感中,这类话题仍有轻微的话题意味,所以也可以用更明显的方式译出其话题性,如将(35)译成"老王论热心可真的是热心"。而在(37)、(38)中,这种话题就表现得更加明显,(37)把拷贝的 VP 话题放至句首作主话题,(38)则承接上文的已知信息"哭"而来,而且必要时也可以将次话题"哭"移作主话题,即:

(38) a. ……哭倒,伊勿哭个。

取自滑稽戏剧本的(39)例更加明显地体现了这种拷贝成分的话题功能:

(39) 老大:勿晓得小赤佬跑得快哦?

　　　三毛:跑呀,跑我跑得快。　(滑稽 21 页)

三毛的答话中"跑呀",是个问句,用来确认对方的问题,后面小句"跑"承上文而来,作为已知信息用在主语"我"前,由拷贝成分充当了主话题。

此外,这类拷贝式话题不一定用在谓语动词前,也可以用在补语性的小句中,如(34)也可以改说成:

(34) a. 小赤佬,跑得快倒快个。

7)"VP＋是/也/末＋VP"式。

本类可视为第五类的进一步形态化。其中的动词性成分 VP 实际上都是形容词或可受程度修饰的动词小类,后面的 VP 前后必定有表示程度高的词语,整个小句带感叹语气。提顿词一般用"是""也〔a?〕",也可以不用提顿词,若拷贝的 VP 带贬义,则用"末"。如:

(40) 我讨一只来吃吃,一吃,鲜是鲜来。　(独脚 282 页)
　　　'我要了一只来吃吃,一吃,可真鲜啊'

(41) 听见辩桩事体,我个心跳是跳得来。
　　　'听了这桩事儿,我的心跳得可厉害啦'

(42) 人家现在神气也神气煞了。　'人家现在可神气死啦'

(43) 桂花开起来香真个老香个。　'桂花开起来可真是挺香的'

(44) 昨日夜里向我气气得来。　'昨晚上我可真是气死了'

(45) 伊买了一件衣裳,难看末难看煞了。
　　　'他买了一件衣服,可难看死啦'

这一类小句,已经非常接近表示程度感叹的一种专用格式或形态,在口语中极其常用。有的像不连续的重叠形式,如(40)的"鲜是鲜……",有的不用提顿词,光从书面上看很容易误认为是普通的重叠形式,如(44)的"气气……"。这一类拷贝式话题的话题功能也的确不很明显,所以一般只作次话题,很难像其他拷贝式话题一样作主话题。但是从形式上看,它显然是由拷贝式话题结构发展而来的,所用的提顿词本身都是话题标记,而不用提顿词的地方,在口语中话题后必须有一个明显的停顿,决不会混同于重叠式。尽管这个停顿时值不长,所以在书面上通常不用标点表示,但这个停顿必须存在,在间隔上不但要明显大于词内或重叠式内的字间停顿,而且要明显大于语句中词与词之间的正常停顿。假如我们用"/""//"和"///"分别表示字间正常停顿、词间正常停顿和大于词间停顿的更大停顿,则(44)的"我气气得来"的节奏必然是:

(46)(昨日夜里向)我//气///气//得/来

这个"///"的停顿,是在提顿词不用的情况下的话题标记。虽然这种结构在今天的上海话中话题功能已经不明显,但正是由于拷贝式话题结构在上海话中使用的广泛性和普遍性,才可能会从话题结构经过某种程度的形态化发展出这种感叹句格式。在非话题优先的语言中,决不会从话题结构虚化出程度感叹格式或形态来。这种解释也适合于下面第八、第九两类拷贝式话题,它们也已经有所形态化,话题功能不明显,但只有话题优先的语言才会用这种结构来构成这些形态性手段。

8)"VP+也+VP+哉/勒"式。

这是另一类已经形态化的拷贝式话题结构,专门用来表示强调完成体,强调事件发生和完成的后果,有无法改变、太晚了一类含义,可以勉强译为"都已经……了""早已经……";有时接近英语的过去完成体,表示在某个过去的参照点以前已经完成。提顿词只能用"也[aʔ]",如:

(47)三毛:喂! 先生! 先生!(欲追下)。

　　理发师:覅去追了,跑也跑脱了。　(滑稽 45 页)

　　'理发师:甭追了,已经走喽'

(48)福林妻:我叫侬覅要管闲事,侬勿听我个闲话,现在勿是出事体了么?

　　杜福林:我管也管勒,那能?　(滑稽 122 页)

　　'杜福林：我已经管了,怎么样?'

(49) 我也想去尝尝味道,勿晓得拨伊拉吃也吃光脱哉。

　　'我也想去尝尝味道,谁知道早已经被他们全部吃完了'

(50) 等我赶到考场,考试结束也结束了。

　　'等我赶到考场,考试早已经结束了'

(51) 丙：格打也打过唻,又呒法挽回个⋯⋯

　　　丁：格,还是㑚有道理。好,我个人拨㑚打也已经打得差勿多勒。

　　　丙：格先生侬讲,打也已经打过勒。对勿住,侬譬如练身体!

　　　　　(独脚 282 页)

　　'丙：那都已经打过了,又没法挽回的⋯⋯

　　丁：那,倒还是你们有道理。好,瞧我这人被你们都已经打得不成样子了。

　　丙：那先生你说,都已经打过啦。对不起啦,你就当它练身体吧!'

跟第六类拷贝式话题一样,这一类话题也已经接近形态形象,犹如动词的一种体形式,并且像其他体形式一样在口语中使用频率非常高,如(51)例三轮对话,每一轮都用到这种形式。由于它话题功能很不明显,所以一般也只能充当次话题,很难放在主语前担任主话题。不过,它从形式上看来自拷贝式话题结构则是非常明显的。而且,在意义上,它跟"动也没动""动也不动"这类强调性拷贝式话题也有密切的关系。"动也没动"是专用于否定的结构类型,强调行为事件的没有发生。把其中的否定成分去掉,换上表示已然或结束的情态成分,就变成了本类话题结构,由强调未发生变成强调已发生或已结束,而其中的强调成分是一致的,这也是拷贝式话题结构常有的结构意义。

　　9)"VP＋也＋VP＋勒"式。

　　这一类形式上跟第八类基本相同,只是句末语气词不能用老派相当于普通话"了"的"哉"[8]。看来这一类是从第八类引申而来。区别在于这一类的 VP 主要是形容词,表达的意义是一种比较级,通常用在后续分句中,表示"除了其他方面外,而且在这方面也更加⋯⋯",所以也可以在句子中加进表示比较级的补语"一眼"之类。如：

(52) 格吃带鱼合算,大也大勒。　　(独脚 225 页)

　　'那还是吃带鱼划算,而且还(比其他鱼)大'

(53) 侬还是买红个件,嫩也嫩一眼勒。

'你还是买红的那件,(除了其他好处外),还显得更加年轻一些呢'

(54) 阿二勿光比阿大聪明,用功也用功勒。

'老二不光比老大聪明,而且还更加用功呢'

(55) 一楼不但暗,潮湿也潮湿交关勒。

'一楼不但暗,而且还潮湿得多呢'

由八类的强调性完成体意义进一步引申为强调性比较级意义是非常自然的。汉语中的完成体助词通常都有一个义项是表示比较级,如普通话"他瘦了"就是比原来瘦,"衣服做大了"就是做得比所需要的大。而它的最终来源,仍是拷贝式话题结构。

4.5　话题的关系语义小结

本章讨论了话题跟后面述题或述题一部分的三大类语义关系:论元共指性话题、语域式话题和拷贝式话题,加上第 6 章将讨论的分句式话题,一共四大类,内部又可以分出很多小类。

这些语义关系中,论元共指性话题结构表现得最为"正常"(用英语这类主语优先型语言的眼光看),话题是谓语动词的一个论元,跟谓语动词有施事、受事之类常规的句法语义关系,句子后部还留有空位或复指成分,因此最适合用来论证话题由句法结构中的一个"正常"成分经过移位、提升一类语法程序而形成。可是,这种话题结构只占四大类型中的一大类,严格地说只占半大类,因为论元共指性话题中的准论元话题,其实已经是在句法和语义性质方面跟论元很不相同的成分,它们在句子的语义结构中其实是相当于谓语动词的谓项,而不是论元,只是因为在汉语中有近似于宾语的句法表现,所以我们称之为准论元,这些准论元在某些语言中已经不是适于话题化的成分。

其他三个大类的话题结构,情况又差别很大。语义关系最松散的是语域式话题,尤其是其中的背景语域式话题,在现有的句法语义关系理论中完全无法给这种类型的语义关系归类。语义关系最奇特的是拷贝式话题,它跟述题中某部分的关系又异常地紧密,比共指关系还紧密,到了完全同形的程度。更奇特的是,跟话题同形的成分可以是主语(许多人认为主语自然兼话题,便无法解释这种现象),也可以是谓语动词本身或更低层次的谓词。这些拷贝式的话题结构,同样难以在现有的句法语义理论中找到可归的类别。所以,试图用移位、提升等语法程序来解释汉语中所有话题现象的努力显然是很难行得通的。

在汉语及其方言中,让这些语义关系或紧或松、差别极大的成分具备共同的句法特点(语序、话题标记等)并且统一为一种共同的句法成分(话题)的因素不是语义关系,而是话语功能。这是后面第 6 章中将讨论的问题。

附注

　　[1] 有些人认为话题结构都是移位构成的,连(40)这样的句子中话题也要说成是后面移过来的,在位移之前的形式或许是"那些客人(中)一部分人"。持这种观点的人也不可能认为(17b)、(18b)、(30b)和(34c)不成立是因为移位出了问题,例如移出孤岛等等,要不然就无法解释为什么两组句子都有移位而可接受度却不同。他们也只能说是某些结构中出现空位会受到限制。

　　[2] 英语中可以说(Ⅰ)(Ⅱ)(Ⅲ),但不可以说(Ⅳ):

　　(Ⅰ) Who does John think [Mary saw]? 'John 认为 Mary 见到谁了?'

　　(Ⅱ) Who does John think [saw Mary]? 'John 认为谁见到 Mary 了?'

　　(Ⅲ) Who does John think [that Mary saw]? 'John 认为 Mary 见到谁了?'

　　(Ⅳ) * Who does John think [that saw Mary]? 'John 认为谁见到 Mary 了?'
当小句中加上 that 以后,疑问宾语可以移到句首,疑问主语却不可以。这称为 That 效应。

　　[3] 持三个平面说的胡裕树、范晓主编(1995:378—396)认为在句法平面这种结构是"主动补"句,主语后的两个 VP 是补充关系;在语用平面,主语是大主题,前面的 VP 是小主题或称次主题、第二主题,后面的 VP 是小述题。把前面的 VP 分析为次话题跟本书一致。但根据本书的看法,话题在汉语中本身就是一种句法成分,因此无须再在句法平面把次话题与其述题的关系分析为补充关系,而句首 NP 主语的性质明确,也不一定再分析为主话题。此外,把两个 VP 分析为补充关系,也难以解释拷贝成分为 VP 的(8)和拷贝成分为 NP 的(8a)之间的一致性。

　　[4] 下面是从古代汉语到近代汉语含拷贝式话题结构的一些例子,大多表示强调、让步:

　　宫之奇知则知矣;虽然,虞公贪而好宝,见宝必不从其言,请终以往。　(《公羊传·僖公二年》)

　　恶则恶矣,然非其急者也。　(《管子·小匡篇》)

　　枢密在上前且承当取,商量也商量得十来年里,不要相掇官家。　(《邓洵武

家传》,1.7,转引自吕叔湘《汉语语法论文集》3 页)

父母慌又慌,苦又苦,正不知什么意故。 （《古代白话短篇小说选》338 页）

[5]汉语的让步连词大都兼作或来自表示肯定强调语气的词,如"就是"(就是他来请,我也不去)、"固""诚","即使"的"即","虽然、固然、纵然"的"然"等,显示了让步和肯定的密切关系。

[6]现代来自吴语区的作家在用普通话写作时,也比北方作家更多使用拷贝式话题结构,如:

有是有一间,客人刚刚搬走,他自己租了房子了。 （叶圣陶《潘先生在难中》）

这有什么依不依。——闹是谁也总要闹一闹的。 （鲁迅《祝福》）

这两句都只有强调义,没有让步义,明显带有吴语色彩,标准的普通话不会在这里用拷贝式话题结构。

[7]普通话中有一类话题结构形式上跟上海话的这一类相近,如下列对话中乙说的句子:

甲：今天没有水饺,只有馄饨。

乙：馄饨就馄饨吧。

从结构形式上看,虽然这种句子中也没有动词,但由于用了副词"就",使后面的"馄饨"明显带上动词性。而上海话中的"NP 末 NP",只用了提顿词"末",它是话题标记,并不会给后面的词增加动词性。所以,两种话题结构形式上也并不很等同。从意义上看,普通话的这种话题结构所表示的语义跟(11)的"去就去"完全相同,而跟上海话的"NP 末 NP"不同。所以,"馄饨就馄饨吧"可以归入(11)这一类,而上海话的"NP 末 NP"是一种与此不同的话题结构类别。

[8]上海话新派的语气词及体助词"勒[ləʔ]"有两个来源。一个是直接从普通话的体助词"了"和语气词"了"吸收过来的,分别取代了老派的"仔[tsʔ]""哉[tsᴇ/zᴇ]",如新派"我报勒名勒",老派要说"我报仔名哉"。上海话新派的这个"勒"在北部吴语区的大部分方言中不存在。另一个是上海话及北部吴语原来就普遍存在的语气词,意思略近于普通话的"呢",如新老派都说的"伊还呒没毕业勒"(他还没毕业呢)、"侬还年纪轻勒"(你还年轻呢)。第八类拷贝式话题中的"勒"是第一个"勒",相当于普通话语气词"了",所以老派用"哉",式中标为"哉/勒"。第九类中的"勒"是第二个"勒",相当于普通话"呢",老派也用"勒"。所以不能再标"哉/勒"。

5 话题的指称特点

5.1 指称义的分类

指称（reference）指词语在语句中跟现实世界或可能世界的联系。例如，"有定"（definite）表示该词语跟听说双方都能确定的对象相联系，而"无定"（indefinite）则表示该词语跟不能确定或至少听话人不能确定的对象相联系，"无指"（nonspecific）表示该词语不跟现实世界中的任何对象相联系。"有定""无定""无指"等就是词语不同种类的指称义。有的指称义在某些语言中有专用的语法形式，如英语中分别表达有定和无定的定冠词和不定冠词，但没有专用语法形式并不表示不存在这类指称义。指称义是人类语言交际中必然存在的现象。语言单位的指称问题是现代哲学家、逻辑学家和语言学家都非常感兴趣的问题。话题的指称特点，则从现代语言学话题研究的一开始就非常引人注意。有的学者把有定作为话题成分必有特性之一，如 Li & Thompson（1976：461）列举话题与主语的七条差别，第一条就是话题必然有定，而主语不必有定。也有人把泛指（周遍性）排除在话题的属性之外，如陆俭明（1986）认为汉语的周遍性成分不能充当话题。我们认为，比起其他句法成分来，话题的确具有更加明显的指称特点，主语、宾语之类有指称性的成分都没有话题那样与指称性如此密切相关。但是，像上面这类结论，都还是过于简单化，实际情形要复杂得多。除了有定无定之类指称义本身相当复杂这个一般性的因素以外，对于话题来说，还有不少具体的因素使得这些简单的结论难以处处可行。我们注意到的这些因素就有如下这些：

1. 上述结论首先就难以概括我们所考察的普通话和上海话的实际情况。比如，无定成分并非一概不能作话题，在一定条件下无定成分的确可以充当话题(可以被人公认有话题性的成分,而不是有争议的话题),尤其在上海话中。

2. 指称主要是就名词短语而言的,但本书已经显示,在汉语包括上海话中,能充当话题的范畴成分不仅有名词短语,也可以是动词短语,还可以是整个小句。而且,充当话题的动词短语和小句不一定是名物化了的成分,例如在拷贝式话题结构中,充当话题的动词就是谓语动词(或句子中其他述谓性成分)的同形共指成分,无法确认这些成分一定已经名物化。这些动词短语或小句目前还难以说清指称特点,因为在现有的语义学理论中,指称本身就是作为跟述谓相对立的一种语义特征存在于词语中。

3. 现有的关于话题指称特点的结论大都假定,话题只能出现在句首位置,一个句子只有一个话题,而本书的研究表明,话题可以在句子中多个不同的句法层次中出现,不同层次的话题在指称特点方面不一定完全相同,因此难以用简单的"一刀切"的结论来概括。

4. 话题的构成不但受词语指称特点的制约,而且受句子信息结构和话语环境的制约,有定无定之类指称义特点常常跟已知未知之类信息特点相互制约,交织在一起影响话题的选择和构成,所以难以用单纯的指称特点来概括话题的特点。

在具体讨论话题的指称特点之前,需要先讨论一下语言学界对指称义的分类。徐烈炯(1995:257)提供的是国际语言学界比较通行的分类法之一:

(1)

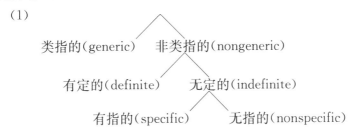

类指的(generic)　非类指的(nongeneric)

有定的(definite)　无定的(indefinite)

有指的(specific)　无指的(nonspecific)

表(1)几对概念都是语言学界非常常用的,关于表中各个概念的具体含义,详见徐烈炯(1995)的有关章节,这里不再赘述。指称义分类表的这种排列法把涉及的三对概念列成一个等级序列,例如把"有指/无指"当作"无定"成分的下位分类,至于"有定"成分是否存在有指无指问题,从表中看不出。换句话说,这种表难以反映范畴之间可能存在的交叉关系。所以我们在讨论话题的指称特点时,将以这几对概念为基础,但不一定严守这一等级序列。

功能学派的 Givón(1978)对指称义的看法也有自己的特点。他在对指称范畴表达方式及其在句法成分中的分布进行跨语言比较研究时,没有提供表(1)那种严密的列表分类,但在他的分析中可以看出,他的范畴之间不存在严密的等级序列,每种范畴也并不都只有正负二分两种情况。如他的定指范畴就不是二分的,除了有定(definite)和无定(indefinite)外,还有非定(non-definite)(Givón 1978:295—296)。此外,他的指称义分类跟句子成分紧密结合,因为许多语言的指称义表示法往往同时跟有关的词语充当什么句子成分有关。由于他的分类系统性不强,因此不宜作为本书讨论的基础,但是他的有些看法在我们讨论话题的指称特点时有可以参考之处。

除了表(1)所反映的指称义以外,跟名词的指称义有密切关系的还有语句中名词短语的量化(quantification)问题,即名词带数量词语的问题。量化名词短语如全量名词短语、分量名词短语等,在话题方面有特殊的表现,跟表(1)中的各对指称范畴不能一一对应。这也需要在考察话题的指称特点时注意。

本章中,我们将依次以有定—无定、有指—无指、类指—专指这三对指称范畴及量化范畴为纲,来讨论汉语及上海话中话题的指称特点,必要时参考 Givón(1978)等其他人对指称问题的看法。关于这些概念的含义,我们也将在下面有关各节中具体讨论。

需要说明的是,词语的指称义和量化问题,是当代语义学和语义哲学的前沿课题或者说"尖端"课题,有许多问题尚在深入讨论和激烈论辩中。本章最关心的是作为句法成分的话题在指称义方面的主要表现和基本规律而不是指称问题本身,因此只拟从较通行的指称义分类角度来展开探讨;全面深入细致地参与这些讨论和论辩并提出更加合理的指称义系统不是本章乃至本书的任务。所以,下面各节对指称概念的分析说明,也以能基本满足本书的探讨为限。

5.2　定指范畴与话题

5.2.1　有定、无定与非定

　　有定,是说听双方都能确定的对象。具体地说,这个或这些对象,说话人不但自己知道,并且他认为或可以设想听话人也知道并且可以确定,如说话人在说"那条小狗病了"时必然设想听话人能确定"那小狗"是指世界上无数条小狗中的哪一条。而无定对象则是说话人不能确定,或说话人能确定但可以设想听话人不能确定的对象。有定-无定构成了定指范畴。在英语中,有定无定可以主要靠定冠词与不定冠词来区别,而英语又是国际语言学界最熟悉的语言,因此,事实上英语冠词的各种用法常常成为语言学家判断有定性的或明或暗的参照标准,而英语冠词用法的高度复杂性也正好暗示了定指范畴本身的高度复杂性。在汉语中,有定指示代词如"这、那、这个、那些"等和数量词如"一个、一些"等可以分别充当有定和无定的形式标记,但是大量句子中的名词短语只能凭语义来区别,难免出现看法不一的情况。

　　另外,按照 Givón(1978:295—296)的看法,除了有定(definite)和无定(indefinite)外,名词短语还可以是非定(non-definite)的,即不区分有定无定。他同时又在附注中提出非定也可以看作无定下面的小类,非定的意思是因为该成分的有定与否不重要而不予专门说明。在英语的表层形式中,非定成分不像有定无定成分那样有专用形式来表示,于是只能借用有定或无定形式来表示。但在其他某些语言中,非定形式可以具有不同于有定无定的表示方式。Givón 举的英语非定成分的两个例子是 He bought shirts'他买了衬衫'和 He went to the movies'他去看电影'中的宾语,shirts'衬衫'是无定复数形式,the movies'电影'是有定复数形式。movies 前虽然有定冠词,但说话人并不设想听话人应该知道看的是什么电影,也不设想听话人不知道是什么电影。据他分析,在玻利尼西亚语族的夏威夷语中,有定成分加冠词 ka,无定成分加冠词 kakahi,非定成分不加冠词。

5.2.2　话题的有定倾向及对无定成分的排斥性

　　在赵元任(Chao 1968)看来,汉语"有一种强烈的趋势,主语所指的事物是有定的,宾语所指的事物是无定的"。而我们知道,赵元任是持汉语主语等同于话题的观点的,因此他对主语指称特点的描述也应当理解为对话题指称特点的描述。他的看法曾在汉语学界产生过很大影响。李行德的博士论文(Lee 1986)对哪些情况下不允许使用无定主语作了比较详细的描述。对赵元任观点的最大质疑来自范继淹(1985)。该文没有进行太多的理论阐述,而是用自己收集到的大量实际用例来说明汉语中的确大量存在由无定成分充当主语的现象。Xu(1996)运用 Grice 的会话合作原则对范继淹提出的三类现象作出了解释。文章还指出"一个人"之类名词短语能否充当主语与句子功能有关,描述句允许出现这类主语,判断句不允许。Li(1996)也提出类似看法。

不过,范继淹并没有表示主语是否等同于话题。若以话题和主语不等同的观点看,则有关主语的结论并不必然适合于话题,范继淹的文章即使否定了主语的有定要求或倾向,也并不意味着否定话题的有定要求或趋向,而是向我们提出了话题跟主语在指称性方面是否相同的问题。

Li & Thompson(1976)把有定作为话题的必备特征,并以是否必然有定作为话题和主语的区别之一,曹逢甫(Tsao 1977)则认为话题不是有定就是通指(generic,本书译为"类指")。这样,所谓的无定主语在他们看来都不是话题。对李讷和 Thompson 来说,话题的有定性要求还不仅是汉语的特点,而是人类语言中话题的普遍性现象,因为他们的讨论对象不仅是汉语。Givón(1978:295)则认为,主语在所有人类语言中要么是有指有定的,要么是类指的,而决不会是有指无定的。他心目中的主语跟话题显然有密切关系,因为他在同页中认为,人类语言主语前置的倾向实际上反映了话题/主位(topic/theme)前置的倾向。可见他所认为的主语要么有指有定,要么类指的性质,至少部分地反映了话题的指称要求。

下面拟根据汉语的情况,进一步探讨话题跟定指范畴的关系,先从普通话中话题对无定成分的排斥性谈起。

汉语乃至人类语言的话题都倾向于用有定成分,这是肯定的。我们还可以进一步说,在孤立或始发的状态下,汉语句子的话题对无定成分的确有较强的排斥性。

　　这种排斥性的体现之一是话题标记。有定成分和无定成分确实都能作汉语主语。然而,有定主语可以方便地加进话题标记即提顿词,如普通话的"啊"等,构成显性的话题,如:

　　(1) a. 这个小伙子爬上了山顶。

　　　　 b. 这个小伙子啊,爬上了山顶。

　　(2) a. 这些水管冻裂了。

　　　　 b. 这些水管呢,冻裂了。

　　(3) a. 你可要讲良心呐。

　　　　 b. 你呀,可要讲良心呐。

可见,(1)—(3)中 a 句的有定主语本身有潜在的话题性,它们在具体话语中或许就可以分析为话题而让主语空缺(参阅 2.3,尤其是 2.3.2)。加进提顿词就是使潜在的话题变成了显性的话题。而无定主语加了提顿词,句子就难以接受,如:

　　(4) a. 一个小伙子爬上了山顶。

　　　　 b. ? 一个小伙子啊,爬上了山顶。

　　(5) a. 一些水管冻裂了。

　　　　 b. ? 一些水管呢,冻裂了。

可见(4a)(5a)的无定主语只能是主语,连潜在的话题性也不具备,因此难以接受显性的话题标记。从表面上看,若将(3a)的主语换成无定成分,倒可以变成下面的(6a),形式上像无定主语句,并且能加进提顿词在(6b)中变成显性的话题,而句子仍很自然。然而,(6)中的"一个人"实际上已经不是无定成分,而是类指成分:

　　(6) a. 一个人可要讲良心呐。

　　　　 b. 一个人啊,可要讲良心呐。

"一个人"在这里是指任何人类成员,属于明显的类指,而不是指一个不确定的个体。这说明,在汉语(普通话)中,带"一个""一些"等修饰的名词短语,虽然主要是用于无定义的形式,但是也可以用于其他指称义,在上海话中它们用于其他指称义的机会还要多得多。为了排除先入之见,我们干脆暂不把它们确定为专用的无定形式,而是根据形式先称它们为 NNP(numerically quantified noun phrase),意为带数量词的名词短语。(6)这种情况就是 NNP(在句首或话题位置)的类指用法,

(6b)的成立并没有否定话题对无定成分的排斥。

有些句子无须看提顿词,单凭结构就能确定为话题结构,这类结构中的话题也很排斥无定成分,这是话题对无定成分的排斥性的体现之二。例如两个名词短语有类属或整体-部分关系的所谓双主语结构(主谓谓语句),在研究汉语话题的学者们看来是典型的话题结构,其中的第一个名词短语成分("大主语")显然是话题。这类话题明显排斥无定成分,即使出现了 NNP 形式的话题,实际上也已经是起类指作用的NNP。比较下面的普通话句子:

(7) a. 水果,荔枝最好吃。

　　b. 这些水果,荔枝最好吃。

　　c. ＊一些水果,荔枝最好吃。

(8) a. 小说,封面很重要。

　　b. 这本小说,封面很重要。

　　c. 一本小说,封面很重要。

(7c)"一些水果"无法起类指作用,所以难以接受;(8c)"一本小说"显然已经成为起类指作用的成分,所以很自然。假如把(8c)中的"一本小说"理解为"我看了一本小说"这类句子中的无定成分"一本小说",句子仍难成立。

出现在无被动标记的施事名词短语前的受事名词短语,也是较为明显的话题成分,这类成分也排斥无定词语,更值得注意的,同样是受事位于句首,带被动标记的被动句并不很排斥无定主语。如:

(9) a. 那头水牛他卖了。

　　b. ＊一头水牛他卖了。

　　c. 一头水牛被他卖了。

(9)中三个句子的比较非常清楚地显示,受事位于句首位置和受事充当主语,都不是排斥无定词语的因素,真正排斥无定词语的因素是成分的话题性。

5.2.3　上海话话题对无定词语的排斥方式

以上讨论的话题对无定词语的排斥,包括无定形式在话题位置的类指作用,同样也表现在上海话中。但上海话排斥无定词语还有一些特殊方式,有些方式显得比普通话更加强烈地排斥无定成分。

首先,NNP 形式在话题中起类指作用,在上海话中更加明显。因为(4a)、(5a)那样的无定形式表无定主语的句子,在上海话口语中更少使用。这样,当"一个人"之类 NNP 形式出现在句首的位置时,更容易起类指作用。而且,带话题标记的(6b)的上海话对应句比不带话题标记的(6a)的对应句更常见。可见,在上海话中,真表无定的无定形式连作主语也困难,作话题更不可能;而起类指作用的 NNP 形式,则不但能作主语,而且还更倾向于充当话题。比如,上海人劝诫对方时,常常使用由(6b)那样的句子经过省略而来的一个习用短句(10b),而(10a)倒只有在很快的语速中才出现:

(10) a. 一个人勿可以个。

b. 一个人末,勿可以个。

'作为一个人,任何人都不应该这样不合情理'

其次,上海话充当话题的显性有定成分,不但可以是以指示词开头的名词短语(标为 DNP,D 代表 demonstrative,即指示词),也可以是量词开头的名词短语(标为 CNP,C 代表 classifier,即量词)[1]。这是吴语及闽、粤等部分南方方言特有的现象。关于吴语量词的定指用法,可以参看石汝杰、刘丹青(1985)对苏州话的描写,它大体上也适用于上海话的情况。所以,普通话用 DNP 作话题的句子,如(1b)、(2b)、(7b)、(8b)、(9a),在上海话中也可以不用指示词而只用 CNP 来充当。下面用括号表示其中的指示词"箇"(这、那)、"俰"(那)可以不说:

(11)(箇)眼水管子末,冻得裂开勒。

(12)(箇)点水果,荔枝最好吃。

(13)(俰)本小说,封面老重要个。

(14)(箇)只水牛伊卖脱拉哉。

需要指出的是,量词的有定用法,并不只是量词本身的功能问题,而跟话题的指称要求有关。因为同样是 CNP,在话题位置是有定的,而在宾语等谓语动词后的位置就是无定的。如句首的"本小说"必然是有定的,而"看本小说"中的"本小说"只能是无定的。从石汝杰、刘丹青(1985)所描写的事实可以看出,其他可把 CNP 理解为有定成分的句法位置,也都是要求有定性排斥无定性的位置,如"把"字句中"把"的宾语

（在上海话、苏州话中是"拿"的宾语）、动词重叠式之后等（普通话也只能说"看看这本书"，不能说"看看一本书"）。可见，正是话题对有定性的要求和对无定性的排斥，才使上海话的 CNP 可以在话题位置起有定作用。

再次，除了在话题位置让 CNP 起有定作用外，上海话里还有一种在普通话中不存在的特殊现象，即让典型的无定形式即"一个""一眼"（一些）开头的 NNP 在话题位置起有定作用，这种现象更加突出体现了话题对无定成分的排斥，这种现象目前似乎还没有见到有人提过，所以很值得作一点介绍。

在上海话中，孤立状态下及谓语动词后的 NNP 尤其是以"一"开头的 NNP 是无定的，这跟普通话一样。如："一个人""一支钢笔""一眼物事（一些东西）"等。但是，有些句子中，这些 NNP 确实充当了话题，而且没有起类指作用，而是起有定作用，而这些形式在宾语等动词后的位置只能是无定的。这再一次有力地显示，话题位置不但要求由有定或类指词语进入，而且能使无定成分的代表性形式 NNP 强行带上有定义或类指义。假如话题不排斥无定成分，这些位置的 NNP 应当更容易被理解为无定义，因为毕竟在孤立状态下 DNP 是有定形式而 NNP 是无定形式。下面各例 a 句中的 NNP，都可以在前面加上指示词，也可以换成有定性的 CNP，而话题的指称义不变（都用等号后的句子表示）；假如加上句首无定成分前可以加的"有"，或者让话题改作宾语，指称义就不同于 a 句的话题成分（用不等号后的句子表示），从而显示 a 句话题的有定性。

（15）a. 一支钢笔我还拨小张勒。

= b.
一支钢笔我还拨小张勒。

= c. 支钢笔我还拨小张勒。

'这/那支钢笔我还给小张了'

≠ d. 有一支钢笔我还拨小张勒。

'有一支钢笔我还给小张了'

≠ e. 我还拨小张一支钢笔勒。

'我还给小张一支钢笔了'

（16）a. 一封信我已经看过勒。

= b. 瓣封信我已经看过勒。

= c. 封信我已经看过勒。　　　'那封信我已经看过了'

≠ d. 有一封信我已经看过勒。　'有一封信我已经看过了'

≠ e. 我已经看过一封信勒。　　'我已经看过一封信了'

不过,在上海话中,CNP 在话题位置上起有定作用是无条件的,而 NNP 在话题位置上起有定作用不是无条件的。难以起有定作用的 NNP 也就难以充当话题。NNP 能否表有定,看起来跟名词的生命度有一定关系。大部分名词短语,包括指非生物、动物等的无定名词都很容易在话题位置起有定作用,如上面的"一支钢笔""一封信"等都是指无生命物的名词短语;只有指生命度最高的人的名词短语,难以转化为有定,句子要成立,应当去掉无定限制语,换成 DNP、CNP 或者干脆用光杆名词。不妨回过去看一下因为用无定成分作话题而难以成立的普通话句子(4b)、(5b)和(9b):

(4) b. ？ 一个小伙子啊,爬上了山顶。

(5) b. ？ 一些水管呢,冻裂了。

(9) b. ＊ 一头水牛他卖了。

假如直译成上海话,跟(4b)对应的(17a),句首的 NNP 的指称义没有转化为有定,在孤立状态下仍难成立,除非将话题换成有定形式,因为名词是生命度最高的"小伙子";跟(5b)、(9b)对应的(18a)、(19a)则可以成立,因为话题是非生物"水管子"和动物"水牛",这时作话题的 NNP 指称义已经转化为有定:

(17) a. ?? 一个小伙子末,爬到仔山顶浪。

　　　 b. 迭个小伙子末,爬到仔山顶浪。

　　　 c. 个小伙子末,爬到仔山顶浪。

　　　 d. 小伙子末,爬到仔山顶浪。

(18) a. 一眼水管子末,冻破脱勒。

= b. 迭眼水管子末,冻破脱勒。

= c. 眼水管子末,冻破脱勒。

= d. 水管子末,冻破脱勒。

(19) a. 一只水牛伊卖脱勒。

= b. 依只水牛伊卖脱勒。

　　＝　c. 只水牛伊卖脱勒。

　　＝　d. 水牛伊卖脱勒。

有趣的是，在语言的生命度等级系列中，指小孩的词生命度通常低于指成人的词，例如英语中可以用指物的人称代词 it 代指婴幼儿，而 it 决不能指成人。在上海话中，指小孩的 NNP 也比指成人的 NNP 更容易像指物的 NNP 一样在话题位置转指有定，比较：

　　(20) 一只小狗末，我就拜托拨侬勒。

　　　　　'这只小狗，我就拜托给你了'

　　(21) 一个小囡末，我就拜托拨侬勒。

　　　　　'这个孩子，我就拜托给你了'

　　(22) ?? 一个病人末，我就拜托拨侬勒。

　　(23) ＊一个老人末，我就拜托拨侬勒。

(20)是非常自然的句子。(21)的说法不如(20)常见，但还是可以成立的。(22)很难成立。(23)完全不能成立。

　　另外，我们也注意到 NNP 和 CNP 在指称义上的细微差别：起有定作用的 NNP 的所指一般是不在谈话现场的，如(18a)、(19a)、(20)、(21)等句中作话题的 NNP 都指不在现场的对象，而 CNP 没有这个限制，在不在现场都可以用。比如当说话人手里拿着话题所指的信时，他只能用(16b)、(16c)，而不能用(16a)。

　　上海话的 NNP 在话题位置既可能起有定的作用，又可能转起类指的作用，但是在实际的句子中不大发现有两可的情况。因为其指称义的分工有一定的规律，主要取决于句子的功能类型。大致说来，在判断句、评论句等非叙事性句子中多起类指作用，如(10b)；在描写句(叙事性句子)中多转化为有定作用，如(15a)、(16a)、(18a)、(19a)。前一种情况是普通话也有的，而且已经为大家所注意到，所以没有必要再就上海话作太多的分析；后一种情况则体现了上海话的特点，所以我们作了较多的描写和分析。

5.2.4　无定及非定话题的存在及其条件

　　上面的分析的确说明了话题对无定成分有排斥性，并且显示话题对无定成分的排斥性大于主语对无定成分的排斥性。然而，我们还是不完全同意李讷和 Thompson、曹逢甫等完全排斥无定成分充当话题的可能性的看法。

在汉语中,尤其是在上海话中,无定成分的确有充当话题的情况。这不是指 NNP 起有定或类指作用时充当话题,而是指一个成分作为话题在指称义上属于无定的性质。无定话题跟有定话题的主要差别在于自由度。有定成分充当话题是非常自由的,也可以说基本上是无条件的;而无定成分充当话题是不自由的,是严格受到条件制约的,简言之,是有条件的。这些条件主要是话语方面的,而不是句法方面的。这跟 5.2.3 关于上海话对无定话题的排斥性显得更强的说法并不矛盾。在无条件的情况下,也就是在无话语条件的孤立状态中,上海话的确表现出了对无定话题更强的排斥性,但在具备有关的话语条件的情况下,上海话又比普通话更常使用无定话题句。

根据这种情况,我们可以说,汉语话题非常倾向于由有定成分充当,但是并不必然由有定成分充当。假如汉语中存在无定话题的观点可以成立,那么把话题必然有定作为人类语言普遍规律的看法也就无法成立。另外,Givón(1978)所说的非定成分在汉语及上海话中也能有条件地充当话题,这类话题也不属于有定话题。

有利于无定成分充当话题的因素,主要有这几个:非始发句(即前面有话语成分,尤其是跟无定话题有关的成分);已知信息(≠有定);前后存在对比性话题或主语;着重表示数量关系。可以看出,这些因素主要是话语性因素而非句法性因素。无定成分经常是在数个有利因素并存的条件下才能比较自然地充当话题。下面我们就来看看无定成分及非定成分充当话题的几种情况。

无定成分在一定条件下作话题的情况,就我们的感觉看似乎是上海话比普通话更加常见,也更加自然,所以下面的讨论都以上海话为例,其中有的可能也适合于普通话,有的可能不太适合,我们不一一说明。

在非始发句的话语条件下,因上文已经提及而作为已知信息的无定成分或非定成分可以充当话题,如:

(24)王师父一直想讨老婆,不过老婆末,到现在伊也呒没讨着。

　　　'王师傅一直想娶老婆,可是到现在他也没娶到老婆'

(25)A:侬上趟讲想买一部电脑,是哦?

　　　　　　　'你上次说想买一台电脑,是吗?'

　　　　B：电脑末,我现在已经买好了。

　　　　　　　'电脑,我现在已经买好了'

　　(26) A：侬今朝去看电影哦?

　　　　B：电影我勿去看。

(24)中的两个"老婆"都是无定无指的,但第一个"老婆"是新信息,无法作话题,到后一个小句就成了已知信息,所以可以作话题(关于有指无指范畴跟话题的关系,5.3还要详细讨论;关于新信息、已知信息跟话题的关系,第6章还将专门讨论)。(25)中的两个"电脑"并不完全共指,但都是无定的,也是到B句作为已知信息充当了话题。(26)中的"电影"是非定成分,可有定,也可无定,说话人对其有定无定不关心,因而根本没有赋予有定无定的指称义。它既可以是设想对方也明白的一部确定的电影,也可以是连说者自己也不确定的甚至不知在哪里放的电影。因为问话人已经提及,所以答话人便将其当做已知信息而放在话题的位置。

　　作为上文已经提及的已知信息在下文作话题的无定或非定成分,有一种常见类型,就是一些在句中强调数量信息、表示数量关系的名词短语,如:

　　(27) A：老陈一顿吃脱一斤烧酒!　'老陈一顿喝了一斤白酒!'

　　　　B：一斤烧酒末,老王也吃得脱个。　'一斤白酒,老王也喝得了'

A句的"一斤烧酒"是无定的,B句中的"一斤烧酒"跟前面小句中的"一斤烧酒"所指不同,实际上是非定的,即既可无定也可有定,说话人不关心其定指性的成分,它充当了后一小句的话题。不过,当带数量成分的名词短语着重指数量时,它就成为广义的量化名词短语(quantificational noun phrase,简称QNP)中的一类。作为QNP,一个名词短语尽管可能仍有有定、无定等指称义,但它在指称义和句法表现方面都会另有自己的特殊之处,区别于普通的有定、无定、类指等,所以应该跟普通的有定无定等成分分开来讨论。蔡维天、李艳惠等曾经注意到QNP在话题功能方面的特殊性。Li(1996)把这种强调数量的名词短语称为(quantity NP)。请注意,我们说的QNP中有NNP形式,但并不是所有的NNP都是QNP。我们将用5.5一节专门讨论各种QNP跟话题的关系,其中包括NNP和QNP的关系。本节下文

及 5.3、5.4 讨论话题跟各类普通指称范畴的关系时都暂不涉
及 QNP。

在非始发句的情况下，如果后文有对比性或平行的话题，无定成分
可以作话题，如：

（28）昨日我乘辣电车浪，一部小汽车末，突然横辣路当中，阿拉部
　　　电车末，险险叫撞上去。
　　　'昨天我坐在电车上，一辆小汽车突然横在路中间，我们那辆电车差点
　　　儿撞上去'

（28）中的"一部小汽车"是无定成分，但却带上了提顿词"末"，也没有因
此发生类指化或有定化。假如去掉前面的小句"昨日我乘辣电车浪"，
作为始发成分的"一部小汽车"不但很难带提顿词作话题，而且很难作
主语：

（29）?? 一部小汽车末，突然横辣路当中，阿拉部电车末，险险叫
　　　撞上去。

（30）?? 一部小汽车突然横辣路当中，阿拉部电车末，险险叫撞
　　　上去。

假如（28）去掉后续的平行小句"阿拉部电车……"，"一部小汽车"可以
作无定主语，但是很难带上提顿词作话题：

（31）昨日我乘辣电车浪，一部小汽车突然横辣路当中。

（32）?? 昨日我乘辣电车浪，一部小汽车末，突然横辣路当中。

由此可见，除了非始发性之外，对比性话题的存在也是无定成分充当话
题的有利条件之一。假如对比性话题句在前，那么后续小句也可以用
无定成分作话题：

（33）我末，辣马路浪发起心脏病来勒，一个陌生人末，就拿我搀到
　　　仔附近医院里向。
　　　'我呢，在马路上发起心脏病来了，有一个陌生人，就把我扶到了附近
　　　医院里'

上面谈的几种情况说明，无定及非定成分确实可以在一定条件下
充当话题。因此，话题必然有定的观点，我们尚不能无保留地接受。然
而，无定话题的条件性或者说强条件性，使得话题的有定倾向仍然是
无可置疑的事实。所以，不妨把结论修改成这样：在孤立状态下，在不
强调名词短语的数量义时，句子的话题不能由无定及非定成分来充当。

5.2.5　次话题、次次话题与定指范畴

上面讨论的话题有定无定的情况，都是就主话题来谈的。总体上，次话题和次次话题也像主话题一样，明显倾向于由有定成分来充当，但并不绝对排斥无定非定成分。

比较普通话句子(34)和(35)：

(34) a. 他给了小王一本书。

　　　b. ?? 他一本书给了小王。

(35) a. 他给了小王这本书。

　　　b. 他这本书给了小王。

(34)"一本书"是无定的，在 a 中作宾语很自然，在 b 中作次话题却基本上不能说。(35)"这本书"是有定的，作宾语和作次话题都可以，作次话题的 b 比作宾语的 a 还更自然一些。

这两个例子已经显示次话题倾向于由有定成分来充当，而对无定成分有排斥性。在上海话中，这一倾向还要明显得多。

上海话中，形式上相当于(34b)的句子是成立的。可是，形式类似，实质已经不同：

(36) 伊一本书拨勒小王勒。

这里的"一本书"表达的是有定概念，相当于普通话的"这本书/那本书"。换句话说，在次话题的位置上，正像在主话题位置上一样，NNP 成分也会转起有定作用。而(35)的意思只能用相当于(35b)的次话题结构或其他形式来表示，而基本上不能用相当于(35a)这样的动宾句式来表示：

(37) a. ?? 伊拨勒小王辂本书。

　　　b. 伊辂本书拨勒小王勒。

由此可见，至少在有形式表现的有定无定成分上，上海话比普通话更明显地表现出次话题对有定性的要求和对无定性的排斥，同时还比普通话更明显地表现出宾语对有定性的某种排斥。

不过，无论是普通话还是上海话，次话题都能在一定条件下由无定非定成分充当，这也跟主话题一样。比如，在前有上文，后有对比性次话题的情况下，(34b)就可以比较自然地出现：

(38) 张老师带来了一些书。他一本书给了小王,其他的留着自
己看。

(38)中的"一本书"承"一些书"而来,跟孤立的"一本书"相比有一定的
确定性,但在"一些书"的范围内,它到底是哪一本仍是听话人无法确定
的,因此本质上仍是无定成分,假如没有对比性的后续小句,还是不大
能成立的。(39)是非定成分"摩托车"在一定条件下作次话题的例子:

(39) 手术前,他已经不能骑摩托车了,手术康复以后,他摩托车又
骑起来了。

两个"摩托车"都是非定成分,其中后面一个作为已知信息充当次话题。

最后看一下次次话题的情况。次次话题是在小句谓语动词后的话
题成分,它们都带有话题的显性标记。作为谓语动词后的句法成分,假
如没有这些标记,就没有必要分析为话题性成分。次次话题在上海话
中较发达,这里以上海话为例。比较(40)和(41):

(40) a. 校长想派辤个班级去种花草。

　　　b. 校长想派辤个班级末,去种花草。

(41) a. 校长想派一个班级去种花草。

　　　b. ?? 校长想派一个班级末,去种花草。

(40a)和(41a)的句法结构完全相同,唯一的差别是作"兼语"的成分是
有定的"辤个班级"还是无定的"一个班级",两句都是很自然的句子。
加了提顿词后,情况就不同。(40b)仍然自然,而(41b)很难成立,显然
因为无定的兼语不宜作次次话题。体现了次次话题对无定成分有一定
的排斥性。

另一方面,无定成分也不是绝对不能作次次话题。我们给(41b)
提供一个对比的环境,它就能成立了:

(42) 校长想派(一)个班级末,去种花草,再派(一)个班级末,去打
扫卫生。

我们给(42)中的"一"加上括号表示可以省去。因为(42)中的"一个"有
两种可能。假如重读从而强调数量,那么次次话题当是量化名词短语
即QNP,这时"一"不能省去;假如"一个"不但不重读,而且还能省去
"一",这时"一个班级"必然是普通的无定成分而不是量化名词短语。
现在的情况是不但按量化理解句子是成立的,而且省去"一"按普通无

定理解句子也成立,可见无定成分的确在一定条件下(这里是有对比话题时)也可以充当次次话题。

5.3 有指—无指与话题

5.3.1 有指—无指的含义和辨认

有指—无指是一对重要的指称义范畴,在国内它近年来刚被引入汉语研究,还没有广为人知。有指、无指的提法最早见于 Baker(1966),以后 Partee(1972)和 Ioup(1977)都有类似提法。语言学家这样划分指称义与哲学家 Grice(1975)、Kripke(1977)的划分基本一致。这些哲学家认为无指词语本身无所指,但说话人可以用它们来指某些事物,也可以不用它们来指称。

由于各人用法不同,国内汉语研究文献中正在开始使用的"有指—无指",实际上对应于英语中的两对术语。一对是 5.1 中给指称义分类的表(1)中的 specific 和 nonspecific。另一对是 referential 和 nonreferential。前述 Givón(1978)的有指—无指,原文就是后一对概念。

specific 字面上指"特定的",义为句子中、话语中所用的词语在外部世界或可能世界中有特定的所指对象存在,如:

(1) 老王碰到了一个老朋友。

虽然说话人或至少听话人不一定能确定所说的"老朋友"是谁,但是可以肯定存在这么一个特定的"老朋友",并且句中的"老朋友"只跟这个特定的"老朋友"发生联系,而不跟其他人包括老王的其他"老朋友"发生联系。nonspecific 则为非特定的,不跟客观世界中任何特定对象联系的。如:

(2) 你可以找一个女朋友啦。

其中的"女朋友"就不跟外部世界中的任何对象相联系,但它在这个句子有指称性,是在指一个听者说者和任何人在说话时都无法确定但有可能成为"你"的女朋友的人。

referential 字面义为指称性的,即用来起指称作用的。nonreferential 则是非指称性的,即不用来指称的。有人采用另一种说法:指称性成分可以表示外延,而非指称性成分只表内涵不表外延。这种说法也有一定道理。当名词短语用作逻辑上的谓项时,是典型的非指称性的用法。如:

(3) 他是教师。

"教师"用来指人,但这句中"教师"失去了对人的指称性,只表示职业,不指称某个个人,也就是说这个"教师"没有外延。

由此可见,两对术语的含义并不完全一样。但是汉语里两者都有人用有指无指来翻译,也有一定原因。非指称性(nonreferential)词语既然不具备指称功能,也就不能指特定的对象,因此应该能算是无指(nonspecific)的。但是,无指的不一定是非指称性的。例如,(2)中的"女朋友"虽然不是特定对象,但却仍然在指称人,因而仍是指称性的成分。换句通俗的话说,只有已经存在或可能存在着一个能成为"女朋友"的人,"你"才能去"找";但绝不是已经或可能存在着一个"教师","他"才可以"是"。不过,海外文献用这些术语时,也并非人人都严格区分两者的含义。详细理清两者的复杂关系超出了本书的任务。我们将按上面的用语和理解来区分,把 specific 和 nonspecific 这一对概念叫作有指和无指,把 referential 和 nonreferential 这一对概念叫作指称性和非指称性。

表示人的名词如果用于非指称性作用时,在汉语里有个特殊的表现,就是在相应的特指疑问句中要用问事物的"什么"而不是问人的"谁"来发问,这证明了它的非指称性,而非指称性的名词也就是无指成分,所以我们可以借用来作辨认的辅助依据。下面是刘丹青(1984)举过的例子:

(4) a. 爸爸当了市长。

　　 b. 爸爸当了什么了?

　　 c. *爸爸当了谁?

　　 d. 谁当了市长?

　　 e. *什么当了市长?

(5) a. 市长当了爸爸。

　　 b. 市长当了什么?

　　 c. *市长当了谁?

d. 谁当了爸爸?

e. ＊什么当了爸爸?

(4a)的"市长"是非指称性成分,当然也是无指成分,只能用"什么"来提问,不能用"谁"来提问;"爸爸"是指称性成分,也是有指成分,只能用"谁"来提问,不能用"什么"来提问。(5a)两个名词的指称义互换,提问的代词也相应互换。非指人名词,也可以借用相应位置的指人名词来测试该句法位置是否有指称性。这种方法不完全适合测试有指无指范畴。

顺便说明一下,在5.1的指称义分类表(1)中,有指—无指是无定的下位分类。这不等于说它们跟有定无关。实际上,有定的都是有指的。换句话说,有指是有定的固有蕴涵特征,无须专门说明;而无定则存在有指无指的区别,所以需要再分类。5.2讨论话题跟有定-无定的关系时,有一些复杂问题尚未涉及,因为它们也跟有指-无指或指称性-非指称性有关,所以需要放在这里一并讨论。

5.3.2　话题与有指—无指范畴和指称性—非指称性范畴

关于话题与有指—无指范畴的关系,讨论的人不多。黄锦章(1995)不同意曹逢甫话题都由有定成分充当的看法,同时提出,汉语话题在指称义方面的基本要求是有指。我们不知道他所说的有指无指是对应于哪一对术语。但是他的用例中正好涉及非指称性成分,所以我们就先从指称性-非指称性成分能否充当话题谈起。

假如黄锦章的意思是话题必须是指称性的,那么,根据我们的观察,他的看法并不符合汉语事实。他用来说明话题必须"有指"的例子,其实就可以用来证明话题可以是非指称性的。他所举的例子如下:

（6）甲：他不是要考研究生吗?

乙：研究生他不考,正在办出国呢。

他解释说"答句中的'研究生'是定指(即本书所说的有定——引者),因此,也是有指的"。显然,(6)中的两个"研究生"都是非指称性,它们作为指人名词在这里不指任何人,没有外延,而只有内涵,表示"研究生"这种人所代表的资格、身份等。用5.3.1的方法测试,这里的"研究生"

只能用"什么"来提问,不能用"谁"来提问[2]。答句中的"研究生"的确充当了话题,然而它恰好是非指称性成分充当了话题,由此证明了话题不必是指称性的。

(6)不仅证明了话题不必是指称性的,而且也在一定意义上说明了话题不必是有指的。因为上文说过,非指称性的成分当然没有特定的所指对象,所以可以看成是无指的。顺便说一下,黄锦章把(6)中乙说的"研究生"当作有指成分,也许跟部分研究者把已知信息跟有定成分混淆的现象有关。这里的"研究生"是已知信息,但不是有定成分,而他可能像其他一些人一样把已知信息一概当成了有定成分,再从有定推出有指,忽略了已知信息也可以是无定而且非指称性的。下面是另一个用非指称性成分作话题的例子:

(7)你想当英雄,英雄我也想当。

(7)中两个"英雄"都是非指称性的,后一个作为已知信息作了话题。"当"的性质跟系词"是"接近,同类的还有"成了、成为、变成"等等。系词所联系的传统称为表语的成分在句子中是典型的非指称性成分,而不是真正的动词论元,在汉语中可以叫作联系动词的准论元。由联系动词的准论元充当的话题,都是非指称性的。"当"还是带有点动词义的准系词;在汉语中真正的系词"是"的准论元都能用作话题,如(8)答句中的"主治医生":

(8) A:他现在是主治医生吗?

　　　B:主治医生,他早就是了。

其实仔细分析一下,可以发现,(6)"考研究生"中的"研究生"之所以是非指称性的,也因为这里"考"的语义成分中有系词性,"考"在这里的语义成分是"通过考试争取成为研究生",其中的"成为"就是系词性义素。再如"打前锋"、"打后卫"中的"打"意为"在打球时充当",其中的"充当"是系词性义素。这类结构所形成的话题也是非指称性的:

(9)5号技术挺全面,前锋,他也能打,后卫,他也能打。

当然,非指称性的成分作话题不像有定成分那么自由,它也需要一定的条件,如(6)、(8)中的话题都是对话应答句中的已知信息,该成分在对方的话语中已经出现。(7)中的话题是自己上文已经提到的已知信息,(9)中的话题是对比性话题。

5.3.3 数量词语对话题的影响

上面的讨论,我们假定(6)—(9)各句中作话题的名词短语跟作宾语时的同样一些名词短语的指称义相同。从这些例子看,不管指称性成分还是非指称性成分,不管是有指成分还是无指成分,能作宾语就能在其他词语不变的情况下改作话题。这样看来,指称性-非指称性的对立,对充当话题的能力没有什么影响,它们都能在一定条件下充当话题。然而,值得注意的是,(6)—(9)中的宾语和话题,都是不带数量成分的。事实上,这些句子中作宾语的名词短语尽管有不同的指称义,但都可以带形式上的无定标记"一个""一些"等,但作话题的同一些名词短语却不能带这些形式上的无定标记。这就使上面讨论所采用的假定还不能成为定论。这里的疑问是:对已经能确定不属有定成分的名词短语来说,影响作话题功能的数量词语是否同时可影响该名词短语的指称义? 在(6)—(9)这样的句子中,作话题的名词短语跟作宾语时的同样一些名词短语的指称义到底是否相同? 下面我们就换用带数量词语但不强调数量的名词短语(非量化的 NNP)用例来逐类分析。

(10) a. A:他是一个离休干部。

B:我也是一个离休干部。

b. A:他是一个离休干部。

B:＊一个离休干部,我也是。

c. A:他是一个离休干部。

B:离休干部,我也是。

(11) a. 你想当一名英雄,我也想当一名英雄。

b. ＊你想当一名英雄,一名英雄我也想当。

c. 你想当一名英雄,英雄我也想当。

"一个离休干部""一名英雄"应当是系词"是"及系词性动词"当"的准论元,属于非指称性(因而也无指)的成分,但是带了"一个"便不能作话题,只有去掉"一个"才能充当话题。

(12) a. 你该找一个女朋友了。

b. ＊一个女朋友,你该找了。

c. 女朋友,你该找了。

"一个女朋友"应当是指称性无指成分,也只有去掉"一个"才能作话题。

(13) a. A：小张买了一件衣服。

　　　B：我也买了一件衣服。

　　b. A：小张买了一件衣服。

　　　B：＊一件衣服,我也买了。

　　c. A：小张买了一件衣服。

　　　B：衣服,我也买了。

(14) a. A：我查了一些历史资料。

　　　B：我也查了一些历史资料。

　　b. A：我查了一些历史资料。

　　　B：＊一些历史资料,我也查了。

　　c. A：我查了一些历史资料。

　　　B：历史资料,我也查了。

"一件衣服""一些历史资料"都应当属于无定有指成分,也是去掉"一件"和"一些"才能作话题。

对于宾语和话题在带数量词语上这一不对称现象,可以从两个方面寻找解释。一是从指称义方面解释,二是从话语功能方面解释。

从指称义方面解释,又可以有两种思路。一种思路是认为带"一个""一些"的词语有统一的指称义,这种指称义阻碍它们作话题,这种解释不太可行,因为上面分析过,(10)—(14)中的 NNP 显然有不同的指称义,除此而外尚找不出还另有什么统一的指称义会妨碍它们成为话题。第二种思路是认为不带数量词在(10)—(14)的 c 句中作话题的 NP 在指称义上是统一的,因而已经不同于相对应的 a 句中作宾语的指称义各不相同的 NNP。这种统一的适于作话题的指称义是什么?也很难确定。它显然不是有定。也不可能是非指称或无指,因为 a 句中作宾语的 NNP 也有非指称和无指的,但并不能作话题。剩下的可能是类指。类指的假定符合 5.4 节将显示的类指成分的作话题倾向。但是类指的分析也带来一些问题。最重要的是指称义和关系义的相关性问题:假如(10)—(14)各 c 句话题的指称义和 a 句宾语的指称义不同,那它们的关系义是否也随之不同? 指称义和关系义是相互有关的,我们之所以认为(10a)的"一个离休干部"是非指称性的,就因为它是系词"是"的准论元,即判断命题的谓项。假如(10c)的话题"离休干部"指称义与之不同,那么它还是不是"是"的谓项? 类似的,(13a)的"一件衣服"是"买"的受事论元,属无定有指,假如(13c)的"衣服"是类指,那么它还是不是"买"的受事论元? 这些问题在现有的指称语义学中尚无答案。所以,尽管第二种思路中的类指假定有某种合理性,但还无法得到确切的证实。所以上文的讨论暂时还按 a 句宾语和 c 句话题关系义相同,指称义也相同的看法为基点。

在指称义解释难确定的情况下,不妨寻找功能方面的解释。古川裕(1996)的意见颇可参考。他认为,汉语宾语位置不强调数量的"一个"的主要功能,是突出所在名词短语的前景(foreground)地位。前景与背景(background)相对立,前景即句子中最显眼(salient)的部分,而背景则是句子中用来衬托前景的部分。用本书的话说,前景实际上就是句子中的自然焦点或对比焦点,而话题恰好永远是句子中的背景,它不能充当这两种焦点,即使是具有对比性的话题焦点,也只是同其他句子中的话题对比,在本句中仍处于背景状态(参阅 3.2),话题的基本功能之一就是为句子内容提供背景。正因为它是背景,所以它自然就避免出现有前景功能的"一个""一些"等数量成分。

前景-背景的功能解释的好处是在不考虑(10)—(14)a 句和所相对应的 c 句关系意义、指称意义是否相同的情况下自足而统一地揭示了 a 句和 c 句功能上的不同,这种功能差异正好完全符合话题结构跟非话题结构的功能差异。而且,这种解释同样适合于指称义和关系结构各不相同的(10)—(14)各例。最重要的是,这种解释跟把 c 句的话题看作类指的指称义解释并不矛盾,可以并存,因为它并不在乎 c 句的话题是不是类指,假如 c 句话题的确都是类指的,那么背景性和类指性可以同时成为排斥数量成分的因素。此外,前景-背景说不但统一解释了(10)—(14)中 a 句和 c 句的差别,而且还能很好地解释 a 句中用不用数量词语的差别[实际上相当于(6)—(9)和(10)—(14)的差别]。英语中当主语为单数时判断句的名词表语必须用不定冠词 a/an,而相应的汉语却有用不用"一个"的两种选择:

(15) He is a teacher.

(16) a. 他是教师。

　　　　b. 他是一个教师。

(16)a、b 都是(15)的正确翻译,可见这种句子中不带数量词语表语(如"教师")和带数量词语的表语(如"一个教师")指称义相同,都是非指称性的。a 句和 b 句的差别是功能性的,a 句是普通的命题判断句,而 b 句有强调作用,为了突出表语的前景地位而用了数量词语。其他非指称性宾语、无定无指宾语和无定有指宾语带不带数量词语都可以这样解释。

　　当然,话题不是绝对排斥非量化的 NNP,如 5.2.4 和 5.2.5 都举过上海话和普通话中这类成分带提顿词成为话题及次话题的例子。但这些话题都是谓语动词的施事性论元,而其他论元的 NNP 很难充当话题。

5.4　话题与类指成分

5.4.1　类指的含义及其表现形式

　　"类指"(generic),又译"通指",它表示整个类的集合,强调整个类而不指类中的具体个体,更不指确定的或特定的个体。例如:

　　(1) 教师应该为人师表。

(1)中的"教师"就是类指用法,它指作为一类人的教师,但不指现实世界或可能世界中任何一位特定的教师。前面几节,我们讨论的都是成对的范畴,如有定—无定、有指—无指等,而本节我们只提类指,没有提到它的相对概念,因为它的相对概念是非类指(non-generic),非类指包括了有定、无定等不同情况,前面都已经讨论到,实际上也没有一种不涉及有定、无定等的非类指成分。所以不需要再专门讨论非类指的情况。

　　类指在国内的语言学界还没有成为一个十分通行的概念。目前,在国际学术界,类指也不是一个用法统一的概念,它跟非指称性、无指性也存在交叉的情况。本节按通行理解讨论典型的类指成分作话题的情况,已经划入非指称成分等其他成分并且在前面讨论过的,本节不再讨论。

　　我们先看一下类指的表现形式。类指现象长期未被语言学界重视的原因之一是很少有语言像表示有定、无定那样用专门的形式去表示类指。在英语中,定冠词 the、不定冠词 a/an、不带冠词的复数形式都有表示类指的用法,如(2)—(4)例中的各个句首名词短语形式上分别属于上述三类,但指称义都是类指:

(2) The panda likes bamboo. '熊猫喜欢竹子'

(3) A teacher is a gardener. '教师是园丁'

(4) Dogs are loyal. '狗是忠心耿耿的'

所以类指往往是在语义和句法位置的深入研究中被重视起来的。

汉语的类指成分的主要表现形式是光杆名词(bare nouns),即名词前为零指称形式,如(2)—(4)例的汉译中句首名词都是光杆名词。由于光杆名词不是类指的专用形式,例如可以在不同的句法位置上分别表示单数或复数的有定("秘书来了""客人来了")、单数或复数的无定("他居然打了顾客""他在卖菜")等,因此汉语实际上也没有专用于类指的指称形式。总体上,汉语不像英语那样经常用典型的有定形式或不定指形式表示类指。例如(2)—(4)汉译的句首名词前都不宜加"这个""一个"。不过,在一定条件下,普通话和上海话中带"一个"之类的无定形式可以在话题位置起类指作用(见 5.2.2 和 5.2.3)。此外,普通话口语和上海话都有在话题位置由 NNP 起类指作用的现象,显示了类指成分跟话题的密切相关性。下面分别说明。

在包括普通话在内的北方话口语中,类指名词短语可以带有定指示词"这"。表示类指的"这"决不能重读,通常不加量词而直接加在名词上,而表示有定的"这/那"可以重读,后面都可以加量词,可见在普通话中即使是带指示词的类指成分也可以跟真正的有定名词短语在形式上有所不同。如:

(5) 这铁,都是铁矿石里炼出来的。

(6) 这熊猫,都喜欢竹子。

(5)、(6)句首名词前的"这"若换成"这种""这些""这只"之类,就变成有定而不再是类指。带类指性"这"的名词短语,不但都用在句首,而且后面还必定有个停顿,显示了明显的话题性质。可见"这"只有在作话题的时候才表类指。

吴、粤、闽等南方方言一般不能把指别词直接加在名词上,所以没有表类指的"这铁"这种形式,但有另一种借有定标记表类指的形式,就是句首位置让不带数词或指别词的量词加在名词前表类指,即 5.2 讨论过的 CNP。比较上海话(7)、(8)中的两个 CNP:

(7) 个客人已经来勒。 '(这/那)客人已经来了'

(8) 个铁,侪是铁矿石里向炼出来个。 (义同(5))

(7)的"个客人"是有定的,而(8)的"个铁"却是类指的。说上海话的人受普通话或书面语的影响有时会把这个念[gəʔ¹²]的量词"个"当作同音的指别词"辩"(这),实际上"辩铁"这种组合方式是不符合吴语的类型特征的,吴语的指别词只能加在量词前,不能直接加在名词前。在上海话的近邻苏州话中,指别词"辩"念[gəʔ²³],量词"个"念[kəʔ⁵⁵],两者不同音,(8)中的"个"只能念[kəʔ],不能念[gəʔ],可见上海话中的"个"的确应该是量词。不过,上海话和北部吴语中能单独起类指作用的量词主要是泛用量词"个",它已经部分地语法化为表示有定兼类指的指别词。我们将在下面看到,这个"辩"在用作类指标记的同时实际上还用作话题标记[3]。

5.4.2 类指成分作话题的功能

类指成分跟有定成分在指称义上有共同点,它们都是可以确定的,从而区别于无定成分。有定成分是直接提供可以确定的对象,类指成分则提供听话人可以确定的类别,它并不排他性地(exclusively)特指该类别的任何成员。由于类指成分和有定成分存在这样的共同点,因此不难理解在充当话题的功能方面,类指成分跟有定成分也十分相近,都是适合作话题的成分。从确定性看,类指成分甚至比有定成分更强。如"我买了本书,这本书很好看",其中的"这本书"只是因为跟上文的"书"共指而带上有定性,其实听者仍不知道这是怎样的一本书,所以听话人照样可以问"你说的是哪本书"。而类指成分只要听者懂这个词(这是说话人用这个词的前提),便能没有疑问地确定对象,比如对于(1)中的类指成分"教师",听话人不会再有类似疑问。关于类指成分适合作话题,曹逢甫(Tsao 1979)等早已注意到。这里我们想再具体地展示一下类指成分适合作话题有哪些具体表现。同它的确定性相适应,类指成分总体具有比有定成分更强的作话题倾向。

5.2.2 指出,带"一个"这类典型的无定形式的名词短语在一定条件下可以通过加话题标记提顿词起类指作用(普通话、上海话)或有定作用(上海话),这种现象说明话题是优先选择类指和有定成分来充当的。

从话题的语义关系类型看,类指成分充当的话题在多样性上也不亚于有定成分。大致说来,论元共指性话题主要适合于有定成分充当;语域式话题既适合于有定成分充当,也适合于类指成分充当;而拷贝式话题主要适合于类指成分充当。下面我们就后两种情况作点具体分析。

最典型的语域式话题是背景语域式话题,如人们一再举过的(9):

(9)这场火,幸亏消防队来得快。

这是有定话题。(10)也是背景语域式话题结构,它的话题就是类指的:

(10)自然灾害,我们既要提高警惕,又不能悲观失望。

在语域式话题的内部,还有主要适合类指成分充当的小类。4.3.3讨论过上位语域式话题。这种话题,是后面主语、宾语或其他词语的上位词,这种话题就主要适合类指成分充当。如:

(11)动物,老虎最凶猛。

(12)水果,我很喜欢吃苹果。

这里的"动物""水果"等上位词话题一般都是类指成分。从表面上看,上位话题前可以加上有定有指的标记即指别词,如:

(13)这筐水果,我最喜欢吃苹果。

其实这时候,"这筐水果"跟"苹果"之间已经不是上下位关系,而是整体和部分的关系。上下位关系的最明显体现是用"是"联系的归类式命题,(14)成立而(15)不成立:

(14)苹果是水果。

(15)﹡苹果是这筐水果。

这说明上位词带上指别词以后就不再是上位词了。可见,只有类指成分适合上位语域式话题结构。

4.4讨论的拷贝式话题,主要是适合于类指成分充当的。如:

(16)星星,还是那些星星,月亮,还是那个月亮。

(16)小句开头的"星星""月亮"是类指的,既不能加"一些""一个",也不能加"这些""这个",但是可以加"这",这正是表示类指的"这"〔参阅

5.4.1对(5)、(6)的分析]。4.4.1和4.4.2有普通话和上海话的各种类型的名词性拷贝式话题,大多是由类指成分充当,我们不再一一分析。

以上讨论的类指成分作话题的句子,基本上都是肯定陈述句。类指成分的作话题倾向更突出地表现在疑问句和否定句中,详见6.5。

最后需要提一下,5.3.3中的(10)—(14)c句中的话题,前面已经指出它们分属不同的指称义,但同时也存在把它们统一分析为类指成分的可能,因为它们都有一个特点,即排斥无定形式"一个"之类,而充当话题时类指性可能是排斥无定形式的原因。假如类指的分析能够成立,则类指成分在充当话题时的作用就更加重要了。

5.5 话题与量化成分

5.5.1 量化成分的分类

量化成分基本上就是前面说到过的量化名词短语(quantificational noun phrase,简称 QNP),它是带有量化词语(quantifier)的名词短语,在句子中用来强调事物的数量。所谓量化词语,有些语义学家和语义哲学家限于指全量词语(universal quantifier,如英语的 all、every,汉语的"所有""一切")和存在量化词语(existential quantifier,如英语的 some,汉语的"有些""有的"),部分学者特别是语言学家也用来指特别强调数量时的具体数量词语,如"三只""五个""二十六公斤"等。从句法尤其是话题结构的角度看,带有这三类词语的量化成分都有区别于非量化成分的特殊表现,因此这里对量化成分取广义的理解,把上述三类词语构成的量化成分都包括在内。

在这三类成分的用语中,"全量词语"比较容易理解,即指类中的全部成员,"存在量化词语"带有较多的哲学意味,这里改称"分量词语",表明是类中的部分成员,同"全量词语"更明显地相对。第三类强调具体数量,我们称为"计量词语"。这样,带这些词语的名词短语也就相应地成为全量成分、分量成分和计量成分。

所谓量化,就是名词短语中的全量、分量、计量的词语不但本身有数量义,而且使整个名词短语都在强调某种数量的含义。量化成分的

特点就是有强调义,没有强调义就不能称为量化成分,即使它的所指跟量化成分的所指相同。比较:

(1) 一个人,应该讲良心。

(2) 每个人,都应该讲良心。

两句中的"一个人"和"每个人"所指相同,都是指人这个类中的任何个体,事实上都是全量性的。但是,(1)没有用量化词语,没有强调全量,"一个人"只能归入表类指的名词短语(NNP 在这里不能作无定成分理解)。而(2)用了专表全量的量化词语"每个"(后面与之相配的"都"也是量化词语,是全量副词),整个"每个人"就成为表全量的量化成分。

下面分别讨论三类量化成分跟话题的关系。

5.5.2　全量成分与话题

每种语言都会有一些专用的全量词语来构成全量成分,英语的 all、every、any,汉语的"所有""一切""每""任何"等都是这种量化成分。此外,在现代汉语中尤其是口语中表示全量的手段比较多样,所以"所有"等专用的量化成分并不一定是表示全量最常用的形式。量词的重叠形式如"个个""场场"、范围副词"都""全"等也是表示全量的专用形式,而全量范围副词在句法上已超出名词短语的范围,所以我们前面用"量化成分"而不是"量化名词短语"来指有关的现象,以便包括由其他词类和句法成分来表示量化概念的情况。还有,汉语中所有的疑问代词都可以、也经常是用来表示全量的兼用形式,如(3)、(4)中"谁"和"哪儿":

(3) 谁都认识他。

(4) 我哪儿都不去。

这里"谁"和"哪儿"分别指"所有人"和"所有地方",都是全量义。此外,否定句中跟"也""都"配合的"一"也是全量词语,如:

(5) 一个人也不愿意去。

(6) 他一样东西都看不上眼。

这些"一"在英语中通常要用 any 这个全量词语来翻译。

要讨论全量成分跟话题的关系,首先要面对一种重要的句法现象,即汉语中全量成分的强制性前置。关键就是要确定,这种强制前置的全量成分是否有话题的性质。假如我们能确定它们就是话题,那么我们就能得出一个结论,全量成分是话题性最强的成分。有定成分、类指成分只是在一定程度上倾向于作话题,而全量成分则几乎是强制性地作话题。

对普通话来说,全量成分可以说具有强烈的前置于动词谓语的倾向。我们说"有强烈……倾向",是考虑到普通话中还存在强式全量成分后置的情况,尤其在较正式的文体中,如:

(7) 警察询问了每一个目击者。

(8) 我找到了所有丢失的钱了。

(9) 在这些人里,我找不到一个有用的人。

这种量化成分后置的句子,在北京话口语和其他方言口语中大概不常能听到,在"五四"以前的白话文中也很难发现,当是在欧化语法的影响下产生的。它们的更为汉语化的表达应该是:

(10) 每一个目击者警察都询问过了。

(11) 我所有丢失的钱都找到了。

(12) 在这些人里,我一个有用的人都找不到。

在受欧化书面语影响更小的上海话中,全量成分置于句首或谓语动词前的其他位置,不仅仅是强烈倾向,而基本上是强制性的要求。下面(13)—(15)各句上海话,a 句是(10)—(12)的同类句式,是口语中自然的表达法;b 句是(7)—(9)的直接翻译,全量成分后置,句子很难成立。

(13) a. 每个目击者警察侪问过勒。

　　　b. ＊警察问过勒每个目击者。

(14) a. 我所有落脱个钞票侪寻着哉。

　　　b. ＊我寻着仔所有落脱个钞票哉。

(15) a. 辣个眼人里向,我一个有用个人也寻勿着。

　　　b. ?? 辣个眼人里向,我寻勿着一个有用的人。

上海话的这种情况大概也反映了汉语许多方言口语的共同情况,是汉语的本来面貌。

更值得注意的是,无论是普通话还是上海话,假如使用了口语性更强的量词重叠式来表示全量,那这个量化成分就只能前置于谓语动词,绝不能后置于它,可参阅 Xu(1995)的有关讨论。试看普通话的例子:

（16）a. 个个目击者警察都询问过了。

　　　b. ＊警察都询问过了个个目击者。

（17）a. 我样样菜都爱吃。

　　　b. ＊我爱吃样样菜。

对于全量成分的强制性前置，一种可能的解释是为了跟全量副词配合。汉语的全量名词性成分通常需要跟普通话的"都、也"或（13）—（15）中的上海话"侪[ze¹²]、也"这些全量副词配合，而这些全量副词都是前指的，假如全量成分放到谓语动词后，全量副词就无法跟它们配合。如果这个理由成立，那么全量成分的前置就可以解释为跟话题无关的结构需要。然而，即使在全量成分的前置强制性很强的上海话中，全量成分也并不总跟全量副词配合。如：

（18）凡是勿会听命令个人末，勿会得出命令。　　（蒲法 61 页）

　　　'凡是不会听命令的人，不会出命令'

（19）爷娘垃拉一总个事体我勿关。　　（蒲法 83 页）

　　　'父母在的时候所有的事儿我都不管'

"凡是……人"是全称的施事，"一总个事体"（所有的事儿）是全称的受事，都没有用全量副词，而语序仍是只能前置，即使是受事"一总个事体"也不能移到谓语动词后面去。可见，把前置归因于全量副词的解释缺乏说服力。

另一种可能的解释是这些全量成分的强制性前置是出于充当主语的需要。我们知道，主语跟话题不同的特点之一是语义关系方面的要求比话题严格，只有施事类语义角色充当主语是无条件的，像受事、方式、处所等成分充当主语是有各种条件限制的。可是我们看到，前置的全量成分的语义关系是非常复杂多样的，所受的限制很少，实在无法把它们都分析为主语，更无法解释为它们是为了充当主语才到谓语动词之前的位置来的，下面我们举一些普通话的例子：

（20）所有的家长班主任都叫来了。　　（受事）

（21）哪个国家我都报得出它首都的名字。　　（宾语的定语中的定语）

（22）每家大商场姨妈都带着我买了一些东西。　　（处所）

（23）他个个月要出差几趟。　　（时间）

（24）他次次跑不过你。　　（动量）

（25）每个脸盆他都洗过脚了。　　（工具）

（26）全车间的人厂长都发了奖金。　　（与格）

（27）每个同事他都闹崩了。　　（关涉）

这些句子的共同特点是全量成分并不是最适合作主语的施事，更重要的是每个句子都另有一个施事在谓语动词前作主语，因此，绝不可能是为了让这些成分在正常的主语已经存在的情况下充当主语而前置。

因此，最好的解释是全量成分在汉语中倾向于充当话题/次话题（普通话）或强制性地只能充当话题/次话题（上海话及其他许多方言）。刘丹青（1995）也是用话题性来解释量词重叠式的强制性前置的。

在上海话中，全量成分还有几个特点帮助显示其话题性质。

首先，在上海话中，全量成分（当然是前置的）后面可以加提顿词"末"等，有力地说明了这类成分的话题性质，如上面的（18）及下面的（28）、（29），都取自书面材料：

（28）李家少爷有交关女朋友，夜夜末跳舞咾夜深来死才转去。

（蒲课 60 页）

'李家少爷有很多女朋友，个个晚上都要跳舞而且到夜很深的时候才回去'

（29）一个小姑娘末要好好叫，听说听话，百样事体末要识相，要讨人欢喜。　　（滑稽 67 页）

'一个女孩子，应该好好的，要听话，所有的事儿，都要自己知道怎么做才得当，要讨人喜欢'

（28）中的"夜夜"是时间语域式话题，（29）中"百样事体"（所有的事儿）是背景语域式话题，均为全量成分，都用了话题标记"末"，而且两个句子中都没有出现表示全量的副词"侪"（都）等。在普通话中，全量成分后也可以加"啊""呢"等话题标记，只是不如上海话中加"末"等常见。下面是其他一些量化成分加话题标记的例子：

（30）个个亲眷末，我侪叫来哉。　　'每个亲戚，我都叫来了'

（31）所有个账目末，伊侪做过手脚个。

'所有的账目，他都做过手脚了'

其次，上海话的全量成分可以在句子的后面部分用代词"伊"（他/她/它）或"伊位"（他们/她们/它们）等复指，而我们知道，只有话题才会在同一个句子的后面部分出现复指成分。用复指成分的话题，当然主要是论元共指性话题，也可能是语域式话题等其他类型的话题，如：

（32）每一门功课，侪要辣辩个礼拜考脱伊。
　　　'每门课程，都要在这个星期里面考好'

（33）所有个客人，我侪发拨伊拉喜糖个。
　　　'所有的客人，我都发给他们喜糖的'

（34）个个学生子，侬作为班主任侪要脱伊谈一遍话。
　　　'个个学生，你作为班主任都要跟他谈一次话'

（35）每年个清明末，伊辩个一日天总归要到祖坟浪去扫墓。
　　　'每年的清明，他那一天总是要到祖坟上去扫墓'

　　为什么全量词语在话题优先语言中具有很强的话题性，甚至变成强制性话题？可能部分跟它的强有定性有关。虽然习惯上有定跟全量不划在同一类指称义中，在语言形式上的表现也往往不同，但在更高层次上，全量跟类指一样都属于可以确定的对象，从而跟有定成分同类，区别于无定成分。说"一个人""两个人"，听话人可能不知道所谈论者为谁，说"人人"，听话者没有这样的疑问，其所指是明确的，是所有的人类成员（在特定社会语域中可以指该语域中的所有人）。

　　陆俭明（1986）曾专门撰文论证汉语句首的周遍性成分（即本书所说的全量成分）只能是主语，不能是话题。我们认为他用来区分主语和话题的三条标准还缺乏充足的理由，他所分析的话题的特性也并不都与前置的全量成分相悖。3.1.1讨论过他的三条标准之一"话题非句子自然重音所在"存在困难。他的另两条标准是话题后面可以用"是不是"构成疑问句和可以插入前置性连词引出的分句。我们暂不讨论这两条用作话题的标准是否合适，即使按照这两条标准，也难以排斥全量成分的话题性，如：

（36）所有的人是不是都同意了？

（37）每个人都会因为年轻幼稚犯一些错误。

更重要的是把句首的全量成分都看作主语会遇到很大的困难。强制性前置的成分不限于适合作主语的论元，在明明有主语的句子中，也有一些状语性成分因为属于全量成分而倾向于或强制性地前置，包括置于句首，如：

（38）回回他都碰到老张。

（39）夜夜我都梦见儿子在自己身边。

"回回""夜夜"这些表示动作所在时间的成分看作状语和话题都没有问

题,看作主语却很困难,除非退回到话题主语等同说的立场,而陆俭明的出发点就是要区分话题和主语。还有,汉语全量成分要求前置,但并不要求置于句首,事实上置于句首成分和谓语动词之间的情况很常见。我们用包括主话题和次话题在内的"话题"可以统一解释这种前置性,而陆俭明的分析只适合于句首全量成分,却难以适合大量的前置于句中的全量成分,有可能对同一类现象作出不同的解释。

5.5.3 分量成分与话题

分量词语在英语中的典型形式是 some,它指一类中的不少于一但不到全部的成员。

严格地说,汉语中没有跟英语 some 完全对应的分量词语。汉语中的分量词语分为两类,这两类的差别跟话题功能有密切关系。

some 表示的分量有时是纯粹无定的分量,如:

(40) We can plant some trees here.　'我们可以在这儿种一些树'

正如(40)的汉译句所显示的,汉语用"一些"来表示这种无定的分量。此外,some 有时可以用来表示单数,这时,汉语中要用"一个"之类单数的数量短语来表示,这已经跟无定形式完全相同。

some 表示的另一类分量意义,汉语用"有的"来表示:

(41) He has a lot of friends from Asia. Some are Chinese, some
　　　are Japanese.
　　　'他有很多来自亚洲的朋友。有的是中国人,有的是日本人'

这些表分量的成分,不是纯粹无定的成分,它们分别表示前面提到的某类对象的一部分,或者说,它们本身虽然不是有定的,但是它们瓜分了某个有定或类指的对象,我们可以把这种分量叫作瓜分式分量。

对于主语优先语言来说,分量词语的这种语义差别可能并不重要,所以它们可以用同一个词来表示,如英语的 some。而对于话题优先型的汉语来说,这种有定性的差异却是很重要的。汉语不但用不同的词来表示这两种不同的分量,而且事实上还强制性地要求瓜分式分量成分强制性地前置。如:

(42) 我有的作业做了,有的作业还没做。

(43)句首有施事论元"我",句中的"作业"是受事成分,但是因为受"有

的"修饰,就不能移到动词后的宾语位置:

(43)＊我做了有的作业,没做有的作业。

刘丹青和段业辉(1989)曾对"有的"的这种语义特点及其句法表现作过较详细的描写和分析。该文显示,"有的"总是用在所在小句的谓语动词之前,不能用在谓语动词之后。在语义上,"有的"基本上是专表瓜分式分量的代词,因此总是以并列小句的形式出现,如:

(44)有的人活着,他已经死了;有的人死了,他还活着。

(45)这些瓜有的是新疆产的,有的是甘肃产的。

这两个句子如果去掉一个带"有的"的小句,句子就不能成立。"有的"所瓜分的对象,有时是一个类指性名词,这时名词可以作为"有的"所修饰的中心出现,如,(44)中的"人",但也可以放在"有的"的前面,如:

(46)a. 女孩子有的活泼,有的文静。

＝b. 有的女孩子活泼,有的女孩子文静。

有时所瓜分的是有定对象,这时瓜分对象以用在"有的"之前为常,如(45)。

　　这样,在分量成分上也面对一个跟全量成分相同的问题:瓜分式分量词语的强制性前置是不是出于作话题的需要?

　　刘丹青和段业辉(1989)一文已初步认定"有的"是专用于话题或次话题的代词。这里我们再说一点进一步的理由。汉语在词形上严格区分无定性分量"一些"和瓜分式分量"有的",至少说明汉语把瓜分式分量是看作"非无定"的,实际上也就是承认它在一定程度上是有定的。从语义上看,可以认为并列句中的"有的"通过瓜分乃至穷尽性的瓜分来获得瓜分对象的有定性或类指性,从而成为适合于作话题的成分,瓜分其实就是一种特殊形式的照应。诚然,分量词的有定性不如全量成分,但是瓜分式分量成分也有比全量成分更适合作话题的因素。瓜分式分量词语经常用在一个有定或类指成分之后对其进行特殊的照应,其已知性强,而我们知道对于话题而言,已知性比有定性更重要。瓜分式分量成分总是用在并列性小句中,具有强烈而显性的对比性。对比性是话题的重要话语功能之一(详6.3),这种对比性也促使瓜分式分量成分强制性地前置充当话题。

　　在上海话中,最常用的话题标记"末"经常用来表示对比性话题,而

跟"有的"相对应的上海话代词"有个""有种"恰好是最常带"末"的,如:

(47) 我个老同事,有个末,辞职了,有个末,退休了。

'我的老同事,有的,辞职了,有的,退休了'

(48) 有种地方戏末,我蛮欢喜看个;有种地方戏末,我一眼勿欢喜看;有种地方戏末,我还听勿大懂勒。

'有的地方戏,我挺欢喜看的;有的地方戏,我一点儿都不喜欢看;有的地方戏,我还不太听得懂呢'

"有的"及其上海话的对应词绝不能当宾语,但是,在谓语动词后可以出现对比性次次话题的位置,却可以有带"有的"类成分出现,这也说明"有的"是适合于作话题的成分,如上海话句子(49):

(49) 伊拿拨有个人末,新米,有个人末,陈米。

'他拿给一些人新米,拿给另一些人陈米'

以上情况都表明,在汉语中,瓜分式分量成分的基本作用就是在不同的句法层次充当话题成分:主话题、次话题或次次话题。尤其值得注意的是由此形成的其中一种句式,就是总分式双重话题句。这种句子全句的话题后出现的是两个或两个以上带次话题的小句,如(45)、(46a)和(47)。这样的句子是话题优先型语言的特色句式之一。

5.5.4　计量成分与话题

计量成分是量化成分(quantificational noun phrase,简称 QNP)的一类,它的基本形式是 NNP,但是这不等于说 NNP 等于计量性的QNP。所谓量化,就是说不但短语中带有指数量概念的成分,而且整个名词短语都是在强调数量(就计量成分而言是具体数量,常有强调多或强调少两种情况)。如强调数量时的"三瓶酒",其中的数量词语我们称为计量词。在书面形式上,计量词跟通常兼表无定的数量词完全一样。但是在口语中,两者并不等同。兼表无定的数量词语在句中不能重读,而计量成分中的计量词语却一定重读。在单数情况下时,不重读的数量词语正是汉语典型的无定标记"一个"(量词随后面名词而变),在有些结构位置上其中的"一"还可以省去,如(50);而计量成分中的"一个"必定重读,"一"绝对不能省去,如(51):

(50) 我想找(一)个学生。

　　(51) 我的教室里只有一个学生来听课。

在英语中,区分更加明显一些,计量的单数名词短语前加数词 one,无定的单数名词短语前加不定冠词 a/an。大于一的数量在汉语和英语书面语中都难以区分,但是可以根据数量词语能否带重音或句子和上下文中的其他线索区分。比较:

　　(52) 我们是三个好朋友。

　　(53) 我在这次活动中交了三个好朋友。

(52)只是简单平实地叙述情况,"三个好朋友"并不着重计量,"三个"不能重读。(53)则有多种可能。在不特别强调的情况下,"好朋友"会带上自然重音,"三个"不重读,也就不是计量成分;当需要特别强调"三个"这个数量时,"三个"必然重读,"三个朋友"成为本小节所说的计量成分。

　　跟全量和分量成分不同,计量成分跟话题没有特别密切的关系。我们感兴趣的只有一点:计量成分在形式上跟无定成分类似,都取NNP 形式,但计量成分却比无定形式更容易充当话题。

　　在没有语境条件时,计量成分跟无定成分都不是适合作话题的成分。在有语境条件时,情况就不同了。计量成分可以作为上文已经提到过的信息自然地充当话题,而无定成分仍然很难充当话题。比较:

　　(54) A：他今天去买了三瓶白酒。

　　　　　B：＊三瓶白酒啊,我也买得了。

　　(55) A：他们昨天喝了三瓶白酒。

　　　　　B：三瓶白酒啊,我们今天也喝得了。

根据常识,买三瓶白酒是很普通的行为,所以(54)中上一小句的"三瓶白酒"很少有机会被理解为计量成分,"三瓶"也不会重读,将"三瓶白酒"用作话题的下一小句也就无法成立。而"喝三瓶白酒"是一个其数量值得强调的事件,假如我们让(55)的"三瓶"重读,下一小句让整个计量成分"三瓶白酒"作话题就是很自然的。这就是计量成分跟普通的无定数量成分很不相同的地方。下面是计量成分在后续句中作话题的另一些例子:

　　(56) 他昨天一个人打得过两个小偷。两个小偷,你肯定打不过。

　　(57) A：最好每个小组派三个人参加比赛。

　　B：三个人，我们小组一定派。

　　计量成分和无定成分在话题功能上的差异是可以得到解释的。

　　无定成分虽然可带数量修饰语，但它的核心成分仍是后面的名词。一个上文提及的无定对象在下文出现时就自动成为有定对象，因此不宜再作为无定名词短语出现在下文的话题位置，要作话题也只能作为有定成分出现，如：

　　(58) 他昨天买了(一)套音响。这套音响，我已经给他调试好了。假如后续话语中仍是无定形式，则肯定是另一个对象，因而仍然是新信息，无定的新信息当然不宜充当话题。

　　量化成分是强调数量之多或数量之少的成分，虽然也可以用名词作核心，但整个短语的表达重心已经是数量信息。在后续话语中，即使名词的所指变了，只要数量信息不变，整个短语就被看作已知信息，所以可以作话题。例如，(55)中的上下两个"三瓶白酒"其实指称关系是不同的，上一小句"他们昨天喝"的"三瓶白酒"，绝不是"我们今天"喝的"三瓶白酒"。重要的是计量词语"三瓶"未变。当然上文的计量成分也可能在下文中出现时保持名词所指相同，但这时它也必然作为有定成分出现。有定成分作话题不属于本小节所讨论的计量成分作话题的情况。

附注

　　[1] 现代汉语的数词和名词之间必须有量词，所以严格说来前面的 NNP 也应标为 NCNP。这里只求与 DNP、CNP 相区别，用 NNP 已够。假如标为 NCNP，那么指示词后面也可以(但不是必须)加量词，这样又得分出 DNP 和 DCNP，过于烦琐，所以用 DNP、CNP、NNP 来区分较为简洁明了。

　　[2] "他考谁"可以问，最常理解为"他报考哪一位导师"，也可以理解为"老师出题给谁考"，这个"谁"问的是指称性的有指成分，但这些问句都不是(6)的问句。

　　[3] 许多人相信，苏州话、上海话的指别词"㑚"可能来自量词"个"。来自"个"的指别词广泛分布于南方各大方言，如赣语客家话中的近指词"个"，粤语中的远指词"个"[kɔ³⁵](写作"吥"或"嗰")等。书面语中的"个中滋味""个中缘由"等的"个"就是这个南方指示词。但"㑚"和其他南方方言中的同源指别词都早已经完全虚化成专用的指别词，在苏州话等许多方言里还跟量词有了语音上的分工，

并且有“搿个”[ɡəʔ$^{12-22}$ kəʔ^{5}](这个)这样的组合，广州话也有“吖个”[kɔ^{35} kɔ^{33}]这样的组合，两个“个”读音也不同。而(8)中的“个”的虚化尚在进行中。所以“搿”和“个”的确是两个同源成分，并且语法化的方向也相似，只是由于虚化的起步时间不同而处在不同的发展阶段，形成了不同的历史层次，表现为共时平面的语音和用法差异。

6　话题的话语功能与话语环境

6.1　话题的话语功能

6.1.1　话题的原型意义

迄今为止，人们多半是在话语功能的层面（国内则常称为语用平面）来研究话题，把话题看作一个话语成分或语用成分。的确，"话题"或 topic 的本义指的就是话语功能（对书面语来说可以叫篇章功能）。然而，本书却明确地指出，至少在话题优先的语言中，话题可以是一个句法成分，应该在句法层面就占有重要地位。我们对话题的这种看法，丝毫不妨碍我们对话题的话语功能的强调。我们甚至可以同时说，话题就是一个主要用来起话语功能的句法成分。下面我们先来分析一下这种看法的理论依据，作为具体分析话题的话语功能的准备。

句法成分是在一定的句法结构中占着一定位置、跟其他成分发生一定的句法关系的语言单位。每个句法成分都有自己的句法意义，这种意义当然是一种关系意义，可以叫语义角色，例如施事、工具、方式等等。人们通过具体句子所要表达的语言单位之间的实际意义关系是非常多样的，而句法成分的种类却是相当有限的，因此每种句法成分的意义都是经过了高度抽象的概括意义，在具体句子中体现为很不相同的具体语义角色。所以我们常常看到在分析句法语义时可以从同类句法成分中分析出很不相同的语义角色，如宾语这种成分就可能有受事、对象、目标、与事、结果、工具、方式、处所、目的、原因，甚至施事等等语义角色。与此同时，每种句法成分也都有自己的最典型最核心的意义，可以称为原型意义（prototypic meaning），例如，宾语的原型意义就是受事，人们决不会把施事作为宾语的原型意义。

从发生学角度讲，可以认为句法成分都是语义角色或话语功能经过语法化而得到的产物，原型意义应该就是句法成分的语义或语用起点。一旦形成了句法成分,它所表达的意义关系就可能从原型意义扩展到其他类别的意义,但这些意义都围绕着原型意义这个核心。

曾经有不少人用意义关系来定义句法成分,他们所用的意义关系通常总是该成分的原型意义。这种做法在一定程度上可行,就是因为原型意义的存在。而这种做法又总是无法充分解释某个成分在复杂的语言事实中的意义关系种类,这又说明句法成分不限于表示原型意义。描写语言学兴起以后,人们更倾向于用语言中的表现形式来定义句法成分,这在具体语言的分析中比较可行。但是,当人们试图寻求各种语言同一句法成分(更确切地说是用同样的术语来称呼的句法成分)的定义时,便发现表现形式很不同,难以下统一的定义,例如有的语言可以用形态上的宾格来定义宾语,而有的语言根本不存在形态上的格范畴。这时,人们可能又会转向原型意义。Comrie(1981)从跨语言的角度给主语下的定义就是一个例子,而且是一个跟我们的讨论很有关系的例子。

Comrie 的这个定义及其解释如下:"原型的主语是施事和话题的重合,从各种语言看,最明确的主语是同时兼话题的施事。这个定义有两个重要特点:第一,定义有多重因素;第二,这个定义用原型来表述,而不是用识别主语的必要和充分条件。这第二个特点尤其重要,因为有许多语言的许多结构,它们的主语要么不是话题,要么不是施事,甚至两者都不是。"

这个定义给我们的启发有几点:1)一个句法成分可以用原型意义来定义,但这并不意味着所有语言的所有该成分都充分具备原型意义。2)一个句法成分的原型意义既可以来自语义角色(对于主语来说是施事),也可能来自话语功能(话题)。

在 Comrie 的这个定义之前,Keenan(1976)也曾试图作过普遍意义的主语定义。他的办法是先确定各语言基本句(basic sentence)主语的属性,然后根据对象语言中基本句主语的形式特点来确定非基本句的主语。他的基本句主语属性达四大类 30 种,操作性不强,但是有两点跟 Comrie 的定义相似。第一,他在语义角色属性类中提到"基本主语通常表示一个行为的施事,假如有施事的话"。虽然他明确注意到大量句子的主语并不表示施事,但他在众多的语义角色中并没有把施事以外的语义角色列为主语可能有的属性，可见还是强调了主语在语义上跟施事的特殊相关性。第二，他在主语自主性属性类提到"基本主语通常是基本句的话题，即它们表示说话人谈论之所关。其所指对象通常是听说者所共知的，因此在这个意义上是旧信息"。

我们对 Comrie 的定义和 Keenan 的普遍属性的关注不限于此。我们注意到，Comrie 的定义和 Keenan 的普遍属性实际上都试图照顾主语优先和话题优先等不同的语言类型，所定义的对象其实是主语和话题合一的成分。他们没有对两大类语言加以分别处理，实际上也就是没有充分注意到在有些语言中功能上的话题经常可以跟语义上的施事相分离。考虑到话题优先型语言和话题主语并重型语言的实际情况，则 Comrie 下的定义和 Keenan 归纳的属性正好可以用来对主语的原型义和话题的原型义作不同的定义。

我们的认识是：主语主要是语义角色的语法化，其原型意义是施事。主语可以兼有话题功能，但并不必然兼有话题功能。作为句法成分的话题则是话语功能的语法化，其原型意义就是话题功能（话题功能的具体内容本章将进一步探讨）。

在一部分语言中，话题没有得到充分的语法化，它有时候与主语融为一体，有时则作为其他句法成分如宾语等所兼任的话语成分出现，尚不足以看作独立的句法成分，更有许多时候句子不存在明显的话题。

在另一部分语言中，话题是高度语法化的句法成分，句法上它跟主语没有特别关系，它的语义角色种类极其广泛（参阅第 4 章），跟施事也没有特别紧密的关系。这部分语言内部的情况也不尽相同。有的语言形态较丰富，以施事角色为原型意义的主语和以话题功能为原型意义的话题可以在形态上清楚地区分，日语、朝鲜语这些所谓主语话题并重型语言便是这样的例子。在另一些语言中话题的句法地位可能比主语的句法地位更加重要而明显，通过停顿、语序，尤其是话题标记可以较清楚地确认话题，而主语的句法身份因为经常空缺和缺少形式标记而不太突出。这就是所谓话题优先型语言。当然，在话题具有句法地位的语言中，不排除施事类的成分有话题功能。有些句子中施事类成分明确带上话题的形式标记直接成为句法上的话题，如日语中带话题标记 wa（は）而不是主语标记 ga（が）的施事成分和上海话中带提顿词

"末"的施事成分；有些句子中施事成分仍可分析为主语，但也可能兼有话题功能；假如在话语环境中话题功能明显，也不妨分析为话题。

通过上面的分析，可以看出，一方面在汉语尤其是上海话这样的话题优先型语言中，话题是一种句法成分，另一方面话题的原型意义就是话语中的话题功能，这两个方面并不存在矛盾。同时也要指出，正像主语以施事为原型意义而不一定都指施事一样，话题也可以以话题功能为原型意义而并不一定都起话题功能。而原型意义的不同也不妨碍两种成分的语义角色和话语功能在有的时候出现交叉或重合。

由于存在着上面所说的类型差异，因此"话题"这个术语实际上就有了两种含义。一种含义是作为句法成分的"话题"，主要适合于话题优先型语言和主语话题并重型语言，本书所说的"话题"主要用于这一意义；另一种含义是作为有特定话语功能的话语成分的话题，适合于各种人类语言。本章讨论"话题"的话语功能，实际上主要就是讨论作为句法成分的"话题"和作为话语成分的"话题"关系。所以，本章所说的"话题"，既用到其句法成分义，也用到其话语成分义。当我们说"话题的原型义是话题功能"时，前一个"话题"是句法成分义，后一个"话题"就是话语成分义。而其他学者有关"话题"的论述（包括本书引用的），通常只把"话题"看作话语成分，这是需要注意的。

关于语法化的问题，第 7 章还将进一步讨论。本章将重点对作为句法成分的话题的话语功能（包括原型意义的"话题功能"和其他话语功能）及话语环境作一些更加具体的分析。

6.1.2　话题的核心功能

关于话题的话语功能性质，已经有过许多看法，有的我们已进行过初步的讨论（参阅 1.2.2）。这里先提出本书的分析意见，然后再进一步评述其他的看法。

话题在具体语言和方言中的话语功能不尽相同，同一语言或方言中的话题也可能因句子结构、话题种类或话题标记的不同而有不完全相同的话语功能，比如下面将谈到，上海话带提顿词"末"的话题和带提顿词"是"的话题功能就不同。我们这里关心的是在各种语言和方言的各类话题中带有较大普遍性的功能，也就是作为话题的原型意义的功能,我们称为核心功能。

　　作为话语成分的话题的功能,简而言之,就是话语内容之所关,用英语说是 aboutness 或 what the speaker is talking about。话题(topic)在汉语和英语中本都是话语的概念。设想一个人来到一群正在谈话的人中间,他想加入谈话,会很自然地问"你们在谈什么"。他所问的"什么"就是当时话语的话题。对于书面语来说,话题基本上相当于大大小小篇章的标题。作为句法成分的话题的功能,其实就是这种意义上的话题。区别只在于辖域的大小。话语的话题可以统摄整段话语,篇章的标题可以统摄整个篇章,而句子的话题(主话题)可以只统摄本句后面的内容,即回答本句在谈什么的问题,而次话题、次次话题统摄的范围更小。

　　具体地说,话语内容之所关或"谈什么"的问题,还包含了下面这几个功能要素:

　　第一,话题为所辖话语划定了时间、空间或个体方面的背景、范围[参考 Chafe(1976)的话题定义],我们通称之为语域。说话人通过话题表明谈论内容在该语域内有效,超出该语域就未必有效。比如:

　　(1) 年度计划的事儿,我没有什么意见。

(1)以"年度计划的事儿"为话题,它表明说话人"没有什么意见"的表述只在这一语域内有效,但不排除说话人在其他方面有意见,比如(1)可以成为(2)这个复句的一部分:

　　(2) 年度计划的事儿,我没有什么意见,人事安排方面,我还有些想法。

(2)是所谓背景语域式话题的例子。有些话题跟句子的谓语动词或其他成分还有这样那样的语义联系,但划定语域的功能是所有话题都具备的。

　　第二,话题提供了语义相关性的索引,说者用话题表明其所辖的话语即后边的述题在内容上跟话题有关,从而帮助听者理解话语。话题要求述题在内容上围绕话题,所述内容跟话题有某种相关性。话题结构的这种相关性可以表现为明显的语义联系,也可以表现为需用非语言知识建立的联系,但排斥没有语义联系的话题结构。如:

　　(3) 大象,鼻子很长。

　　(4) 那场火,幸亏消防队来得快。

　　(5) ? 类风湿性关节炎,我得多带几本书。

　　(6) * 那场大雨,我们应该吃饭了。

(3)的"大象"和"鼻子"有明显的领属关系。(4)的"那场火"和述题没有明显的语义关系,但是我们通过常识知道"消防队"的任务是扑灭火灾,话题结构的相关性就凭此建立。(5)的"类风湿性关节炎"和"我得多带几本书"凭常识也难以建立内容的相关性。假如这是的确存在的句子,听话人会按照述题应该围绕话题的话语规则去猜测可能存在的联系,可能"我"想研究这种病,所以想多带几本有关这种病的书;也可能是因为得这种病要住院,而这种病是慢性的,所以多带书表示准备在医院住较长时间。(6)即使猜也难以得出话题结构有什么联系,因此说话人不会说出这样的话题结构,除非是在一些非常特殊的语境中。

　　第三,话题提供话语的起点,并预示着它必须有后续成分,即述题部分。话题重要的作用就是告诉听话人话题后面将有围绕话题展开的内容,这些内容才是表达的重点。在这点上,话题跟述题的关系,很像马戏团的演出广告和马戏演出的关系。展示演出广告固然是为了引起人注意,但张贴广告的目的主要不是让人们来看广告,而是根据广告提供的线索来看演出。贴了广告就不能没有演出,只有广告没有演出的广告是无效的广告或恶作剧,不是真正的广告。同样,没有述题只有话题的话题是无效的话题,不是真正的话题。同样的,话题也似文章的标题,标题要吸引人但最终目的是为了让读者读文章本身,不能只有标题没有文章,否则便成了标语而不是标题。这一点正是话题跟主语最根本的区别所在。在句法上,主语也是跟谓语相对而存在的,但是主语单独出现而谓语被省略的现象在话语中是常见的,而话题决不可以脱离述题单独存在。如(7)例,对 A 的问句,B 可以用主谓齐全的 B_1 回答,也可以用只有主语的 B_2 回答:

　　(7) A:哪个来推我?

　　　　B_1:我来推你。

　　　　B_2:我。

(8)A 句的句首名词短语从结构上看是话题,(9)A 句的句首名词短语从提顿词看是话题。下面分别是 B 对 A 的应答句,虽然其述题的内容也在上文出现过,但决不能省略述题让话题单独存在,所以两例中省略述题的 B₃ 句都不能成立。

(8) A:《秋声赋》他背得出吗?

　　　B₁:《秋声赋》他背得出。

　　　B₂:他背得出。

　　　B₃:＊《秋声赋》。

(9) A:老王啊,真是个大好人。

　　　B₁:老王啊,真是个大好人。

　　　B₂:真是个大好人。

　　　B₃:＊老王啊。

话题的这种功能要素,特别明显地表现在话题标记上。在孤立的句子中,一个名词短语本身看不出是不是话题,听话人不知道有没有"下文",但是假如带上提顿词,那听话人就能清楚地知道这是个话题(话语的起点),说话人的表达重点在后面。如一个上海人听到"老王"这个词,他不能排除这是个独语句,说者在喊人或告诉听者他看见了"老王",但是假如这个名词后带上提顿词轻读的"对哦",说成"老王对哦",听者马上知道后面有话,如:

(10) 老王对哦,我碰勿着伊人。　　'老王吧,我碰不到'

(11) 老王对哦,最近发财勒。　　'老王啊,最近发财了'

汉语及其方言的话题成分不但可以出现在句首,也可以在句子较后的部分,包括句子谓语动词后的成分,除了主话题,还有次话题和次次话题。此外,同一个句子允许出现多个话题,这样就可能出现话题后面还是话题的情况。有意思的是,主语即使出现在句首,也允许在一定的话语条件下省去后面的部分单独存在。而话题即使出现在句子很后的部位,充当的是次次话题,也不能省去后面的述题;在多话题句中,不管有几个话题,最后一个话题后还是必须有述题。如:

(12) A:我想劝我的男朋友啊,上电大。

　　　B₁:我也想劝我的男朋友啊,上电大。

　　　B₂:＊我也想劝我的男朋友啊。

(13) a. 小儿媳啊,在张家呢,没一个人啊,不说她贤惠。

　　　b. ＊小儿媳啊,在张家呢,没一个人啊。

(12B₂)本身是成立的,但绝不是 B₁ 的省略句,其中的"啊"是个意义不同的句末语气词,不是话题标记,跟 B₁ 句的"啊"没有同一性。以上这些事实充分说明话题作为话语起点而绝不是终点的性质。当然,考虑到话题的层次性,所谓话语的起点,应该包括不同层次的话语单位的起点。

话题作为某种话语单位的起点用来引出述题的功能,也是各语言中的话题所共有的。韦旭升、许东振(1995)是一本朝鲜语(原书称韩国语)的实用语法,没有涉及话题理论问题,但其中对所谓添意词尾 nun/un(即国际理论语言学界看作朝鲜语话题标记的成分)和主格词尾 ka/i 的比较就很能说明问题(原书用谚文,我们改用拉丁字母转写)。该书指出的第一点差别就是:主格 ka/i 是回答"谁是……""什么是……""几个……"的,其着重点落在回答的主体即主语之上。用 nun/un 则表示指出某种对象或已明确了是谁之后表示要对该对象的行动或性质加以陈述,这时着重点落在陈述的内容(即我们所说的述题)上。这说明在朝鲜语中话题区别于主语的首要特点就是后面必须有对话题陈述的内容即述题,而且述题是表达重点所在。日语话题标记 wa(は)跟主格标记 ga(が)也有类似的差别,不再细述。

6.1.3 关于话题功能的几种看法

关于话题在话语功能方面的性质特点,学者们还提出过许多看法。在我们看来,很多看法都是有道理的、有根据的,但它们只是话题在话语功能方面的某种属性,多半是话题的核心功能所要求或伴生的属性,并不是话题的核心功能本身,也不是话题之为话题的区别性特征。而上面谈的三点,则是构成话题功能的三个最重要的区别性要素。

下面我们就对有关话题功能的几种常见认识略作分析。

"话题表示已知信息(given information)。"假如把这一表述理解为话题的话语功能,是不够准确的。假如把它理解为话题的核心功能对作话题的成分的要求,则基本上是合理的,但最好说成"充当话题的成分一般应该是已知信息"。话题既然是某种话语单位的起点,从交际需要和思维展开的常规来看,说话人当然会优先选择已知信息作为话语的起点,否则会造成无头无脑的突兀感。另外,话题也是说话人提供的话语的语域,假如话题是新信息,至少对听话人来说难以起到语域的作用。事实上,就充当话题的能力来看,成分的已知性比有定性更加重要。不过,在话题标记的帮助下,也有些话题可以由新信息充当,还有些语言主要由新信息充当话题,如台湾的高山族支系之一所说的布农语(Bunun),见郑恒雄(1991)。所以,我们不把表示已知信息作为话题的核心功能。关于话题的信息特征,6.1.4还要作专门的讨论。

"话题是听说双方共享的信息(shared information)。"

"话题是话语中已被激活的信息(activated information)。"

这两条都跟已知信息有关,我们也将在6.1.4中一起讨论。

"话题是说话人有意引导听话人注意的中心。"就述题的内容要围绕话题这一点说,称话题为"中心"有一定的道理。about 的原有空间意义也有一点围绕义。但把话题说成"注意中心"却夸大了话题在话语信息结构中的地位。上面已经指出,在话题结构中,说者更想让听者注意的恰恰是话题后面的述题。话题相当于马戏团的演出广告而不相当于马戏演出本身。所以,本书改用"索引"来反映话题的这种表达功能。

曹逢甫(Tsao 1979)认为话题往往可以将其语义范围扩展到数个句子。曹逢甫主要是把话题看作话语层面的单位,而本书把话题看作一个句法单位,并且在一个句子内都可以有不同层次的话题。对句子的话题、次话题和次次话题来说,语义范围局限于一句之内甚至一句的一小部分之内都是常见的。所以,语义范围的扩展不必看作话题的核心功能。

此外,很多人都提到话题有对比功能。本书3.2尤其是3.2.4也已经分析过话题标记的对比作用。对比是话题的重要话语功能,但不是话题的核心功能,并不是所有话题都有对比功能。6.3将专门讨论话题的这种重要的非核心功能。

6.1.4 话题的信息特征

话题是话语内容的起点,这一功能使得话题明显倾向于由已知信息来充当,这是非常好理解的。在汉语尤其是上海话中,已知信息比有定成分更容易充当话题。我们在第5章中已经看到,有些无定成分、非定成分、非指称性成分和量化的无定成分(如"三瓶白酒"之类),都因为在上文已经提及而作为已知信息充当话题。此外,我们也注意到,有定成分不一定是已知信息,例如现场性的有定成分就可能是新信息,而作为新信息的有定成分并不适于充当话题。我们可以设想这样一种情景,两个女孩在逛商场,甲女孩问乙女孩喜欢什么式样的皮鞋,乙拉着甲到一柜台前指着说:

(14)我喜欢这种式样,不喜欢那种式样。

这里的"这种式样"和"那种式样"是现场性的有定成分,对听者来说,它们完全是新信息,所以说话人自然会让这两个有定成分充当宾语而不是话题。在这种情况下,不会说成:

(15)这种式样我喜欢,那种式样我不喜欢。

反之,假如已经选定两种式样作为拟购对象或议论对象,则说(15)就非常自然。即使在有定成分前置和否定句受事前置的倾向十分强烈的上海话中,也不会在前一种情景中说(15)这样的句子。

有关话题或主位的信息特点,人们还使用过"共享信息""被激活的信息"等用语。这里也顺便讨论一下。

所谓共享信息,就是强调已知信息应该是为听说双方共知的对象,而不能只为说者一方所知。这跟有定成分一样,也必须是听说双方都能确定的对象。但是,共享信息也可以包括存在于听说双方共同的知识背景中,但在特定交谈现场并没有被提及过的对象。这样的对象不是典型的已知信息,已知(given)的英文原义是已经给出的,主要还是指在交际现场已经出现过的对象。尚未出现过的共享信息不是适合作话语起点的成分,所以不宜充当话题。如:

(16)A:你挺喜欢一个人旅行。

   B: *小王我跟他一起去的。

(16)的应答句B本身是可以成立的,这里的"小王"也应该是为A、B双方共同熟悉的人,属于共享信息,但是,在谈话现场没有被提及过,所以B句内容虽然跟上句密切相关,但"小王"作话题却很不合适。

"已被激活的信息"其实就是强调作话题的对象不但是谈话双方都知道的已知信息,而且必须是在现场已经被提及的对象。这样的对象是最适合于作话题的。

总结上面两点,最适合作话题的成分或许可以表述为"已被激活的共享信息"，它的含义比"已知信息"更加明确。

不过，在汉语实际中，话题并不都是已知信息，并不都是在上文已经被激活的对象，而已知信息也并不都是适合作话题的成分。其他语言也有这种情况。

已知性有一个程度问题。信息的已知性跟话语距离成反比。上一小句刚被提及的对象是已知性最强的，也最适合作话题。而在一次较长的会话中，如果某个对象在隔得很远的上文提及过，下次提到时其已知性已经很弱，如强弩之末，这样的成分并不很适于作话题。

激活也有一个直接和间接的问题。上面谈的已被激活的信息是已经被直接提及过的信息，这类信息充当的话题就是直接激活的话题。另一种情况是话题没有直接被提及过，字面上是新信息，但实际上存在着适合它作话题的因素，这种情况实际上是一种间接激活。有的话题本身虽未被激活过，但它跟上文提及过的对象有密切的相关性，换句话说，它的相关信息已被激活过，这就是一种间接激活，如：

（17）A：大娘养了很多鸡。

　　　B：可是蛋呢，她自己舍不得吃。

"蛋"在上文没有被提及，但它跟上一句中的"鸡"有明显关系，所以作话题非常自然，这可以叫相关性激活。相关激活常常涉及非语言知识，超出了语言学研究的范围。还有一种情况是话题本身虽未被激活过，但它是话语情景的构成要素，如时间、地点、参加者、正在进行的活动等，以及存在于交谈现场或交际者共同的心理关注范围内的对象，这类成分作话题也比较常见，其实也是一种间接激活，可以叫情景性激活。如（18）（上海话）和（19）（普通话）：

（18）待慢，待慢，侪是家常小菜。酒末请大家多用两杯。
　　　（蒲课 301 页）

（19）A：今晚的活动，我可不想参加了。

　　　B：加工资的事，也别太放在心上麽。

（18）是主人在酒席上的劝酒话，"酒"在上文没出现，但它是存在于情景（酒席）中的重要对象，作话题非常自然。（19）A 说的"今晚的活动"是马上要进行的活动，作话题无须预先激活，属于情景性激活的对象。B句"加工资的事"不但在上文中没有提及，而且跟 A 句也没有（17）的

"鸡"和"蛋"那种明显的相关性。但假如谈话那几天 A 刚好在加工资方面不顺心，而 B 也很清楚这一点，则"加工资的事"也是情景性激活的话题，可以想见 B 认为 A 不参加活动起因于加工资方面的不顺心，所以就用这个话题来劝慰 A。从（19）可见，有些情景性激活也涉及非语言知识。

直接激活的信息已经储存在听话人的记忆或短时记忆中，充当话题最容易。间接激活的信息作话题则常常有一定的形式标记，主要是停顿或物化的停顿即提顿词。停顿实际上是给听话人一个时间作心理准备，提示对方注意：该成分尽管第一次出现，但已经被用作话题。而提顿词则提供了一个更加物化和专门的激活手段，提示对方：现在正在让一个跟上文有关或情景有关的新信息充当话题。

对于话题优先的语言和方言来说，信息的激活显然有利于一个成分充当话题，直接激活更是适合于作话题的条件。然而，激活并不是充当话题的必要条件。本章的后面部分还将提到许多有利于充当话题的因素，在这些因素作用下，一个成分不一定经过上面这几种激活也可能被选作话题（包括次话题等）。

已知性的有无、强弱和激活的方法经常跟话题标记的功能有关。不同的提顿词可能有很不相同的信息功能，上海话的"末"和"是"的对立就反映了这一点。6.2 将结合上海话提顿词的功能分工进一步分析话题标记的信息功能。

6.2　话题标记的信息功能

6.2.1　提顿词对话题性的强化功能

提顿词是汉语这类话题优先型语言中最重要的话题标记，但是，从本书上文涉及的汉语及上海话事实看，并不是所有话题都带有提顿词，许多话题并不需要提顿词，甚至不宜加提顿词。那么，提顿词的作用何在呢？提顿词的作用之一，是预示该成分即话题后必有更重要的信息即述题出现，提请听者注意（见 6.1.2）。提顿词的另一个重要作用就是引进话题，所谓引进，不一定是引进全新的信息，而主要是让被间接激活（相关激活或情景激活）的信息充当话题。有些未被直接激活过的成分不带提顿词就不大能作话题,而已被激活的成分作话题就比较自由,提顿词可带可不带,经常是不带。这两种作用可以归结为一点,就是提顿词有强化话题性的作用。正因为间接激活的信息话题性不如直接激活的信息,所以更加需要提顿词来强化。下文我们将看到,这种作用不是汉语所特有的,而是许多语言话题标记的共有特点。有意思的是,在提顿词发达的方言如上海话中,提顿词也并不都有引进话题的功能,有的提顿词就总是用于已被直接激活的成分。换句话说,不同的提顿词适合话题的不同信息功能,可以构成功能上的对立。

先从上海话中最常用的提顿词"末"的信息功能谈起。提顿词"末"在 20 世纪早期外国人编的上海话教材和语法书的例句中大量出现,是口语中最高频的虚词之一。这些例句在普通话中只有少量适宜用普通话的"啊""麼"之类翻译,可见"末"的常用是上海话话题标记发达、话题优先的体现之一[1]。"末"在书面材料里的大量用例,为我们考察它的话语环境和信息功能提供了更加客观的材料。从这些材料可以看出,"末"尽管常用,但并不是在一切可作话题的成分后都适合加。除了6.3 将讨论的对比性话题外,"末"的主要作用之一就是让上文没有出现过的成分或上文不作话题的成分成为话题,也就是引出新话题或转移上文的话题。最常见的是引进相关性激活的信息充当话题,这样的例子非常多,如:

(1) 今年天气旱来,日日做空阵头,雨末一点也落勿出。
  (蒲课 273 页)
  '今年天气真旱,天天光打干雷,雨呢,一点都不下'

(2) 吃酒最好勿要到酒吧间里去吃,因为凡于到酒吧间里去吃酒个人末,大多数侪是年纪轻咾性子暴躁个。 (蒲课 262 页)
  '喝酒最好别上酒吧去喝,因为凡是上酒吧间去喝酒的人,大多数都是年轻而性子暴躁的'

(3) 今年,天气旱来,河里末水小,伲只牛末赶十六亩稻水,实在赶勿转。 (蒲课 271 页)
  '今年,天气真旱,河里水小,我家的那只牛要(用牛拉水车)拉上十六亩稻用的水,实在拉不了'

(4) 我阿姊出嫁之(=仔)多年哉;直到现在一个小囝也无(=呒)没。姐夫末交关勿称心。 (蒲课 50 页)

'我姐出嫁多年了;直到现在一个小孩也没有。姐夫呢很不称心'

(1)三个小句,只在"雨"后加"末",这个话题是跟上文的"天气"、打雷相关而没有出现过的成分。(2)的"末"加在由上酒吧喝酒转向相关的上酒吧喝酒的人时。(3)由天旱引出"河里"作话题时加"末",又由河水少引出车水的"牛"作话题时加"末",其中"牛"跟上文的相关性更间接一些,是(3)中最需要靠带"末"成为话题的成分。(4)的"末"加在跟"阿姊"有关而上文没有出现过的话题"姐夫"后。

同样是跟上文相关而没有出现过的话题,相关性较不明显的话题,较需要用"末",相关性较明显的,就不一定用"末"。如:

(5) 现在,夏天到哉,太阳光交关利害;……最好要预备一副太阳眼镜。本店里末,现有新到大批摩登太阳眼镜。   (蒲课152页)
'现在,夏天到了,太阳光很厉害;……最好要预备一副太阳镜。本店里,现有新到大批时髦的太阳镜'

(5)是旧时的一段促销宣传,其中"太阳光"是跟上文"夏天"有关的,而且关系明显,所以没有用"末";而由预备太阳镜转向以"本店里"为话题时,相关性仍是存在的,所谓"预备",是商家对购买的委婉说法,而购买当然就要找商店。不过,这种相关性较不明显,所以用"末",假如不用"末"就难以达到以"本店里"为话题的宣传目的。

相关性信息用不用"末",不仅取决于相关性的明显与否,也取决于说话人想让什么对象成为话语内容所围绕的线索。(5)选择以"本店里"作话题,跟促销的动机有关。为了突出某个成分的话题地位,在上文已被激活但尚不是话题的成分也可以用"末"使之成为话题,如:

(6) ——侬认得啥人能够担任教体育否(=哦)?
——我有个朋友高先生;伊末是洛阳体育学校毕业拉个;并且现在是上海童子军第一百零三团团长。……   (蒲课92页)
——'我有个朋友高先生;他是洛阳体育学校毕业的;并且……'

"伊"就是上文的"高先生",是已被激活的已知信息,本来不一定用"末"激活,甚至可以省去"伊"。如可以说:

(7) 我有个朋友高先生,(伊)是洛阳体育学校毕业拉个。

但(6)这段话是在推荐"高先生"做体育教师,下面的说话内容都在围绕"伊"作介绍,需要突出其话题地位,而"伊"的先行词"高先生"在上文是宾语,没有话题性,所以说话人用"末"来突出其话题的地位。

间接激活的另一种类型是情景性激活。"末"用于情景性信息不如用于相关性信息为多。最直接的情景要素如表示当时、当地、谈话参与者和正在进行的行为的词,通常不需要用"末"。如(1)和(3)中的"今年",(5)中的"现在",(6)中的"侬""我"等等。再如:

(8) 拉上海,住个问题是蛮要紧个。   (蒲课 183 页)

(9) 第只无线电,可以打啥个折头否(＝哦)?   (蒲课 151 页)

　　'这只收音机,可以打什么折吗?'

(8)的"拉上海"是该上海话教材假设的说话所在地,(9)"第只无线电"作为有定的商品是对话所在的购物情景的重要而明显的构成物,说话人都只用停顿显示其话题性,而没有用"末"。假如情景要素跟上文相比有话题转换的功能,则常用"末"来激活,如 6.1.4(18)中的"酒"就属于这种情况。再如:

(10) 有一趟,我个爷要出门办一桩事体,我末就代替管事体。

　　(蒲课 286 页)

"我"是最不需要用"末"引进的情景要素,但这里由上文"我个爷"转换为相关的"我",所以用了"末"。此外,较为间接或隐秘的情景要素也常用"末"引进,如 6.1.4(19)如果译成上海话,B 句的话题宜加"末":

(11) A：今朝夜到个活动,我勿想参加勒。

　　　B：加工资个事体末,也覅试放辣心里向。

当代上海话很常用的半虚化提顿词"对哦""是哦"跟"末"在适用的信息成分方面有共同之处,比如用来引进跟上文有相关性的话题。但是,这两个新的提顿词常用以引进情景要素,特别是让眼前的时空环境或对话双方成为话题,这一点跟"末"的使用不尽相同。如:

(12) 今朝是哦,阿拉幢大楼要停电检修。

　　'今天啊,咱们这幢大楼要停电检修'

(13) 辩只茶壶对哦,有人想出大价钿拿伊买下来。

　　'这只茶壶啊,有人想出大价钱把它买下来'

(14) 我对哦,等一歇要出去一趟,侬帮我接接电话好哦?

　　'我吧,等一会儿要出去一趟,你帮我接接电话好吗?'

上海话"末"还有一个用法是将已被激活但已经隔了一段话语距离的成分重新激活使之成为话题,也可以说是回到某个话题的功能。如:

(15) 上海个气候交关潮湿。湿气重个人末勿可以着橡皮底鞋子。

着之(＝仔)末,总要生脚癣。脚癣因得潮湿咾生出来个。橡
皮末勿肯收潮气个。   (蒲课 219—220 页)
'上海的气候非常潮湿。湿气重的人不可以穿橡皮底的鞋。穿了呢,
总要生脚癣。脚癣是因为潮湿而生出来的。橡皮没法吸潮气'

(15)用了三处"末",前两个"末"都用于相关性信息,其中第二个"末"用
于分句式话题(关于分句式话题详见 6.4),第三个"末"加在前文已激
活的"橡皮"后,看来是因为中间已经被别的句子(而且也是带"末"的即
另有话题的小句)所隔。假如去掉将两处"橡皮"隔开的中间的小句,第
三个"末"加的必要性会减弱,虽然不是绝对不能加"末"。

6.2.2 话题标记引进话题功能的广泛性

从"末"的用法可以看出,许多句子的话题并不是在上文已经直接
激活的信息,而是可以由话题标记引进的间接激活的信息。这种情况
其实反映了人类语言话题结构的一种常见现象。不但在话题优先型语
言或话题主语并重型语言中如此,而且在主语优先型语言中也可见到。
据 Gundel(1988),日语、朝鲜语的专用话题标记的使用,在句法上具有
很强的可选性(optional),可以在不同的句法成分中任意选择说话人觉
得需要的成分来加上话题标记。据有关实验(复述无声电影情景)证
实,话题标记最常用于话题转移时的新话题或跟其他句子的话题有对
比作用的话题。对比也正是上海话"末"的重要功能之一,详见 6.3。
像 Gundel 所举的所谓话题转移时的新话题的例子,其实主要也就是两
种情况,一种是跟上文内容相关但尚未直接提及的成分,另一种是情景
要素。日语、朝鲜语的话题标记在这一点上又表现出跟上海话提顿词
"末"的一致性。再来看看专以新信息为话题的台湾布农语[据郑恒雄
(1991)]的情况,布农语主语和话题都有显性的标记表示。每个小句
(microsentence)都有一个主语;大多数故事类的话语都会以一个带话
题的大句(macrosentence)开始。从郑恒雄说的这些情况看,布农语当
可以归入话题主语并重型语言。该书分析说,布农语话题总是服务于
两种功能之一,一种是设置观念背景(conceptual background)供下文
对其陈述(即本书所说的语域功能和话语起点功能),二是对比两种观
念框架。这也跟"末"的功能基本一致。而且,用作观念背景的成分典
型地表现为新信息,有定无定不限。他对新信息的解释是在当时的言

语环境中不存在或在上文中没有提及。也就是说，布农语的话题标记
（前加成分 maqa，后加成分 a。通常前后加成分同时用在一个话题上）
的主要功能之一就是让未被直接激活的信息成为话题。从书中所举例
子看，它的激活能力是比较强，既能激活类指的、有定的或属于情景要
素的成分，也能激活在上海话中难以作话题的无定新信息。在英语中，
作为话语成分的话题通常用 as for 引出。as for 最常用来引进类指成
分、有定新信息或上文已激活但已有话语间隔的成分，也就是引出话
题、转移话题或回到一个话题，这跟上海话"末"及其日语、朝鲜语等语
言中的话题标记的作用有类似之处，但 as for 一般不用在无定新信息
上，这不同于布农语的情况。

6.2.3 提顿词信息功能的对立

并不是所有话题标记都用在这种引进话题的功能上。上海话另一
个较常用的提顿词"是"在这点上就跟"末"构成对立。"是"激活一个新
话题的功能很弱。带"是"的话题总是在上文（通常是别人的话语中）刚
刚提及的已知对象，是正处在激活状态的成分。内容上可能是对别人
话语的否定性回答、转折或纠正反驳。"是"作为提顿词的用法在北部
吴语区较常见，至迟在清末吴语的材料中已经见到，可见虚化的历史并
不太短[2]，但在早期上海话的书面材料中很少见，这可能就跟它总是用
在有特定话语功能的对话中有关，而它在非对话性的语料和内容没有
转折性的对话中都不容易出现。下面一例应该是"是"用作提顿词的书
面例子，可惜原书无标点，人们容易把"是"理解为联系动词：

（16）——侬东洋话会讲否（＝哦）？

——东洋话是，勿晓得，大英话会话。　　（案内第三章'日本行'
68 页，原文无标点）

'——你会说日语吗？

——日语，可不懂，英语会说'

"东洋话"是问者问到的对象，答句以此为话题，给出的是否定回答，所
以话题后用"是"。假如标点时将"是"属后成"东洋话，是勿晓得"，就变
成肯定强调前面已作过的命题，与这一对话不符。下面再来分析一些
来自口语材料的带提顿词"是"的用例并跟"末"的用法比较：

（17）A：老王也可以帮阿拉去讲讲闲话个。

'老王也可以帮咱们说说话的'

B：老王是，勿会得来帮辩种忙个。

'老王才不会来帮这种忙呢'

（18）A：侬像煞也得着过奖个吧？

'你好像也得到过奖的吧？'

B₁：我是，从来吜没评着过。

'我可从来没有评到过什么奖'

B₂：得奖辩种事体是，轮勿着我个。

'得奖这种事儿可轮不到我'

B₃：＊我是，得着过奖个。

B₄：我，是得着过奖个。

B₅：老王末，得着过奖个。

B₆：＊老王是，得着过奖个。

(17)B答话中的话题"老王"紧接甲的话语而来，内容上有转折性，所以用"是"。(18)对A的提问提供了许多种回答，从中可以较为清楚地看出提顿词"是"的信息功能及"末"和"是"的差别。B₁和B₂分别用上文提到的对象"我"和"得奖"作话题，内容上是否定性或转折性回答，用"是"最合适。B₃也用"我"作话题，但因为是对上文作肯定性回答，用提顿词"是"就不行，但可以用作肯定性状语的"是"（重读），这跟普通话一样，这便是B₄。B₅没有正面回答"我"是否得奖，而是引出上文没有提及但跟得奖有关的"老王"作话题，用"末"引进这个相关性信息很合适，但"是"不具备引进功能，所以B₆不成立。当然提顿词"是"不仅用在对话中，如果连续话语在信息结构上也符合上述特点，也可以用"是"，如：

（19）伊拉叫我一道去，我是，兴趣不大。

'他们叫我一块儿去，我可兴趣不大'

（20）今朝辩眼生活起码做到半夜里向做得完，半夜里向是，吜没车子回去个噢。

'今天这些活儿起码做到半夜里才做得完，半夜里可是没车回去的啊'

"末"和"是"在信息功能上的差异在分句式话题上表现得也非常明显，详见6.4。

从语气副词来的提顿词"倒"，也常用在已知信息充任的话题后，同时保留了副词"倒"的出乎意料的语气：

(21) A：老王又得着一个头奖。

　　　B：老王倒,运道一直老好个。　'老王倒一直运气很好'

(22) 我只想劝劝伊,伊倒,脱我来寻相骂勒。

　　　'我只想劝劝他,他倒跟我来吵架了'

跟"是"不同的是,"倒"也能用在没有上文的明显的情景要素后:

(23) 今朝倒,雨总算停勒。

(24) 俫饭店倒,客人老多个。　'你们饭店里客人倒挺多的'

可见,"倒"主要的语用含义是出乎意料,其信息功能则兼有"末"和"是"的作用。

　　从上海话提顿词的应用范围看,话题并不完全排斥新信息或尚未预先激活的信息,有的提顿词适合引出间接激活的成分使之成为话题,有的则要求话题是已知信息。同时我们注意到,加提顿词的话题,或者是间接激活的,或者是句子内容有特定语用意义的("是"的转折义、"倒"的出乎意料义),实际上就是给话题一个特别的提示,请听者注意。在这个意义上,日语语法学把话题标记叫作提示助词是有道理的,这也是我们用"提顿词"一名的理由之一(参见 3.1.3)。由已被激活的已知信息充当的话题,经常可以不加提顿词,往往通过语序位置,有时再加上停顿来显示其话题性。

6.3　话题的对比功能与提顿词的作用

6.3.1　话题焦点的语用含义

　　前面的章节已经屡屡提到话题的对比问题,本节就集中讨论一下话题的对比功能问题。

　　对比是话题的重要功能之一,提顿词则是实现话题的对比功能的主要显性手段。

　　3.2.4 把具有对比性的话题叫作话题焦点,并通过义素分析揭示了话题焦点和句子的自然焦点、对比焦点的差别:

话题焦点：－突出,＋对比

自然焦点：＋突出,－对比

对比焦点：＋突出,＋对比

这一差别表明,话题尽管可以具有对比性,即跟其他小句中的话题或语境中蕴涵的对象构成对比,但它在本句中仍不可能是最突出强调的信息,句子最突出的信息必然在话题后的述题中,话题的核心功能使话题焦点不可能成为整个小句的表达重点(参阅 6.1.2)。

话题焦点的语用意义也可以用语言描述如下:现在谈论一个(与对比对象)不同的话题,请注意我们对它的(与对比对象)不同的陈述。如上海话句子(1):

(1)(老王答应个,)老张末,勿答应。

(1)的意思是:(已经知道老王是答应的,)现在我们谈论另一个人老张,他跟老王不一样,他不答应。

Gundel(1988)、徐昌华(1990)、韦旭升和许东振(1995)等都提到日语、朝鲜语的话题标记经常具有对比功能。上海话的提顿词也是表现话题对比性的最主要手段,"末"则是其中最常用、对比性也最强的一个。下面我们就通过对"末"等提顿词的考察来体会话题的对比功能。

6.3.2 上海话"末"的对比作用及其与古汉语"则"的比较

"末"表示话题焦点,有的是显性的,即"末"出现在对比性小句的话题后;有的是隐性的,即"末"所在的话题跟一个没有说出来的对象对比。隐性的对比,我们在 3.2.4 中已作过分析,本小节主要讨论显性对比的情况。

从早期上海话的书面材料看,"末"就大量出现在对比性的小句中作话题标记,至今"末"的这种用法仍很常见。假如用 T_1、T_2 等表示各小句的话题,用 C_1、C_2 等表示各小句的述题,"末"的出现有三种情况(暂不考虑"末"跟其他提顿词配合表示话题焦点的情况):

一、T_1 末 C_1,T_2 末 C_2

二、$T_1 C_1$,T_2 末 C_2

三、T_1 末 C_1,$T_2 C_2$

其中前面两种情况都很常见,第三种情况不太多见。下面各例都含有第一种"T_1 末 C_1,T_2 末 C_2"式的对比性复句:

(2)我有两个媳妇(=新妇);大媳妇末蛮会做人个,小媳妇末,一

眼勿懂啥,只晓得孛相。　(蒲课 50 页)

'我有两个儿媳妇;大媳妇挺会做人的,小媳妇却一点儿都不懂事,只知道玩儿'

(3) 昨日我拉外婆拉吃伊个寿酒;伊已经八十岁哉;娘舅末,替伊买之(＝仔)一个楠木个寿材;舅妈末,替伊做之翠来死个寿衣。　(蒲课 72 页)

'昨天我在外婆家喝她的寿酒;她已经八十岁了;舅舅给她买了一个楠木的寿材;舅妈给她做了很好看的寿衣'

这两例都是教材中的例句,值得注意的是整个句子都不止两个小句,但只在对比性小句的话题上用了"末",充分显示"末"的话题对比功能。下面各例属于第二种对比复句,即"T_1C_1, T_2 末 C_2":

(4) 从前个皮鞋,敲花个算时髦个。现在末勿行拉哉。　(蒲课 238 页)

'从前的皮鞋,敲花的算时髦的。现在则不时行了'

(5) 垃拉贝当路,常常有汽车轧杀人个,惯常因为汽车开来忒快,今朝末勿是汽车夫个过失。　(蒲课 37 页)

'在贝当路上,常常有汽车压死人,通常是因为汽车开得太快,今天则不是司机的过失'

(6) 要晓得一个人做啥个事业个,能够在(＝辣)伊个衣裳上看得出来,比方政界上人个衣裳惯常是大方个,教育界末是俭朴个,做生意人末漂亮个。　(蒲课 239 页)

'要知道一个人是干什么事业的,可以在他的衣服上看出来,比方政界人士的衣服通常是大方的,教育界则是俭朴的,做生意人则是漂亮的'

(4)"现在末"对前面的"从前",但只在"现在"后用"末"。(5)"今朝末"对前面的"惯常",也只在"今朝"后加"末"。(6)是政界、教育界和商界三个话题对比,只在后两方加"末"。第三类即"T_1 末 C_1, T_2C_2"式对比复句较不常见,在书面材料中也较难找到例子,但不是完全没有:

(7) 今朝,报上向,看见火车出轨;拉车子上,有几百个趁客,有个末,就轧杀个,有个受伤。　(蒲课 33 页)

(7)两个对比性的"有个",只在前面一个后加"末"。

起对比作用的"末",在普通话口语中没有非常接近也同样常用的对应虚词,而跟古代汉语的"则"倒非常相近,区别仅在于"末"是后附性虚词,停顿当在"末"后,"则"是前附性虚词,停顿当在"则"前。吕叔湘(1959)在分析《诗经》例句(8)时指出它也可以说成(9)和(10),这三种形式正好可以用上海话带"末"的三种对比性复句形式作非常贴切的翻译:

> (8) 其室则迩,其人甚远。　　(《诗经·郑风·东门之墠》)
>
> 　　'伊个房间末老近个,伊个人老远个'
>
> (9) 其室则迩,其人则远。　　'伊个房间末老近个,伊个人末老远个'
>
> (10) 其室甚迩,其人则远。　　'伊个房间老近个,伊个人末老远个'

虽然《诗经》的例子恰好是前一小句用"则",其实古代汉语中也是更常在后面的小句中用"则"。吕叔湘(1982)就对这种"则"作过精辟的分析:"文言又有在两句中分用两个'则'字,或单在下句用一个'则'字的(单用于上句者较少),都足以增强两事的对待性。这个'则'字就是假设句的'则'字化出来的,其中含有'若论'或'至于'之意。"他在举例[其中也包括单在上句用"则"的(8)]分析后接着指出"这类例句,白话有两种句法可以相比,一是用'是'字代'则'字,如'早先是穴居野处,如今是高堂大厦',语气切合,但不是句句可用。一是用'呢'字。'早先呢……如今呢……',差不多句句都可用,但语气不大一样,顿宕的神情较重,而殊别对待之意较轻"。

　　吕叔湘这段作于 20 世纪 40 年代的分析有好几个值得注意之处。他把"则"的这种作用称为增强"两事"而不是两个对象的对待,可见他看出话题的对比不单是话题本身的对比,而是连同述语的整个事件的对比,这正是话题焦点跟对比焦点的重要差别所在;他指出了"则"的对比性(他用"对待")功能跟假设句的联系,本书 6.4 就将讨论假设句的话题性;他用"若论""至于"来解释"则"的对比义,反映了对比性功能跟话题功能的密切关系,因为"若论""至于"都是引出话题的虚词。他所作的文白比较说明普通话中确实没有跟"则"的话题对比作用很接近的虚词,所谓"呢"字"顿宕的神情较重,而殊别对待之意较轻",在我们看来就是"呢"引出或转移话题的功能强于对比的功能。而根据我们的语感,上海话的"末"跟则在对比功能上是极其一致,几乎是处处可以互译的(前面已经在不少例句中用"则"来译"末",因为普通话的口语性虚词中找不到更像"则"一样贴切的对应词)。当然,两者的句法性质不同。对此,不妨这样解释:"末"是上海话中的话题标记,它加在话题后标明前面的成分是对比性话题,同时引出有对比性话题的述题;"则"是古代汉语(也沿用至现代汉语书面语)的述题标记,它加在述题前表示其后的成分是述题,同时标明其前的成分是话题,而且常常是对比性话题。

至于三种对比性复句的形式差别及常用度的不同,也是很可以得到解释的。对比性话题就是话题焦点。两个小句都用"末",即 T_1 末 C_1, T_2 末 C_2,是两个话题互以对方为背景;只在一个句子中用"末"时,带"末"的是话题焦点,它以无"末"句子的话题为背景(关于焦点与背景的关系,参阅 3.2.4)。汉语的整体信息格局是背景在前,焦点在后。小句中自然焦点居后的倾向,复句中的正句后置倾向(比较"屡战屡败"和"屡败屡战","事出有因,查无实据"和"查无实据,事出有因"),都是这种格局的具体表现。"T_1C_1,T_2 末/则 T_2"式复句让背景话题小句前置于焦点话题小句,符合这一格局,所以常见;"T_1 末/则 C_1,T_2C_2"式复句则语序相反,违背这一格局,所以不常见。

"末"的对比作用不仅表现在小句的主话题上,而且表现在次话题和次次话题上。本书第 2 章、第 3 章已经举过这类例子,这里再举两例:

(11) 我今朝钞票末用脱交关,肚皮末呒没吃饱。
　　　'我今天钱花了许多,肚子却没有吃饱'
(12) 伊读过英语三年,日语末两年。
　　　'他念过三年英语,两年日语'

(11)由次话题"钞票"和"肚皮"分别带"末"构成对比;(12)由次次话题"英语"和"日语"构成对比,"末"只加在后一个次次话题上。

6.3.3 话题的对比功能与"末"的并列连接作用

我们一再强调,句子对比焦点所对比的是该成分本身的不同,而话题的对比不仅是为了提示不同话题,更重要的是要听话人注意后面述题对不同话题的不同陈述。这种不同,可以是意义上的完全对立,如"其室则迩,其人甚远"之类,也可以是并不对立的不同方面,如(12)中的英语三年日语两年之类。而且,话题焦点所对比的项可以不止两项,如(6)关于政界、教育界和商界的对比就涉及三项对比。这样,话题的

对比功能就派生出另一项相关的话语功能,用对比性的话题构成多项
并列的复句,其中起对比作用的话题标记如上海话的"末"就同时成为
连接并列复句的关联词。由于"也……也"这类连接成分只适合表示不
同话题的同类情况,而不适合表示不同话题的不同情况,这样,"末"就
成为上海话中连接并列复句的一个重要手段。这种用法的"末"也是
"末"成为高频虚词的原因之一,普通话中没有完全相当的虚词。下面
一短一长两个例子突出显示了"末"同时起话题标记和并列句连接两种
作用的情况:

> (13) 李小姐真是有福气。屋里向末有铜钱;爷娘末双全;身体末
> 好,搭之做人,也蛮和气个。　(蒲课289页)
> '李小姐真是有福气。家里又有钱;爹妈双全;身体又好,加上做人,也
> 挺和气的'

> (14) 大司务,我后日天夜头,要请人来吃冬至夜饭;要用三道酒;
> 一只果盘里向末要样色多点。汤末要用清汤,一条桂鱼,非
> 利牛排,一只随便啥野伙(应为"野货",即野味)。牛利全利,
> 末脚末一只火鸡。每一道菜末,要有每一样素菜配来好点。
> 点心末我拉点心店家定作拉哉。小菜末要烧来顶真点,因为
> 第个几个位客人侪是吃客。　(蒲课250页)

(13)连着在三个小句中用了"末",(14)一段对话体的短文用六个
"末",都有并列连接的作用,当然这些"末"作为话题标记的性质仍很明
显。试重点分析一下(14),其中"末"前的成分正好都是从结构上看难
以分析为主语的成分,却都很符合话题的特征。第一个"末"用在处所
性词语"一只果盘里向"后,是时地语域式话题(参阅4.3.1),前面带数
量词"一只",但是表示的却是有定的指称义,意思是"那只果盘里",这
跟"末"的话题标记作用有关(参阅5.2.2);第二个"末"用在拷贝式话
题后(参阅4.4),"汤末要用清汤","末"前的"汤"跟述题中宾语"清汤"
的一部分相同;第三个"末"用在时间词语"末脚"(最后,末了)后,也是
时地语域式话题,而且述题是名词形式"一只火鸡",整个小句无法构成
普通的主谓关系;第四个"末"用在全量词语"每一道菜"后,话题性很
强;第五、第六个"末"用在谓语动词的受事论元"点心"和"小菜"(菜肴)
后,也有很强的话题性,而不是典型的主语(参阅4.2.3)。可见,"末"
连接并列句的作用跟话题标记的作用是同时存在的、相互有关的。3.1.2

提到"末"出现在关联词语"一则末,……二则末"中,这显然与本节所述的并列连接作用是一致的,都来源于"末"的话题功能。

6.3.4 其他提顿词的对比作用

上海话提顿词不仅"末"有对比作用,另有几个提顿词也有对比作用,只是用于对比都没有"末"常用。

"是"像"末"那样可以构成"T_1 是,C_1;T_2 是,C_2"的对比句式,如:

(15)A:侬乘飞机好勒。

　　　B:飞机是,老贵个,我是,买勿起飞机票。

但"是"用于这种对比句的情况不多见,而且难以构成语义内容上的严格对立。"是"主要用于刚刚被激活的信息(参阅 6.2.3),如果 T_2 承接 T_1,就无法构成对比性话题;另一方面,T_1 又总是跟上文有密切关系,所以难以跟 T_2 构成意义上的严格对立。(15)能成立,主要是得力于"我"的特殊性,"我"是话题性最强的情景要素,所以无须预先激活。(15)句式上虽然是对比句,但内容上并不是 T_1(飞机)和 T_2(我)的严格对比。"末"所兼有的多项并列句的连接功能,"是"更不具备。

"是"用于对比最常见的是跟"末"在话语中相继出现,构成"T_1 是,C_1;T_2 末,C_2"的句式,这时两者的对立表现得特别明显。如:

(16)A:侬上班介远,买部小汽车开开算勒。

　　　B:小汽车是,买勿起,摩托车末,还可以考虑考虑。

"小汽车"是承接上文的,所以用"是","摩托车"是由"小汽车"引出的相关性话题,所以用"末"来引出。

由于"末"和"是"信息功能的差异,所以在上海话中大致形成了"是"对比的成分在后,"末"对比的成分在前的倾向。假如两个提顿助词对换位置,句子基本上不能接受:

(17)A:侬上班介远,买部小汽车开开算勒。

　　　B:＊小汽车末,买勿起,摩托车是,还可以考虑考虑。

"倒"兼有"末"和"是"的信息功能,所以"倒"用于对比多于"是",只要多少带有一点出乎说话人或听话人预料的语用含义。如:

(18)今朝倒,天气蛮好,明朝倒,作兴要落雨。

(19) 伊工作倒,呒没寻着,路费倒,侪用光脱勒。

　　　　'他工作倒没找着,路费倒全用完了'

"倒"跟"末""是"可以互相呼应构成对比,如:

(20) 王师父倒,最近身体蛮好,王师母末,身体勿大灵光。

(21) 香烟末,侬真个勿好再吃勒,老酒倒,少吃一眼勿搭界。

　　　　'香烟你真的不能再抽了,酒呢,少喝一些没关系'

(22) A:猪肝还有哦?

　　　　B:猪肝是,老早买光脱勒,腰子倒,现在还有几只。

6.3.5　话题标记的对比功能与话题的核心功能的关系

在话题优先型或话题主语并重型语言里常可见到话题有对比性,话题标记则像上海话的"末"一样具有对比功能。这种现象引出一些理论问题:为什么话题经常伴随对比? 话题标记的对比功能跟话题的核心功能有什么关系?

我们认为,话题的对比功能不是话题的核心功能本身,但话题的对比性不是独立于话题的核心功能而存在的,而是由话题的核心功能派生出来的功能。话题标记的首要作用是强化其前成分的话题性,在强化话题性的同时突出了对比性,此外,句式等其他要素也可能成为帮助表达对比性的手段。

在汉语及其上海话中,有对比性的话题主要是带提顿词的话题,而不带提顿词的话题常常没有明显的对比性。可见话题不必表示对比,对比不是话题的核心功能。

然而,对比也不是"末"之类提顿词独立于话题核心功能之外的话语功能。我们知道,句子的对比焦点式的对比,就是句子的一个成分的对比,而句子的其他成分都是该句子的预设。如(23)句首的主语"老王"带重音成为对比焦点,其预设是(24),(24)的完整对比形式可以说成(25),跟"老王"构成对比的则是(25)中的"别人"(或老张、老李等等):

(23) 老王告诉我的。

(24) 有人告诉我。

(25) 老王告诉我的,不是别人(或老张、老李等等)告诉我的。

3.2.4 已经分析过,这种成为对比焦点的成分即使是主语也不能成为话题。而话题的对比不仅仅是话题本身的对比，而是用话题的对比引出述题的对比，正如前引吕叔湘评论古代汉语"则"的作用时所说的，就是"增强两事的对待性"。如上海话(26)：

(26) 老王末，告诉仔我，老张末，告诉仔伊。

话题的对比必须引出述题的对比，这是由话题的核心功能决定的，因为话题的核心功能就包括用作话语/句子的起点，后边必须有后续的更重要的成分即述题出现。"末"等对比性提顿词在表示对比时总是要求后边有述题，可见其对比性必须依附于它的话题核心功能，不能跟话题的核心功能分离。所以，它们首先是话题标记，由话题标记在表示话题的核心功能的同时兼表对比功能。

提顿词本质上是一种强化其前成分的话题性的手段，前面讲的提顿词引出间接激活成分作话题的功能，其实就是通过加上这种强调手段使本来话题性较弱的成分增强话题功能成为话题。比起不带提顿词的话题来，带提顿词的话题有更强的话题性。而对比可以来自强调。句子的对比焦点具有对比性，也跟它是被强化的成分有关，重读就是被强化的一种体现。话题因为被强化而带上对比性应该是很自然的。此外，话题的对比功能不是单靠提顿词来实现的，提顿词也不是表现话题对比性的唯一手段，上下文中对比性话题的存在，尤其是对称整齐的句法形式，都有帮助表示对比性的作用。如有些拷贝式话题结构，就主要靠对称整齐的句法形式来表示对比，提顿词倒是可用可不用：

(27) 价钿(末)价钿卖勿上去，成本(末)成本降勿下来，个效益哪能会得好。

'价钱又卖不上去，成本又降不下来，这效益怎么会好'

因此，提顿词首先是话题标记，在增强成分的话题性的同时常兼增强话题对比性的作用。

6.4 分句式话题的形式特征与话语功能

6.4.1 分句式话题的理论探讨

本书在2.6.1中已经从句法结构上确定了小句可以充当话题，并且简略地提到小句话题跟后面述题的语义关系类似于普通话题（名词性话题)跟后面述题的语义关系。第4章根据话题跟述题(或述题中的谓语动词)的语义关系将话题分为四大类,并详细分析了论元共指性话题、语域式话题和拷贝式话题三类,最后一类分句式话题尚未在该章中讨论。本节将集中讨论分句式话题。由于分句式话题的话题性质需要进一步确定,而确定其话题性需要参照普通话题的结构和功能特点,所以我们必须在全面分析话题的结构和功能以后才能来仔细研究分句式话题。

　　我们所说的分句,不完全等同于小句。就句子概念本身来说,本书说的小句相当于英语的 clause,这是一个大的类名[3],下面还可以分几种情况。小句可以单独构成一个句子(sentence),这时它就是一个单句(simple sentence);小句也可以成为另一个更大的句子所包孕的成分,跟那个句子中的其他成分有单句内部的句法关系,如"他希望我读书"和"我读书的地方很静"中的"我读书",这时的小句可以叫作从句或子句,前者是宾语从句,后者是关系从句。汉语语法中常把这种从句称为(作某某成分的)主谓短语/词组;小句还可以是组成一个复句的几个小句的一部分,小句之间主要以逻辑关系而不是句法关系相连接,这时它是一个分句。在英语语法中从句和分句不作区分,"主从"复句的从句跟关系从句的性质是一致的,都可以看作主句的一个句子成分,而汉语"偏正"复句的偏句在句法上跟关系从句很不同,而更像并列句的一部分,一直有人呼吁取消偏正和联合两大类,因为在句法上没什么区别,甚至划界都很困难。如:

(1) a. 他病了,没去上课。

　　 b. 他病了,所以没去上课。

　　 c. 因为他病了,没去上课。

　　 d. 因为他病了,所以没去上课。

　　 e. 他没去上课,因为他病了。

　　 f. 他之所以没去上课,是因为他病了。

要以充足的理由指出(1)中哪些是联合复句,哪些是偏正复句,尤其是哪些是偏句,哪些是正句,的确是非常困难的。所以,汉语语法中通行"分句"这个概念,以此概括并列复句的并列项、偏正复句的偏句和正句,而把作单句成分的小句即从句叫作作某成分的主谓短语或动词性短语。本书沿用分句一名,在没有区分必要或正需要概括时也常用小句这个大类名。

我们所说的分句式话题,就是说充当话题的成分在意义上跟述题之间有分句之间的逻辑关系,形式上则是一个小句。2.6.1 所简要分析的小句作话题的情况,有的是分句作话题,有的其实是从句作话题。后一类话题跟述题的关系,不是复句内部的逻辑关系,而是单句内部的句法语义关系。如:

(2) 小张骗老婆,我不相信。(=2.6.1,(2a))

"小张骗老婆"是小句作话题,但这个小句在意义上相当于述题中的谓语动词"相信"的受事论元,跟(3)中的名词话题"小张"一样,甚至就可以说成名词形式,如跟(2)同义的(4):

(3) 小张,我不相信。

(4) 小张骗老婆的事,我不相信。

关于一部分小句跟话题的同质关系,语言学界已经作过许多探讨,有些是较为深入的理论探讨。这里作一个简单的回顾。

赵元任(Chao 1968)是较早谈论话题和小句的共同性的一位。在他看来,汉语的主语就是句子的话题,而主语和谓语组成句子的关系其实就是两个零句组成一个整句的关系,主语(=话题)作为问句,谓语(=述题)作为答句。他的一个重要根据是主语后的四个停顿助词"啊""呐""嚜""吧"同时都是表疑问的助词,这不是偶然的。他认为,(5)这样的句子两个人说就是一问一答两个零句,由一个人说就是一个主谓(话题-述题)句,由前者 a 融合成后者 b,再进一步融合成不带助词的整句 c:

(5) a. 饭呐? 都吃完了。(两人对话)

　　b. 饭呐,都吃完了。(一人自说)

　　c. 饭都吃完了。(一人自说)

赵元任其实并没有真正涉及小句作话题的情况,他的话题主语等同说现在也少有人坚持,但他关于话题和问句共同性的观察,却是跟以后的研究及本书下面的讨论很有关系的。

赵元任上引书发表后 10 年,Haiman(1978)在有影响的 Language 杂志上发表了一篇标题很醒目的论文 Conditionals are Topics(条件小句就是话题）。说它醒目，是因为英语论文、文章多用名词形式作标题，像这样直接用句子作论文题的很少见，似乎是在实践小句作话题（文章的标题）。Haiman 说的条件小句就是相当于汉语语法中称为条件句和假设句的分句。Haiman 的论证主要从形式标记和语义内容（包括话语功能）两方面展开。在形式标记方面，他以自己重点研究的巴布亚语言胡阿语（Hua）、大家熟悉的英语及其他不少语言为例，说明在语言中较普遍地存在话题、条件小句、疑问句使用同样的形式标记或三类标记关系密切的情况，他认为这不是偶然的（其中话题标记和疑问标记同一的情况正是赵元任在 10 年前已经注意到的，他也认为这不是偶然的，赵书也在 Haiman 文的参考文献内）。如英语"Would he..."这样的主语和定式动词易位的小句，既可以表示疑问（他会……吗），也可以表示假设（假如他……），再如表示疑问的 whether 可以用表示条件的 if 代替。在胡阿语中，条件句、疑问句和话题使用同样的后缀。比较(6)和(7)（Hua 语和英语注释及翻译是 Haiman 文中的，汉语注释及翻译是本书加的）：

(6) 〈胡阿语〉E　　　　　　-si　　　　　　-ve　　　　baigu　　　　　-e.
　　英　释：come　　3sg, fut.　　int.　　will stay　　1sg
　　汉　释：来　3 人称单数将来时　（疑问标记）　将呆着　1 人称单数
　　英　译：If he comes, I will stay.（字面：Will he come? I will stay.）
　　汉　译：如果他来，我就（在这儿）呆着。/字面义：他来吗？那我
　　　　　　就（在这儿）呆着。

(7) 〈胡阿语〉Dgai　　　　　　-mo　　　　-ve　　　baigu　　　　　-e.
　　英　释：I(emph)　　c. p.　　-top　　will stay　　1sg
　　汉　释：我（强调式）　连接助词　话题标记　将呆着　1 人称单数
　　英　译：As for me, I will stay.
　　汉　译：至于我/我吧，将（在这儿）呆着。

由(6)可以看出，Hua 语表示假设条件用的是疑问句标记 ve，所以条件句的字面意义是一个疑问句，从(7)又可以看出，这个疑问句标记兼条件句标记同时也是话题标记，所谓"强调式"是指人称代词性成分因为要作对比性话题而以独立词的形式出现，而在不强调时人称代词不需要出现，只通过动词的人称词尾[即(6)、(7)两句中末尾的-e]来表示。在语义和

功能方面,Haiman发现关于条件句的定义(多来自哲学逻辑学界)和关于话题的定义(多来自语言学界)出奇地相像。通过对有关定义的整理总结和对许多语言的比较分析,Haiman给出了自己的定义:

第一,条件小句是(或仅仅假定为是)说听双方共享知识的一部分。凭借这一点,它被选来构成下面的话语框架。

第二,话题代表一个实体,其存在为说听双方所共同确认。凭借这一点,它被选来构成下面的话语框架。

Haiman认为两者的信息属性相同,都是已知信息,话语功能也相同,都是为下面话语提供框架(也就是本书所说的语域)。注意他所说的已知,或共享、共同确认,都并不一定是在上文出现的,而可以是在说出话题或条件句的当时形成的。所以他的已知信息,更确切地说是包括被间接激活信息在内的共享信息。

Haiman(1978)以后,语言学界对小句与话题关系的探讨就集中在条件小句问题上,对汉语语法学来说就是复句中的条件假设分句问题,所以我们称为分句式话题而不是泛指的小句话题。

Ford & Thompson(1986)以英语的话语分析为基础同意条件句有话题功能的看法,但是认为条件句的话题性跟分句的语序密切相关,只有前置的条件句才有明显的话题功能。Gundel(1988)从语言共性的角度揭示了话题标记经常同时用作条件句和关系从句标记的情况,其中也引述了 Haiman(1978)的分析和胡阿语的例子。Schiffrin(1992)是较近的就 Haiman(1978)继续深入讨论的重要论文。该文主要从话语功能的角度检查 Haiman 观点的合理与否,为此还重新详尽检讨了话题、有定、已知等"老"概念的定义,某些观点在本书1.1.1作过介绍。该文认为话题定义的分歧主要来源于涉及层面的不同,而作者主张话题概念只有在话语层面才是有研究意义的。同样的,该文认为条件句作为话题也主要存在于话语层面。从话语层面出发,该文认为 Haiman 把一切条件句都解释为已知信息是不妥的,也不同意在说出来的同时可以变成已知的看法,并再次以自己的话语材料分析为依据强调语序对条件句话题性有决定性影响。

我们认为,对英语这样的主语优先型语言来说,话题缺少句法地位,可能主要存在于话语层面。从话语层面来看,Haiman 认为的所有条件句都属于话题的观点尚可质疑。在这一点上,Ford & Thompson (1986)和 Schiffrin(1992)这两篇以英语话语分析为基础的论文对 Haiman 观点的讨论是有道理的。但是,对另一些语言来说,话题已经可以是一个句法概念,条件句和话题的关系也完全可以在句法层面来探讨,不必囿于话语层面。Haiman(1978)根据胡阿语的情况从句法出发讨论条件句的话题性应该是很合理的,但是在他把有关的结论推广到其他语言时可能作了过度概括。另外,Haiman 的论证忽视语序因素也的确是一个明显缺憾。此外,Gasde & Paul(1994)专门就汉语中条件句作话题的情况作了形式语法的分析,他们用的例句之一是:

　　(8) 如果下雨的话,我就不去。

按他们的分析,"如果下雨"是话题,"的话"是话题标记,"我就不去"是述题。对此,我们还可以补充两点,第一,用"的话"的句子即使不用"如果"一类连词也能表示假设条件,如"下雨的话";第二,"……的话"的字面义几乎就是词汇意义的话题,并且反映这个条件小句最初就是被看作名词性短语的,"下雨的话"字面上就是"下雨这个话题"。

　　下面我们将根据汉语尤其是上海话的实际,着重从句法特别是话题标记出发结合语义和话语功能来探讨分句式话题,主要涉及条件句,但也不限于条件句。我们将看到,在上海话中,有些分句式单位不但可以看作话题,而且还只能看作话题,也许比 Haiman 举的胡阿语更能说明问题。

6.4.2　上海话的提顿词与分句式话题

　　上海话的提顿助词经常用在具有分句性质的单位后,用了提顿词的分句,就像用了提顿词的普通话题一样,后面必须有后续分句。前后分句最主要的逻辑关系就是条件假设类关系。每个提顿词,包括原有的和后起的,都有这项用法。在老派上海话中,提顿词是表示条件假设类关系最常用的手段,新派虽然使用假设连词比老派多,但提顿词仍是表达这些关系的常用手段之一。如:

　　(9) 侬去末,我就用勿着去哉。　　'假使你去,我就用不着去了'
　　(10) 伊会得写文章是,我好做作家哎。
　　　　'假如他会写文章,那我就好做作家啦'

（11）老王肯帮忙倒，阿拉有希望勒。

　　　'老王肯帮忙的话，咱们倒有希望了'

（12）依搭伊讲也，伊勿相信个。　　'即使你跟他说，他也不相信'

（13）陌生顾客跑得去对哦，伊就劗依一刀。

　　　'陌生顾客去的话，他就宰你一下'

（14）依来学是哦，阿拉勿收依钞票。

　　　'你来学的话，我们不收你的钱'

（9）—（12）用的是原有的提顿词，这些话至今也这么说；（13）、（14）用的是新上海话的提顿词，作用跟原有的提顿词相近。这些句子假如去掉提顿词，假设条件的关系就不明显，至多是凭分句间的意义关系来判断可能是条件假设关系，这就成了所谓意合法。去掉提顿词后有的句子很不顺口，如（11），有的意义关系有变，如（12）去掉"也"就没有"即使"的让步假设义。

　　从这些例子可见，上海话使用提顿词表示条件关系，不是个别提顿词的偶然兼用现象，而是整个提顿词类的系统性功能。这说明在上海话的语言心理中，条件句的确是和话题归在一类的。根据形式标记，至少有足够的根据把带提顿词的条件句看作话题。

　　顺便说一下，Haiman（1978）注意到，不但条件句标记和话题标记常常同一，而且这两者跟疑问标记也常常同一。上海话最常用的"末"现在不用作疑问标记，但它在 20 世纪中叶仍有疑问标记的作用，只是不如"哦"常用，如"俉花种好拉末"（蒲课 273 页）。而新上海话中的话题标记兼条件标记"对哦""是哦"就是至今还在使用的从疑问小句虚化来的疑问标记（参阅 3.1.3）。

　　条件句在句法上话题性不止于此。更加重要的是，带提顿词的条件句在句法上占有跟其他话题完全相同的位置，使我们不得不把条件句分析为话题。先看书面材料中的（15）、（16）：

（15）今年车花生意好来；机器车花末，起头田末，要八角洋钱（＝钿）一亩；牛车末，一块二角洋钱一亩；脚踏车末，一块半洋钱一亩。连吃末，总要算到两块洋钱一亩。　　（蒲课 275 页）

（16）胆大个人末，惯常粗心。粗心之（＝仔）末，事体做勿好哉。细心个人末，惯常胆小。胆小个人末，勿敢做事体。

（蒲课 282 页）

以上两例都是平行或对称的,同句中"末"的位置很一致,都有话题标记的功能,也有明显的对比或列举作用。但是,平行或对称位置的"末"前的成分语法类别不一致。(15)中,"机器车花末"是小句形式,有假设性,意为"假如用机器车花";后面的"起头田末"也是动词短语,也有假设性;后面跟"机器车花"平行的成分则是名词"牛车末""脚踏车末",话题性非常明显;最后的"连吃末"又是动词短语,义为"假如包括吃"。这些带"末"的成分后都是费用数字,其语义关系是非常一致的,我们只能把它们都视为话题结构。(16)有两对带"末"的成分构成对比,句式比(15)还整齐。一对是"胆大个人末"和"胆小个人末"("个"相当于"的"),都是名词短语;另一对是"粗心之末"(直译为:粗心了的话,"之"本书作"仔",相当于"了")和"细心个人末",动词短语对名词短语,"末"前的成分词性不同,而句法地位的一致性则非常明显。

就(16)来说,实际上还可以有多种同义表达方法,充分显示条件小句跟话题的一致性:

(17) a. 胆大个人末,惯常粗心。粗心个人末,事体做勿好哉。细心个人末,惯常胆小。胆小个人末,勿敢做事体。(全都是 NP 对 NP)

  b. 胆大个人末,惯常粗心。粗心仔末,事体做勿好哉。细心个人末,惯常胆小。胆小仔末,勿敢做事体。(NP 对 NP,VP 对 VP)

  c. 胆大仔末,惯常粗心。粗心仔末,事体做勿好哉。细心个人末,惯常胆小。胆小个人末,勿敢做事体。(全都是 VP 对 NP)

  d. 胆大个人末,惯常粗心。粗心仔末,事体做勿好哉。细心仔末,惯常胆小。胆小个人末,勿敢做事体。(NP 对 VP,VP 对 NP)

"末"在上海话中不但是最常用的提顿词,而且最能构成对比性话题句,所以最能反映假设句和名词性话题在句法上的高度一致。

更有意思的是,不但条件小句可以"像"话题,而且名词性话题也可以"像"小句,(18a)中的"大块头"义为胖子,本是名词,在上一句也是正常的名词用法,到下一句加"末"作话题,却带上了相当于"了"的体标记

"之"(＝仔),带上了"变胖"的动态义和假设义,但因为仍是话题,而且本身是名词,所以(18b)去掉"仔",句子结构仍然相同:

(18) a. 现在,有一种摩登小姐怕自家变大块头。大块头之末,勿好看哉。 (蒲课 222 页)

   b. 现在,有一种摩登小姐怕自家变大块头。大块头末,勿好看哉。

以上的句法分析,还可以从语义和功能方面得到支持。各个提顿词在标记名词性话题时的语义、信息特点和彼此的差别,在标记条件句时同样存在。例如,"末"经常用来突出已知信息的话题性,即让上文的非话题成分在下文充当话题,更常用引出被间接激活的信息或跟上文构成对比的成分作话题。用在条件句后,也常是这几种情况。对比性的例子已见(17),下面是其他常见用法的例子:

(19) 考究卫生个人勿大留头发个;因为留之头发末,一定要搰油咾啥,…… (蒲课 238 页)

(20) 乡下头,家常用两盏电灯勿合算;一个月用两个字末,也要算六个字。 (蒲课 202 页)

(21) 现在,夏天到哉,太阳光交关利害;跑出去末,最好要预备一副太阳眼镜。 (蒲课 152 页)

(19)"留之头发末"即假如留了头发的话,留头发是上文提到的,但在上文不在话题位置。(20)"一个月用两个字"即用两度电,这是假设的新情况,但跟上文用两盏电灯的事相关,属于间接激活的信息。(21)的"跑出去末"是跟"太阳光"有关的新信息,其实这个小句就是 6.2.1(5)中省去的部分,因为 6.2.1 还没有涉及分句式话题,所以有意避开了;其实上下文几个"末"放在一起正好可以看出名词性话题和条件句话题的一致性。

跟"末"的话题作用不同,提顿词"是"主要用在上文已经提到并且刚刚提到的成分充当的话题后,通常跟上文比有某种转折的语用含义,而不具备"末"那种引进话题功能。作条件句标记时仍然有这种信息特点,主要用来假设上文已经提到的情况,并且有转折义。如:

(22) A:我明朝勿想去参加哉。 '我明天不想去参加了'

   B:侬勿去参加是,吭没人高兴去哉。

   '你不去参加的话,就没人愿意去了'

(23) A：听说小张辣辣写小说。　'听说小张在写小说'

　　　B：伊会得写小说是，我好做大文豪勒。

　　　'假如他会写小说，那我都可以做大文豪了'

两例中带"是"的小句都是假设对方或自己前面话语中已说出的情况；(22)含有不太同意 A 不去开会的意思，(23)则表示对 A 说的内容不相信，都带有轻微的转折义。"是"不能像"末"那样用来假设上文没有出现过的新情况，如把上面用"末"假设新情况的(20)、(21)改用"是"，句子就不合格：

(24) ＊乡下头，家常用两盏电灯勿合算；一个月用两个字是，也要算六个字。

(25) ＊现在，夏天到哉，太阳光交关利害；跑出去是，最好要预备一副太阳眼镜。（本句只有在上文有人提出要外出的情况下才合格）

其他提顿词用于名词性话题和用于条件句话题的语义和信息特点也是一样的，不再详述。

6.4.3　北京话和汉语史上的分句式话题

话题标记和条件句标记同一而且功能相同的情况，在北京话中也存在，在更早的汉语中也常见，可见分句式话题是汉语中的普遍现象。下面分别作简要讨论。

北京话的提顿词，通常就叫作语气助词或句中语气词，这有一定道理，因为它们都明显来自句末语气词，比起上海话来，它们作为话题标记的专用性不如上海话，作为话题标记的语法化程度远不如上海话的"末"等提顿词，所以我们拿上海话作为考察话题标记的重点。但是，北京话能作提顿词用的词，都是同时适合名词性话题和条件句话题的，只是在用作话题标记时都还多少保留一点句末语气词的语义特点。下面的例子转引自胡明扬(1981)，大多是有书面出处或发音人姓名的北京话实例，序号重排，出处不一一转录：

(26) a. 爸爸吧，干脆就不回来。

　　　b. 卖糖吧，就能告诉人家糖里有什么，吃了有什么好处。

　　　c. 你早说吧，我早就准备好了。

(27) a. 这样的事儿吗,我没听说过。

　　 b. 去吗,不好;不去吗,也不好。

　　 c. 我说吗,大家都得去。

(28) a. 爸爸呢,干脆就不回来。

　　 b. 哪怕是作小工子活掏沟修道呢,我也好有个抓弄啊。

　　 c. 大家愿意回家看看去呢,就去;愿意先歇会儿再去呢,西边咱们包了两所小店儿,大家随便用。

这几个提顿词都来自疑问语气词,这再次说明话题标记、条件句标记和疑问标记的同一性倾向。它们在用于条件句话题和名词话题时仍多少保留疑问语气词各自原有语用含义,同时它们又的确有话题的提示功能、对比功能和分句式话题的假设功能。

我们在更早期的白话材料中也看到话题标记和条件句标记的合一。

在明代正德年间刊印于朝鲜的一种文白对照汉语读本《训世评话》中[见姜信沆(1991)],我们可以发现其白话部分经常用到一个虚词"呵"。"呵"的出现位置都是明显的名词性话题后和条件分句式话题后,"呵"后必然有述题。换句话说,它不兼句末语气词,是比今天北京话的"句中语气词"更加语法化的话题标记。下面是其中的一些例子,标点为本书所加,例后括号内的数字是每则故事的序号,(29)—(31)是用于名词性话题,(32)—(34)是用于条件分句式话题,(35)连续相继用于这两类话题后:

(29) 后娘生的象呵,越暴虐,一心儿只要杀舜麼。舜呵,十分孝顺……(1)

(30) 臣的娘子呵,虽是到死,也无两等心肠。(17)

(31) 今日呵,有缘故,再等改日来。(17)

(32) 从我呵,保你身子;不从我呵,便杀你婆婆。(15)

(33) 那主人说:"你织出三百匹绢子呵,放你去。"(5)

(34) 那富家啼哭拜谢说:"不是明官呵,我们一起灭门了。"(21)

(35) 国王听得,和都弥说:"虽是贞节的妇人呵,暗地里巧言啜赚呵,便动淫心。"(17)

这些例子代表了近代汉语的情况。条件句和话题的一致性,在汉语还可以追溯得更早,在代表先秦和汉代的汉语文献中早已能见到。这不是本书的主要任务,我们且略举数例。

6.3.2 分析过文言的"则"和上海话"末"在话语功能上很接近,这个"则"在体现名词性话题和分句式话题的一致性方面也跟"末"很接近,尤其是有对比性或列举性时。(36)—(39)都引自杨树达(1979)的"则"字条:

> (36) 子女玉帛,则君有之;羽毛齿革,则君地生焉。　　《左传·僖公二十三年》
>
> (37) 汉之得人,于兹为盛。儒雅则公孙弘董仲舒而宽,笃行则石建石庆,……将帅则卫青霍去病,受遗则霍光金日磾,其余不可胜记。　《汉书·公孙弘传》
>
> (38) 弟子入则孝,出则弟。　　《论语·学而》
>
> (39) 宗邑无主,则民不威;疆场无主,则启戎心。　　《左传·庄公二十八年》

(36)"则"前为名词性话题,也有假设义,即"论……,则……,论……,则……";(37)连本书省略的部分共有十一个带"则"的并列分句,"则"前有名词如"将帅",有形容词如"儒雅",有动词如"受遗",句法作用无别,都有明显的话题性,也有"论……,则……,论……,则……"这种假设义;(38)"则"前是单个动词,属次话题,也有条件句作用;(39)"则"前是完整的条件小句,也有明显的对比性话题的作用。

6.5　受事类话题与句子的功能类别

6.5.1　受事类话题的常见性及其句类分布

本书多次提到,上海话作为话题优先型语言/方言比普通话更为典型和突出,这表现在许多方面,如作为话题标记的提顿词发达而常用,话题的语义类型极其多样,拷贝式话题大量使用,条件句的话题性质明显等。除此而外,受事类话题大量存在也是话题优先的一个突出表现。所谓受事类话题,指充当话题的成分在语义关系上属于句子主要动词的广义的受事性论元,其中包括动作行为的承受者、目标、对象、与事、致使对象、产物等,在汉语中还包括联系动词的表语性成分(我们称之为准论元)。

　　受事类话题在上海话中的大量使用，又带来重要的理论问题：这些前置的受事性成分到底是话题还是宾语？上海话是不是有宾语在前的语法类型特征？

　　本书一直把这些前置的受事类成分看作话题或次话题（不包括跟"把"字句、"被"字句等相当的句子）。前面各章实际上已经提供了许多有力的证据，说明应当把它们看作话题而非宾语。概括起来，主要有这几项：一是话题可以在句法结构中占有独立的地位，无须由主语或宾语等成分来兼任，受事论元一旦前置充任话题，就不再是宾语，当然也不是主语；二是汉语的话题与其后的成分即句子的主要动词有许多种不同的语义关系，有的非常紧密，有的极其松散，由受事论元充当话题是非常自然的事，实际上是最常见的话题类型之一；三是受事成分前置时，动词后的宾语位置常有复指该受事成分的代词或指代性短语，这才是句法上的宾语，从而表明前置的受事论元不是宾语，而是话题；四是前置的受事论元有指称义和话语信息特点方面的限制，如有定、类指、全量、已知信息、被激活的信息、共享信息等，这些都是有利于实现话题功能的因素，而当受事成分带有无定、非定、无指、新信息等不利于实现话题功能的因素，就很难前置，可见受事论元的前置是为了充当话题，实现话题功能。

　　本节还将从话语环境的角度提供进一步的证据，说明前置的受事论元属于话题。

　　受事前置的句子，在上海话的口语交际中有相当高的出现频率，远远超过普通话。然而，上海话并非受事一律前置或基本上前置，也并非语序完全自由而毫无规律。受事前置句主要发生在特定的话语和语用环境中，尤其跟句子的功能类别（国内常称为"句类"）有密切关系，这些环境正是有利于受事成分实现话题功能的环境。比如，（1a）是现代京剧《红灯记》中的一段用暗号接头的对话，（1b）是相应的上海话翻译，为对照方便和节省篇幅，a、b平行排列：

　　（1）a. 李家：谁呀？　　　　　　b. 啥人啊？
　　　　　　联络员：卖木梳的。　　　　　卖木梳个。
　　　　　　李：有桃木的吗？　　　　　　桃木个有哦？
　　　　　　联：有，要现钱。　　　　　　有，要现钞。

上海人购物、问路、教师提问、学生请教、审判员审问等等问问题的场合,开口便是像"桃木个有哦"这样的句子,一般不会问"有桃木个哦"。如加上主语也还是"侬桃木个有哦"。这种句式跟"哦"的句法属性无关,"哦"并不需要紧跟动词,另外,在邻近的苏州话中,不用句末的"哦"而用前置于动词的发问词"阿",仍然是"(倷)桃木个阿有"。另一方面,我们注意到,"卖木梳"和"要现钞"也是受事性关系,但上海话中仍用受事后置的语序,不宜换成受事前置。区别就在句子的功能类别。根据我们的语感和观察,上海话的受事前置跟中性疑问句[4]和否定句关系最为密切。假如李家人再说一句"没现钱",在上海话中基本上会说"现钞吪没"。这种相关度表现在两个方面:一、这两类句子受事前置的频率大大高于肯定陈述句和祈使句,也高于其他类型的疑问句;二、在这两类句子中,受事前置的句子(下称 TV 句,本节的 T 特指受事性话题)大大多于动宾式句子(下称 VO 句),而其他句类中 TV 句还远没有成为优势语序。

　　为了证实这一印象,我们作了一个小统计。统计的语料是《独脚戏集锦》225—231 页的一个完整短剧《黄鱼掉带鱼》,改编者是两位独脚戏名家姚慕双和周柏春。同书中的许多剧本已相当书面化并且夹用不少普通话词语和结构及其他非吴语方言,难以用作统计材料。而此剧本反映纯正的上海话口语[5]。统计的项目是 TV 和 VO 两类语序在中性问句、反意问句、特指问句、否定的陈述句、肯定的陈述句和肯定的祈使句中的分布。中性疑问句主要是句末带"哦"的问句,另有带发问词"阿"的问句,现在上海话只用于"阿是",我们作分开统计。同属中性疑问句的反复问句也有一例。反意问句指在句末用疑问短语"是哦""对哦""好哦"等构成的疑问句,如"侬想敲竹杠是哦"。选择问句和否定祈使句在语料中没有出现。

　　下面是统计的结果,前面是 TV 和 VO 各自例句数量,括号中的是内部各个小类的具体数字,其中 S 指施事主语:

中性疑问句:8:2 (3 例 TV,5 例 STV;VO 和 SVO 各 1 例)

V 勿 V 问句:1:0 (1 例 STV)

"阿是"问句:0:3 (1 例 VO,2 例 SVO)(O 实为宾语补足语或称表语)

反意疑问句:0:4 (VO 和 SVO 各 2 例)

特指问：　　0∶11　（6 例 VO,5 例 SVO）

否定陈述句：17.5∶2.5　（4 例 TV,11 例 STV,2 例 TSV,1 例 STVO 两边各算 0.5;2 例 SVO）

肯定陈述句：8∶36　（2 例 TV,5 例 STV,1 例 TSV;3 例 VO,33 例 SVO）

肯定祈使句：3∶10　（3 例 TV;9 例 VO,1 例 SVO）

这份统计虽然语料的量还不够大,但已经相当能说明问题。具体地说：

第一,在中性疑问句中,TV 和 VO 之比为 8∶2,即 4 倍。在否定陈述句中,TV 和 VO 为 17.5∶2.5,即 7.4 倍,而肯定陈述句中,TV 和 VO 之比为 8∶36,即 VO 反过来是 TV 的 4.5 倍。简言之,在上海话中,肯定陈述句是 VO 型占明显优势(但 TV 型有 2/9,可能仍比普通话肯定陈述句 TV 型的比例要高),否定陈述句和中性疑问句的话题化造成的 TV 占绝对优势(肯定大大超过普通话中同类句子中 TV 型的比例)。

第二,在 TV 句型中,假如主语出现,则受事作次话题的 STV 比作主话题的 TSV 多得多,这与普通话的情况很不同,普通话 TV 类型中 TSV 大大超过 STV。

第三,特指疑问句,不管疑问代词用作主语、状语还是宾语,都没有出现 TV 句型,也就是说,TV 的比例还不如肯定陈述句。这一点对我们讨论 TV 和上古汉语中的 OV 句的区别也很重要,详见 6.5.3。

第四,祈使句中 VO 占优势,TV 的比例略高于肯定陈述句,但由于句子总量不多,这一差异不足以说明情况。

下面我们就以四种句类为纲,联系具体用例,讨论受事前置句的话语环境,以进一步确定前置受事成分的话题性质。

6.5.2　陈述句中的话题结构：肯定与否定

在讨论一种语言的基本语序时,应当选取语义上最常规(unmarked)、最中性的句子作为典型代表。最符合这一特征的句子是独立的(不受特定上下文制约的)肯定陈述句。这样的句子在普通话和上海话中都以 SVO 为最常规的语序。如下列上海话句子：

（2）我顶欢喜越剧。

（3）小明拉爷辣辣寻侬。　　'小明他爹在找你'

（4）我今朝辣南京路买勒几件冷天穿个衣裳。

（5）我马上要到火车站去提箃批货。　　'……提这批货'

（2）—（5）受事成分有类指、有定、无定多种情况，时间涉及现在、过去、将来，体貌分别为普通、进行、完成，应当有较大的代表性。

当然，肯定陈述句并非完全不能出现受事前置，甚至（2）—（5）中也有在一定条件下可以改用 TV 句式的。当受事成分符合话题的指称和信息特点时，会倾向于或强制性地前置，构成 TV 句式。这些特点包括：已知（特别是刚被激活）、有定（特别是同时作为已知信息时）、类指、全量、事件的对比和并列列举等。所以，在上海话的肯定陈述句中，TV 句虽然是少数，但也有一定的比例，其比例可能超过普通话。具体情况已在第 5 章和本章上文讨论过，这里不必重复。有几种情况比较特殊，值得提一下。

有受事论元的动词重叠式大量采用 TV 形式。我们知道，汉语动词重叠的受事论元不能是无定的，我们只能说"谈谈想法""谈谈这个想法"，不能说"谈谈一个想法"。这样，动词重叠的受事论元注定是类指或有定的，所以有作话题（通常是次话题）的倾向。动词重叠最常用于祈使句和意愿句（见 6.5.4），但陈述句中也能用，通常是表示轻松悠闲的状态：

（6）侬坐辣海瓜子剥剥，茶呷呷，倒老适意个。

　　'你坐着嗑嗑瓜子，喝喝茶，倒挺舒服的'

（7）侬上班就电话接接，我也会个。　　'你上班就接接电话，我也会的'

上海话的中性疑问句通常是受事前置的，其答话通常也用同样的句式，不管是肯定还是否定，如（8）中的"铜钿要"和"铜钿勿要"；但如果问句本身用了 VO，则答句也倾向于用 VO，如跟（8）在同一剧本中问同一件事的（9）中的"要铜钿"和"勿要铜钿"：

（8）乙：带鱼是黄鱼搭侬掉格，掉一掉铜钿要哦？

　　　'带鱼是用黄鱼跟你换的，换一换要钱吗？'

　　甲：掉一掉铜钿勿要格。　　（独脚 226 页）'换一换不要钱'

（9）乙：带鱼是拿黄鱼搭侬掉格。掉一掉要铜钿哦？

　　甲：掉一掉勿要铜钿格。　　（独脚 227 页）

这显示问句对答句有一种语序上的类化作用。

　　否定陈述句是 TV 明显压过 VO 句的句类。其实普通话否定句用 TV 也多于肯定句用 TV，"敬酒不吃吃罚酒"（T 不 V，VO）这个熟语就反映了这种倾向。但是普通话可能没到否定句里 TV 式比 VO 式多得多的程度，像(17)那样用受事性小句作次话题的更是难以在普通话中出现。如：

(10) 阿爸，伊铜钿吭没付过。　（STV；独脚 226 页）
　　　'爹，他还没付过钱呢'

(11) 咦，先生，铜钿侬吭没付过。　（TSV；独脚 226 页）
　　　'咦，先生，你还没付过钱'

(12) 格(→个)先生黄鱼吭没拿过。　（独脚 227 页）

(13) 伲花田也勿曾铲好拉里。　（蒲课 273 页）
　　　'我们棉花田还没铲好呢'

(14) 我同党吭没格，……　（独脚 229 页）'我可没同党'

(15) 我现在钞票吭没，空调末，暂时勿买。（连用 TV）

(16) 明朝开始，我香烟坚决勿吃了。

(17) 我老王出去无没看见。　'我没看见老王出去'

(18) 皇帝娘娘霍定金，急得来面孔上雪花粉勿搡，搡仔交关炒米粉……　（独脚 47 页）

请注意(18)，它连用两个带动词"搡"的小句，否定句用 TV，肯定句用 VO。

　　否定句里受事论元的前置是很容易找到解释的。Givón（1978：294）曾经指出，否定辖域内的宾语（我们理解为受事）要么是有定的，要么就是非指称性的（当包括本书说的类指），不可能是无定而有指。这种指称义自然有利于该成分充当话题。另外，语用学告诉我们，任何否定句都是有预设的，说话人之所以要否定一个命题，就是因为说话人认为有人可能相信该命题是真的，这就是预设，而相应的肯定句不一定有这样的预设。比较：

(19) 明天我要去买书了。

(20) 明天我不去买书了。

(19)不预设什么，完全可以作为一件新闻告诉听话人。而(20)则预设听话人认为或听话人知道有人认为说话人明天将去买书。"此地无银三百两"和"隔壁王二没有偷"的牌子为什么反会招来违背立牌人意愿的怀疑,就是因为它们是否定句,其中含有对立牌人不利的预设。这样,否定句的受事,如(20)中的"书",实际上总在一定意义上是已知信息(≠有定),这比有定更容易导致话题的出现。

由此可见,否定句受事前置的倾向,的确跟成分的话题性有关。

上海话否定句受事前置的强烈倾向,很容易让人联想起先秦汉语否定句中人称代词前置的规则,如:

(21) 三岁贯女(＝汝),莫我肯顾。　　《诗经·魏风·硕鼠》

(22) 我无尔诈,尔无我虞。　　《左传·宣公十五年》

(23) 不患人之不己知,患不知人也。　　《论语·学而》

从没有人把这些前置的人称代词当做话题,而只认为是前置的宾语。倘若上海话否定句受事前置是古代汉语上述规则某种意义上的继承,那么是否也不必归入话题结构?我们通过比较可以发现,这两种前置性质相差很大,不存在继承关系,更不需要作同类的解释。首先,句法结构不同。古汉语人称代词在否定副词和动词之间,现代汉语(上海话和普通话)前置的受事必须在否定副词之前。这一差别还带来进一步的差别:古代汉语前置的受事代词后决不能有停顿(＊我无尔,诈),而现代汉语的前置受事后不但经常有停顿,还可以插入提顿词,这是能否归入话题的重要句法表现。其次,适用规则不同。古代汉语的上述前置规则是一条纯粹由语类决定的句法规则,跟语义和话语功能没有关系。它只适用于纯粹的人称代词,连带有人称代词作用的泛指他指名词[如(23)中指意为别人的"人"]、谦称(如"臣""仆")、尊称(如"子""君")等都不受这一规则制约。而现代汉语的受事前置没有语类限制,适合于各种受事成分,但受指称义和信息特点这些跟话题功能密切相关的因素制约。因此,先秦汉语否定句中受事代词前置以后确实仍是宾语,而现代汉语否定句中受事论元前置后已经转化为话题。

6.5.3　疑问句中的话题结构:中性问、特指问、反意问

上海话中性疑问句的基本句式是"VP 哦"。早期上海话也常用跟苏州话相同的"阿 VP"式(关于苏州话的"阿 VP"式,见刘丹青 1991),

并有"阿VP哦"的混合形式,后来"阿"限于"阿是"一种组合,其他动词不能用"阿VP"式,现在的新派则"阿是"也说得很少。此外,上海话中也有"VP不VP"句,但出现频率较低。下面只讨论"VP哦"句中的话题结构。

"VP哦"问句明显倾向于TV句,TV和VO的比例可能还高于上面那个小统计中的8:2即四倍之差。不管是行为动词,还是像"有"这样的非行为动词,不管是常用的问候语、叫卖语,还是临时造出的问句,不管是表示现在、过去还是将来的状况,都倾向于"TV哦"句式;假如有主语则倾向于"STV哦"。如:

(24) 夜饭吃过否(=哦)?　（案内第九章'来访者',78页）

(25) 报要哦? 报! 大世界报要哦?　（传统268页）

(26) 嗨! 香烟吃哦? 自来火要哦? 嗨! 牛肉吃哦? 面包要哦?
　　（传统269页）

(27) 侬书要听哦?　（独脚45页）

(28) 侬看我手里黄鱼有哦?　（独脚226页）

(29) 东洋车法兰西照会有否(=哦)?　（案内第四章'人力车',69页）
　　'(你这辆)人力车有法租界的执照吗?'

(30) 侬稀搭南天门（俚语,指供食用的鸡屁股）买哦?　（流行97页）

(31) 侬要开餐厅,有关部门孝敬过勒哦?　（流行73页）

(32) 侬东洋话会讲否(=哦)?　（案内第三章'日本行',68页）

(33) 㑚花种好拉末?　（蒲课273页）　'你们棉花种好了吗?'

以上例句取自好几种带上海话成分的书面材料,时间跨度近一个世纪,可见中性疑问句使用TV的普遍性和稳定性。尤其需要说明的是,我们没有对所有这些书面材料进行全面统计,也难以进行这样的统计,因为其中有许多上海话成分在整理成书面形式出版时已被改成了普通话成分,但是,在其中较纯的上海话成分中,上面这样的句子可以说比比皆是,而VO式的中性疑问句却较难找到,其倾向是十分明显的。

在不强调数量时,受数量成分修饰的名词短语NNP主要是无定性,照理不适于作题,这样的NNP也的确不大出现在上海话的中性疑问句中。但是,在上海话中,当中性问句的受事成分含数量词语的无定成分时,仍可出现话题结构,其形式是受事的名词前置于动词作次话

题,数量短语后置于动词作宾语,即 STVO,如:

(34) 侬茶要吃一杯哦?

(35) 伊昨日生意做成两笔哦?

(36) 我盆景好问侬讨一盆去哦?

'我可以跟你要一盆盆景去吗?'

这种句式非常明显地显示,前置的受事论元是话题或次话题而不是宾语。不妨比较下面一对例子:

(37) 侬茶要吃哦?

(38) 侬茶要吃一杯哦?

(38)除了比(37)多一个表示数量的宾语外,结构、语义和语用功能跟(37)完全一样。我们不会认为在已经有"一杯"作宾语的(38)中"茶"也是宾语,那么同样的(37)中的"茶"也绝不是宾语。两句中的"茶"都是次话题。

中性问句中 TV 占优势的原因跟否定句中 TV 占优势的原因是一致的。中性问句的宾语像否定句的宾语一样,基本上是有定或类指的,很少有无定的。我们知道在英语中,如果肯定陈述句的宾语是用无定冠词 a/an 引出的无定成分,如(39),那么相应的否定句(40)和中性问句(41)都应将 a/an 替换为 any,这个 any 就是类指性的:

(39) He bought a dog yesterday. '他昨天买了一只狗'

(40) He didn't buy any dog yesterday. '他昨天没买狗'

(41) Did he buy any dog yesterday? '他昨天买了狗吗?'

可见中性问句的宾语以有定或类指为常,这在上海话中正是倾向于作话题的成分。当受事确实含有表示无定的数量成分时,上海话也可用 STVO 形式,实际上这时是抽出该成分中的类指要素即名词作话题 T,而让无定的要素即数量词语处在宾语的位置。比如在(38)中,"茶"是类指的,而"一杯"可以视为无定的。

疑问句中的 TV 结构,就像否定句中的 TV 结构一样,可能也会使人想起先秦汉语,因为先秦汉语有代词宾语在疑问句中前置的规则,如《论语·卫灵公》中的"吾谁欺?欺天乎"。实际上这两者之间更加没有共同之处。上海话 TV 结构用于中性问句,而先秦汉语中性疑问句并没有受事前置的规则,如上例中的"欺天乎"就用 VO 结构。先秦汉语受事前置的是特指问句,而且前置的就是疑问代词本身,而上海话的特指问句中由疑问代词充当的受事成分,正如本节最后将讨论的,不但没有前置的倾向,而且实际上不能前置,如"吾谁欺"只能翻译成上海话的"我骗啥人",而决不能翻译为"我啥人骗"。从指称义和话语功能来分析,中性问句的受事是因为有定或类指而作前置话题,而特指问句中的疑问代词宾语正好是疑问句的自然焦点或对比焦点,这两类焦点的功能是跟话题对立的(参阅 3.2.4 和 6.3.1)。

反意问句也是上海话中常用的疑问句类型。反意问句由陈述句(有时是祈使句或感叹句)后带一个中性问小句构成。跟中性问句不同,反意问句的受事没有前置作话题的倾向,这跟否定陈述句和中性问句都不同。请看(42)、(43):

(42) 格我黄鱼勿要了,掉带鱼好哦?　　(独脚 225 页)
　　'那我不要黄鱼了,换带鱼可以吗?'

(43) 搭我掉两条带鱼好哦? 掉一掉另外铜钿要哦?　　(独脚 228 页)
　　'给我换两条带鱼好吗? 换一下要另外的钱吗?'

(42)前后小句分别是否定句和反意问句,前面的否定小句是 TV(黄鱼勿要),后面的反意问小句则是 VO(掉带鱼),若用 TV 结构说成"带鱼掉好哦",句子不成立。(43)前后小句分别用到反意问句和中性问句,前面的反意问小句用 VO(掉两条带鱼),后面的中性问小句,用到 TV 式(铜钿要),对比也很清楚。反意问句不倾向于受事前置的原因也是比较明显的。这种句式的实质是将结构意义和疑问功能分在前后两个小句中,表示结构意义的小句在功能上是普通的陈述句或其他非疑问句,所以没有用疑问句式的结构方法。

特指问句都包含一个疑问代词(包括疑问代词性短语)。就受事成分的话题功能而言,上海话的特指疑问句可以分为两类。一类是疑问代词为受事论元本身,一类是疑问代词为其他论元。

作为受事论元的疑问代词一般不允许前置于动词构成的 TV 结构,比较:

(44) a. 侬买勒鞋里本书?　　'你买了哪本书?'
　　 b. ＊侬鞋里本书买勒?

(45) a. 伊想报考啥个学堂?　　'他想报考什么学校?'

       b. ＊伊啥个学堂想报考？

（46）a. 赵小姐到底看中啥人？   '赵小姐到底看中谁?'

       b. ＊赵小姐啥人到底看中？

由于上海话有很多种受事成分都可以甚至倾向于充当话题,因此受事性的疑问代词实际上成了上海话中最不适宜作话题的语类之一,跟先秦汉语正好相反[6]。受事性疑问代词只在几种特殊情况下可以构成话题结构。一是表示反问而不是真性疑问,整个句子有全量命题的含义,如(47);二是有明显的对比性话题存在,如(48);三是疑问代词跟上文已经出现的某个成分有部分与整体一类关系,这时疑问代词较容易作主话题(构成 TSV)而不是次话题(构成 STV),如(49)、(50):

（47）伊啥个事体做得像?!

      '他什么事儿做得好?! ＝他什么事儿都做不好'

（48）侬到底啥物事要吃,啥物事末覅吃？

（49）小王咾小陈两家头,鞋里一个赵小姐比较看得中？

      '小王和小陈俩,哪一个赵小姐比较看得上?'

（50）阿拉店里向沙发多来西,鞋里一种侬欢喜？

      '我们店里沙发很多,你喜欢哪一种?'

    不以疑问代词为受事论元的特指问句,跟受事的话题功能没有相关性,不须专门讨论。假如受事论元本身是适于作话题的,就可以构成话题结构,情况跟陈述句相同。如(51A)是特指问句,受事"文章"前置,其成立的条件是"文章"属有定已知信息:

（51）A：啥人文章已经写好勒?   '谁已经把文章写好了?'

      B：我文章已经写好勒。

6.5.4 祈使句及意愿句中的话题结构

    在汉语中,表示意愿的句子有时跟祈使句有类似的句法表现,所以附在本节讨论。

    总体上,祈使句受事作话题的倾向比陈述句强而不如中性疑问句。有几种祈使句强烈倾向于让受事作话题。跟中性问句一样,祈使句在施事主语出现时受事话题主要表现为次话题。祈使句的另一个重要特点是经常用代词作复指话题的宾语。所以祈使句的话题结构形式主要是(S)TV 或(S)TVO。

带结果补语尤其是半虚化的唯补词"脱"（相当于普通话"掉"而用途更广泛，也部分相当于北京话等北方官话口语中常被写作"了"的唯补词"喽". lou)[7]的祈使句及意愿句通常以(S)TVO 的形式出现，其中的 O 是复指话题的第三人称代词"伊"。这类祈使句通常用普通话的"把"字句来对译较贴切。如：

（52）侬斛眼碗汰清爽伊！　'你把这些碗洗干净喽！'

（53）侬电话线路侪搭我接通伊！

　　　'你把电话线路都给我接通喽！'

（54）地浪向灰尘扫脱伊！　'把地上的灰尘扫喽！'

（55）今朝吭没啥菜，只鸡杀脱伊。　'今天没啥菜，把这只鸡杀喽'

（56）难得碰着老朋友，我斛眼酒末总归要吃脱伊个。

　　　'……我这些酒总得喝喽'

带结果补语的祈使及意愿句很难让受事成分后置于动词充当宾语，与此相关的现象是这类祈使句的受事基本上都是有定而且已知的信息。上述例句都是这种情况。此外，跟中性问句一样，在受事成分带有数量词语时，受事带有无定的性质，这时祈使句仍可采用 TVO 形式，让体现无定性的数量词语作宾语，而让带有有定性或类指性的名词作话题，如：

（57）侬帮我包再拎脱一只。　'你再给我提一个包'

（58）侬酒起码要吃脱三杯。

（57）的"包"是指说话人就存在于现场的若干个包，带有有定性，(58)的"酒"可以理解为类指成分，所以都被放到了次话题的位置。

动词的重叠形式最常用于祈使句和意愿句。6.5.2 已经提过，汉语动词重叠的受事论元不能是无定的，而一定是类指或有定的，这样它们在祈使句及意愿句里很自然地有了作话题的强烈倾向。由于重叠事实上也是表示祈使和意愿的主要手段之一，所以祈使和意愿类句子同时也就成为上海话中很适合于 TV 结构的话语环境。如：

（59）侬坐辣辣吭没事体，瓜子吃吃伊。

　　　'你坐着没事，嗑嗑瓜子吧'

（60）今朝侬勿上班，蹲辣屋里衣裳末汰汰伊，地板末拖拖伊。

　　　'……，在家洗洗衣服，拖拖地板吧'

（61）退休以后，我就想鱼钓钓，花养养，轻轻松松过日脚。

动词既不带结果补语也不带重叠的祈使句及意愿句,受事的话题功能方面没有特别的表现,一般会根据受事成分的指称义特点和信息特点来选择,总体上用话题结构的情况比普通话要多。比如,主人向客人劝酒劝菜,大人催小孩吃饭,在普通话中通常会说:"喝酒! 喝酒!""吃菜! 吃菜!""吃饭! 吃饭!"而在上海话中,也经常这样说,但同时也常说或者更常说:"酒吃! 酒吃!""菜吃! 菜吃!""饭吃! 饭吃!"这种结构的祈使句在普通话中大概较难成立。这种场合下的"酒""菜""饭"都是可以有有定和无定两种理解的,所以在上海话中有两种说法。仔细分析起来,说"酒吃"时,"酒"的确有有定意味,指桌上的酒;而说"吃酒"时,突出的似乎是"酒"的无定性义,即劝你喝酒但没强调是哪些酒。

6.5.5 感叹句中的话题结构

汉语及其方言中的感叹句是最缺乏形式规定性的句类。不管怎样,我们看不到带感叹功能的句子有将受事成分前置作话题的倾向。下面我们暂时拿上海话中最明显的感叹句即带感叹性的"多少"(有普通话"多么"义)的句子作讨论对象。

就带受事论元来说,感叹句也有跟特指问句平行的两类。一类以受事成分为感叹的焦点,跟疑问代词作受事成分的特指问句相当。另一类是以非受事成分为感叹的焦点,跟疑问代词不作受事论元的特指问句相当。需要重点讨论的是前一类。

以受事论元为感叹焦点(即"多少"用在受事论元中的感叹句)句子不允许受事前置于动词。这种情况似乎又跟英语相反。英语所有感叹句都要将感叹焦点成分放在句首,包括作受事成分的感叹焦点。下面是上海话例句跟英语的比较,请注意其语序的差异:

(62)伊造勒一幢多少大个房子噢!   What a big house he has built!

(63)侬赅一个多少聪明个儿子噢!   What a clever son you have!

这种差别的原因也跟特指问句的同类现象相同。特指问句中的疑问代词和感叹句中的感叹焦点都是句子的自然焦点或对比焦点。英语可以将某些自然焦点放在句首,而上海话的自然焦点只能后置,对比焦点也跟话题在功能上对立,所以不能前置作话题。

感叹焦点不在受事论元上的感叹句,跟受事的话题功能没有相关性,取决于受事本身的指称义和信息特征,这跟陈述句没有两样。如下面一句是否定句,而且受事是有定的,所以能作话题:

(64) 多少人辩道题目回答勿出噢！　'多少人答不了这道题啊！'

6.5.6　小结：受事论元作话题的条件和限制

以上按句类进行的讨论使我们获得了一些重要的发现。它显示了跟作话题的功能最密切最直接相关的因素。

虽然有定、类指等指称义为受事成分(其他成分也一样)充当话题提供了可能性,但并不必然导致受事成分充当话题的结果,比如在肯定陈述句中,有定或类指成分可以作话题,但也可以自由地作宾语。虽然某些话语功能的句子特别要求受事论元作话题,但这些话语环境也只是造成受事性话题的较表面的因素。当我们把指称义和话语环境联系起来看时,答案才变得清楚起来。

不但可以,而且被要求充当话题的受事成分,不是本身属有定、类指等指称义的句法成分,而是由话语功能和语义关系赋予有定、类指等意义的句法成分。

肯定陈述句的受事可以是有定或类指的,也可以是无定的、非定的等等。当该成分是有定或类指时,其指称义是词语本身具有的,而不是话语功能和语义关系赋予的,所以它可以作话题,也可以作宾语。否定陈述句、中性疑问句、带动词重叠式的祈使句,都规定了受事论元必然是有定或类指的,这样的受事论元不但可以充当话题,而且被句法规则要求尽量作话题而不是宾语。

以上回答了什么成分最应该作话题的问题。下面再看什么成分最不宜作话题的问题。这个问题要更加明显一些。

由话语功能和语义关系决定的句子的自然焦点和对比焦点最不宜作话题。特指疑问句中的疑问代词是疑问焦点,不能作话题;只有当疑问代词用于反问或作为全量成分时才可能作话题。感叹句的感叹焦点也不能作话题。

这一因素不仅适用于受事论元,也适用于其他语义角色。比如,主语本来是较容易带上话题性的,但是由疑问代词作主语的特指问句,无法在主语后加"末"使之成为话题,而在反问句或疑问代词用作全量成分时,主语可以加"末"成为话题:

(65)＊啥人末认得辫张照片浪个人?

　　　'谁认识这张相片上的人?'

(66)啥人末,会认得辫张照片浪个人呢?!

　　　'谁会认识这张相片上的人呢?!'

(67)啥人末,侪认得辫张照片浪个人个!

　　　'谁都认识这张相片上的人!'

最后,我们再谈一点限制受事论元作话题的其他一些句法和语义因素。

受事的前置跟动词短语的复杂度有关。动词是某种重叠式,或带有某种补语,或至少带有体助词等附加成分时,受事较容易作话题,而所谓光杆动词的受事论元不容易作话题。比较:

(68)a. 侬去看一歇电视。　　'你去看一会儿电视'

　　　b. 侬去电视看一歇。

(69)a. 侬去看电视。

　　　b. ＊侬去电视看。

(70)a. 伊出仔事体再来寻我。　　'他出了事才来找我'

　　　b. 伊事体出仔再来寻我。

(71)a. 伊出事体再来寻我。

　　　b. ? 伊事体出再来寻我。

当施事主语和受事话题都处在动词之前时,会发生谁是施事的理解问题。所以,受事作话题,实际上还要受到词语固有的施事性强弱的制约:在 STV 或 TSV 中,当 T 的施事性低于 S 时,句子是和谐的;当 T 的施事性等于或反而高于 S 的施事性时,句子不和谐,听话人可能会把 T 理解为施事论元 S。词语的施事性的强弱实际上取决于生命度。据 Silverstein(1976:113,转引自 Mallinson & Blake (1981:80))提出的施事等级,各类单位从强到弱的顺序如下:

第一人称＞第二人称＞第三人称＞专有名词＞人类名词＞生物名词＞非生物名词。

这种序列可以用来解释下列 STV 句的合格性差异:

(72) a. 伊会议通知朆没看见。 '他没看见开会通知'

　　 b. 伊老王朆没看见。

　　 c. ＊伊侬朆没看见。

　　 d. ＊伊我朆没看见。

a 和 b 受事 T 的生命度低于施事 S"伊",句子成立；c 和 d 受事 T 的生命度高于施事 S,句子无法成立。假如 c 和 d 按 TSV 理解,即"伊"是受事 T,则句子还有一定的合格性,因为"伊"虽然也是人称代词,但生命度还略低于第一第二人称代词。再如(73)、(74)：

(73) 箇只狗老王朆没看见。 '(字面义)这只狗老王没看见'

(74) 老王箇只狗朆没看见。 '(字面义)老王这只狗没看见'

(73)只能按 TSV 理解,"狗"是受事主话题；若按 STV 理解,"老王"成了生命度高于施事"狗"的受事话题,句子难以成立。(74)只能按 STV 理解,"狗"是受事次话题；若按 TSV 理解,"老王"又成了生命度高于施事"狗"的受事话题,句子难以成立。如果要让狗作施事,就只能让"老王"作宾语：

(75) 箇只狗朆没看见老王。

这些限制在普通话中也存在,只是受事话题的现象不如上海话那么常见。

附注

[1] "末"在新上海话中的使用频率有所降低,但口语中新提顿词"对哦""是哦"很常用,部分取代了原来"末"的作用。

[2] 石汝杰(1996)在给清末吴语小说《九尾龟》节选作注时注意到其中的一个"是"是"提顿助词,用在前一分句末尾,表示某种假设条件,作用相当于'如果'"。其原句是"朆姆再勿肯照应倪点是,今生今世总归朆拨出头日脚格哉"。在没有标点的文献中,只有假设分句后的提顿词较容易被辨认,一般名词性话题后的提顿词"是"很容易混同于表示强调的联系动词"是"。

[3] "小句"一名有时被用来翻译英语中的 small clause,例如 We elected John chairman 中的 John 和 chairman 之间存在主谓关系,然而没有出现动词,习惯上把 John chairman 称为 small clause。本书中不会出现 small clause,用"小句"译 clause 不会产生歧义。

[4] 中性疑问句的说法取自余霭芹(1992),用以概括"字面上不表明问话人的意见和态度"即态度中性的问句,包括"VP 不 VP""VP 吗"及"可 VP"等问句类型。

朱德熙认为方言中的"可 VP"句式(如苏州话和早期上海话中的"阿 VP"句)相当于普通话的"VP 不 VP"反复问句(因为据说"VP 吗"常用于说话人已有"意见和态度"故意反问或进一步证实的情况),因此他把这两种句式都叫作"反复问句"。刘丹青(1991)指出这种相当是功能上的,而"反复问句"是结构类别,无反复形式的"可 VP"句式被称作反复问句没有道理,其实反复问句和"可 VP"问句在功能上都属于是非问句,只是形式上跟普通话是非问句"VP 吗"不同。是有些"VP 吗"句子(无疑而问)在功能上偏离是非问,而不是"VP 不 VP"偏离是非问。至今仍有人沿用朱德熙的叫法,本书不取。考虑到有些人总是把"是非问"和"VP 吗"联系在一起的习惯,本书借用了"中性问"的名称。

　　[5] 按剧本提示演出时有些处要夹用宁波话,就此剧本而言这仅是语音的改变,在词汇语法上完全可以当作纯上海话看待,如无提示根本分不出其中的上海话和宁波话。

　　[6] 假如认为英语的疑问词前置(wh-movement)跟话题化是同样或相似的过程,那么汉语的疑问词是所有成分中最不能有 wh-movement 的成分,这是很有意思的。

　　[7] 关于"唯补词",见刘丹青(1994);关于北京话"喽",参阅马希文(1982)。

7 话题结构与汉语的语序类型

7.1 汉语的语序类型

7.1.1 两种对立的观点：SVO 和 SOV

句子中各成分的排列顺序是语言类型学的一个重要参数，历来有词序类型学（word order typology）、成分顺序类型学（constituent order typology）等等提法。最早系统研究这个问题的是 Greenberg(1963)。所谓句子成分即主语(S)、动词(V)和宾语(O)三者，一共有 SOV、SVO、VSO、VOS、OVS、OSV 等六种排列方法，实际上世界上的语言绝大部分属于前三类排列，后三类很少见。

词序类型学形成后，人们开始思考 Greenberg 没有归类的汉语语序属于哪一类？这一问题在 20 世纪 70 到 80 年代成为海外，尤其是美国一些汉语研究者的热烈讨论的话题。最早从类型学角度讨论这一问题的是 Tai(1973)。戴浩一认为把汉语分析为 SOV 语言比较合适，可以解释较多的语言现象。Li & Thompson(1973a、b,1975)又从历时语言学的角度提出，近两千年来汉语由 SVO 语言逐渐转变为 SOV 语言。Tai(1976)也支持这一观点。认为汉语是 SVO 语言的代表著作有 Light(1979) 和 Mei(1980) 等。后来 Sun & Givón(1985) 又从语言实际材料(普通话小说和口语录音)的统计中得到的数据支持 SVO 的分析。据他们的分析，当代普通话语料中 OV 结构的比例小于十分之一（这一数字远低于本书统计的上海话 TV 结构的比例，见 6.5.1)。他们还指出儿童语言获得方面的研究显示：由 SVO 发展为 SOV 的观点缺乏事实根据。

争论双方都意识到汉语中既有 SVO 语言的一些特点，又有 SOV 语言的一些特点。Li & Thompson(1978：230—233)先以(1)、(2)、(3)为例：

（1）我喜欢他。

（2）张三把他骂了。

（3）他书卖了。

（2）是"把"字结构，（3）中包含我们所说的次话题。接着他们列举了六条 SOV 语言的特征：

- 介词短语位于动词之前；
- 有后置词；
- 关系子句位于名词之前；
- 属格短语位于名词之前；
- 体貌标记位于动词之后；
- 有些状语位于动词之前。

它们又列出三条 SVO 语言的特征：

- 有前置词；
- 助动词位于动词之前；
- 宾语小句几乎永远出现在动词之后。

这些特征大家都熟悉，这里不必举例。

　　这些基本上都是 Greenberg（1963）所谓的蕴涵共性（implicational universal）。其实语序排列的关键在于在一个结构体里中心语居前（head-initial）还是中心语居后（head-final）。以动词短语为例，某种语言中作为中心语的动词在前，那么宾语和状语就会在后。要是名词短语跟动词短语一致，那么中心语名词在前，修饰它的领格短语和关系子句在后。要是介词短语也与动词短语一致，那么介词应是前置词，介词所引导的成分也在它的后面。泰语和意大利语是比较典型的这类语言。反之，另一类语言中，中心语都位于后面，那么宾语和状语位于动词之前，领格词语和关系子句位于名词之前，介词则是后置词。日语、朝鲜语就是典型的这类语言。这些特征相互关联，如果有甲则有乙。因为存在这种逻辑关系，所以叫蕴涵共性。其实许多语言都不遵循理想的模式。有的语言动词短语是中心语居前，而名词短语却是中心语居后。英语大致就是这种情况。

　　我们的兴趣主要在于确立主语、宾语相对于动词的次序，所以不再多讨论其他成分的次序。

对于汉语语序感兴趣的不只是功能语法学家和类型学家,生成语法学家对这一问题也进行了研究,而且也有两种不同的观点。Huang(1982)认为汉语属 SVO 语言,而 Li(1985)认为它属于 SOV 语言。生成语法学家的兴趣不在于类型学归类,而在于解释造成各种顺序的内在原因。许多生成语法学家认为动词的一个主要功用是把题元(施事、受事等)和格(主格、宾格等)分派给与它相关的成分。Koopman(1984)、Travis(1985)等进一步假设题元和格的分配都有方向性。例如有人认为汉语动词把题元派往左边,而把格派往右边。所以当宾语出现在动词左侧时就得不到格,于是才需要加个"把",让"把"字把格分派给位于它右侧的成分。如:

(4)他看了这本书。

(5)他把这本书看了。

这是一种全新的思路,但只能处理少量事实。我们马上会发现,可以把"把"字句改成含有次话题的结构:

(6)他这本书看了。

既然动词不能把格送往左边,而"把"字又不存在,"这本书"从哪里得到格?坚持这类观点的会说前面有个无形的"把"字等等,但这就没有太大说服力,更难以解释上海话中的下列说法:

(7)伊辂本书拿伊看脱勒。　　(字面上是'他这本书把它看了')

(7)中已经出现了跟"把"相当的"拿",但受事成分"辂本书"仍在"拿"的前面而没有受"拿"介引,"拿"所引导的是复指"辂本书"的代词。

生成语法对汉语语序的研究还在继续,20 世纪 90 年代的著作有Li(1990)、Mulder & Sybesma(1992)等。

7.1.2　归类的难点

本节将展示把某一种语言归入 SVO 型或 SOV 型并不是很容易的,各种语言有不同的困难。下一小节将集中研究给汉语归类的困难所在,并探讨解决的途径。

Comrie(1981:82—84)举出了一些归类的难点。先以法语为例。法语中当一些半独立性的代词用作宾语时,位于动词之前,而其他类型的宾语则位于动词之后。

(8) Le garçon l'a vue.　　'小男孩看见了她'

(9) Le garçon a vu la jeune fille.　　'小男孩看见了小女孩'

人们也许可以说,(8)中的代词独立性不够,还不能算正规的宾语,所以法语还是应该看作 SVO 语言。

德语的归类更加困难些。德语主句中的语序和从属性子句中的语序不一致。

(10) Der Mann sah den Jungen.　　'男人看见了小孩'

(11) Ich weiss dass der Mann den Jungen sah.　　'我知道男人看见了小孩'

(10)中的语序为 SVO,而(11)中的子句部分语序则为 SOV。没有学过德语的中国读者也许会以为主句比子句更为基本,应按主句的语序归类。其实了解德语的语言学家一致认为德语从句的语序才是德语的基本语序。把德语看作 SOV 语言更便于解释种种语言事实。

还有一些语言的语序很不固定,尤其是一些格标记明显的语言。这些语言中有的还能按出现频率来确定类型,例如俄语语序很自由,S、V、O 三个成分可以按任何次序排列。然而 SVO 语序出现频率超过其他各种语序的频率之和。但还有些语言,如澳大利亚的沃尔比利语(Walpiri)也是各种语序都允许,而没有一种占明显优势。

英语的类型似乎比较确定,Lehmann(1978)把英语称为典型的 SVO 语言。即使英语中也出现其他排列方式:

(12) Which copy did you take?

(12)的语序是 OSV。不过大家基本上都接受以下原则:作类型学归类时以句子的基本形式(canonical form)为准。疑问句与陈述句相比,后者是更基本的。

其实还有一种解决办法,不把句首的名词短语分析为宾语。这一处理办法用于英语有些困难。动词 take 是个及物动词,英语的及物动词后面必须带宾语,不可以说:

(13) A：* Did you take?

　　　B：* Yes, I took.

所以不得不把(12)句首的 which copy 分析为 take 的宾语。

　　汉语的情况不同。汉语及物动词一般都可以不带宾语，相当于
(13)的句子是：

　　(14) A：你拿了吗？

　　　　　B：我拿了。

这是完全正常的句子。既然汉语语义上及物的动词可以不带宾语，我
们不一定要把(15)中的"这份文件"分析为"拿"的宾语：

　　(15) 这份文件，我拿了。

我们将顺着这一思路来确定汉语句中成分的顺序。

7.1.3　汉语语序问题的关键：话题结构

　　为什么汉语语法学家对于汉语句中成分的顺序有不同看法？分歧
主要在于如何确定宾语的位置。而所谓 SVO 和 SOV 的主要区别也
在于 V 先于 O 还是 O 先于 V。Lehmann(1973)明确地指出 S 的相对
位置是不重要的，其实只要分出两个类型就够了。Vennemann(1972)
更进一步提出把两个类型改称为"中心语—附加语"型和"附加语—中
心语"型[1]。汉语的宾语究竟位于动词之前还是动词之后？认为汉语
是 SVO 语言的人以(16)的语序为依据，而认为汉语是 SOV 的则以
(17)为依据，有人也用(18)为旁证：

　　(16) 他不吃苹果。

　　(17) 他苹果不吃。

　　(18) 他把苹果吃了。

　　其实问题恰恰出在他们的共识。(16)中的"苹果"是宾语，(17)、
(18)中的苹果其实不是宾语。它虽然是受事，但大家都承认受事不一
定是宾语。假如把(17)、(18)中的"苹果"也分析为宾语，那么(19)、
(20)又该如何分析：

　　(19) 他水果不吃苹果。

　　(20) 他把苹果削了皮。

如果不自相矛盾，应该把(18)、(19)都看成一种双宾结构。然而却没有
人这样说。

　　"把"字句的情况，多数人都看作是受事成分由介词引导作动词修
饰语，不能作为 SOV 的主要证据。我们也基本上取这种态度，7.2.5

还要作进一步讨论,这里先不详论。最需要解决的是由(17)引出的汉语语序类型问题。

我们已经讨论过汉语与英语的不同之处。汉语中的话题并不非得兼作其他成分。所以,(19)中的"水果"是次话题,(17)中的"苹果"也是次话题。(19)中除了次话题外还有一个名副其实的宾语——"苹果",而(17)则没有宾语。这样分析,SVO 和 SOV 的矛盾根本不会发生。

我们这一分析也立足于我们的另一个观点:汉语中的话题并非移位生成。(17)并不是在(16)基础上经过移位构成的。(17)中的"苹果"虽然在语义上是吃的对象,在句法上它从来没有占据过宾语位置,从来不是宾语。

为什么那么多年来大家一直没有用上述办法来分析? 那是因为对话题优先语言和主语优先语言的区别还没有彻底认识。Li & Thompson(1976)率先提出有这一类型学上的区别。然而,他们并没有把自己的认识贯彻于语序类型分析,而是在把汉语归入话题优先型语言的同时仍然套用主语优先型语言的句子模式来分析汉语的句子中的语序,把许多受事作话题的句子分析为 OV 类型。他们在讨论汉语类型的历时演变时,也完全套用主语优先型语言的句子模式来分析,把前置的受事成分仍视为宾语,并据此提出汉语由 SVO 型演变为 SOV 型的观点,并引起争论。而无论是支持他们观点的戴浩一还是反对他们观点的黎天睦也都没有意识到他们的争论来源于此。

在我们看来,研究主语优先型语言的语序类型,固然应该看 S、V、O 三者的排列,但研究话题优先型语言和主语话题并重型语言的语序类型,必须考虑另一个成分即话题 T。要确定话题优先语言及主语话题并重型语言的语序应该看 T、S、V、O 四者的排列顺序。这一原则当然也适合于研究属于这些类型的方言。前面几章已经讨论过汉语方言的话题位置。普通话的顺序是 TSVO 占优势,而上海话是 STVO 占优势,这在上海话的受事话题句中反映得很明显。如果我们不把 T 加入 S、V、O,不仅会对汉语是 SVO 语言还是 SOV 语言纠缠不清,而且也无法反映方言的不同语序。

7.2　语 法 化

7.2.1　语法化的选择性

任何语言都被用来表达各种各样的事物、情况、环境。为了简便起见,都不免把所要表达的某种内容用一定的形式固定下来。例如用"过去""现在""将来"这三个词来表示三种不同的时间概念。用词汇将概念固定下来的过程叫词汇化,认知科学中讲的概念化,主要是靠词汇化实现的。我们用到的词,很多是前代留下来的,我们不一定明显察觉到这是一个过程,要靠历史语言学家来再现。还有一些词我们可以亲身体会其词汇化的过程。比如,汉语中本来就有"晴天""阴天"等词,但没有一个词专门表示晴、阴之间的状态,我们得说"太阳不太大""有点阴"等等。后来天气预报中用"多云"这个词专门表示这种状况,实现了这种情况的词汇化。另一种固定方法是语法化。比如,我们在动词上加上某个符号表示动作进行于现在,再用另外的符号分别表示过去、将来等。这样,就不需要每次说话时都加上"过去""现在""将来"这些词。语法化的方式是多种多样的。常见的有形态变化、使用独立或半独立的虚词、变换语序等。

在某种语言中被语法化的语义和语用内容就成为该语言的语法意义,用来固定这些意义的形式手段则成为语法形式。所以,所谓语法化,就是一定的内容和一定的形式在特定语言的语法系统中实现结合,形成该语言的特定语法现象和语法范畴。语法化的结果可以比词汇化的结果更加简便,但是比起数量庞大的词汇来,语法手段的数量要少得多,因此任何语言都只能对有限的语义和语用内容实现语法化。

语法化可以看作一个动态的过程,所以可以成为历时语言学的概念。语言在漫长的历史演变过程中,可以不断地进行语法化。历史语言学家就可以从中考察哪些语法现象从无到有地产生,哪些形式手段在历史发展过程中成为表示语法意义的专用手段,例如汉语中的所谓实词虚化就是形式方面的语法化。共时语言学和普遍语法理论也很需要关心语法化问题。因为,各种语言的语法化情况并不相同,语义和语用内容在多大范围和多大程度上语法化,语法化的手段是什么,都不一样,可以相差很大,换句话说,语法化存在着很强的选择性。例如所谓多式综合语,其实质就是语法化的范围特别广,其他语言通常用实词来表示的语义概念,在多式综合语中常用词内的语法成分来表示,使得一个词有时可以表达其他语言中一个句子的内容。同时,在语法化方面,人类语言也表现出一些深层次的共性,Greenberg(1963)所谈的形态方面的蕴涵性共性假如的确存在,那就部分地反映了语法化内容选择方面的优先序列。在人类语言中,哪些内容普遍地成为语法意义,哪些内容只在部分语言甚至个别语言中是语法意义,是非常值得语法学家去深入探讨的。

　　虽然语言学家对语法化还有些不同看法,但我们觉得,以下几条应该是大家的共识。第一,任何语言都把某些语义、语用概念语法化,没有一种语言完全排斥语法化。第二,任何语言都不会、也不可能把所要表达的语义、语用概念全都语法化。第三,把哪些语义、语用概念语法化,各语言有不同的选择,虽然有些概念在许多语言中都得到语法化,但并无固定的标准规定哪些概念必须语法化。第四,语法化的程度、范围在各种语言中可以各不相同。以时间轴为例,说到时间,总有过去、现在、将来之分,但并非所有语言都采用这种三分法将时间概念语法化,有的语言只把现在时和过去时语法化,却没有特定的语法手段来表示将来时。第五,一种语言选择多少概念加以语法化,选中哪些概念,不选哪些概念,语法化彻底到何种程度……这些都并不影响该种语言的表达能力,更不能用来作为评价语言优劣的标准。

　　假如以上几条是语言学家的共识,那么我们就用它们来讨论汉语的语法化和语序类型问题。

　　有些语义概念在许多语言中都得到语法化,而在汉语中却没有,这一点大家都看到了。最明显的例子之一是汉语语法没有像许多印欧语那样建立一套比较完整的名词单、复数系统,另外一个例子是汉语动词缺乏时范畴标记。面对这些事实,出现了两种很不相同的态度。这两种态度我们觉得都不可取。

　　一种极端的态度是干脆否认汉语有形式语法,从根本上反对对汉语进行形式语法研究。这种看法的片面性不言而喻。虽然汉语不像许多印欧语那样有较明显的词性标记,因此"出租汽车"可以是动宾结构也可以是偏正结构,但是"玻璃房子"只能解释为用玻璃造的房子,而不能解释为造房子用的玻璃。这当然就是因为汉语用语序把修饰关系语法化了。汉语显然并非完全不用语法化,而只是语法化的具体内容跟某些外语语法化的内容不大一样。

另外一些学者抱着与上面所说的一些人相反的态度。他们力图证明其他语言中语法化的概念在汉语中也得到语法化,不过汉语中采用了隐性的而非显性的语法化手段。以陈述句和疑问句的区别为例。许多语言通过改变陈述句的语序来实现疑问句的语法化,通常的做法是把句中的疑问代词移到句首。其实汉语也有办法在形式上区别陈述句和疑问句,实现疑问句的语法化,如在句末加疑问助词(普通话的"吗"、上海话的"哦")等。为了使汉语显得与英语一致,有人假设汉语句子中的疑问代词也要移到句首,但是这种移位在抽象的层次上进行,所以当人把句子说出来或写出来时,并不察觉。他们还提议在汉语句子中加上看不见的时态标记等。这类假设有没有理论价值,有没有汉语事实根据,文献中已有不少评论,这里无须涉及。应当指出的是,他们似乎总是想使汉语向英语靠拢,而几乎从来不使英语向汉语靠拢。一方面,英语中语法化的内容在汉语中即使没有语法化或语法化的方式与此不同,也要假设它实际上是跟英语一样的语法化的;另一方面,英语中没有语法化或语法化程度较低的内容,在汉语中明显得到高度的语法化,也不充分肯定它的语法地位,更不会假设英语在抽象层次也有这种语法现象。

从语法化的角度来看话题理论和汉语话题,问题也就比较清楚了。话题作为一个话语功能的概念,在任何语言中都存在。有些语言把它语法化了,有些语言没有把它语法化,有些语言中话题语法化的程度较高,有些语言话题语法化的程度较低。汉语作为一种话题优先的语言,话题语法化的程度比英语高得多。如汉语中可以出现以下这类话题结构:

(1)早餐,他只吃面包。

(1)句中有位于句首的典型话题。这样的结构在英语中是没有的。从来没有人提议,在某个抽象的语法层次上英语句子也应该加上一个空话题,以便与汉语句子相一致。相反地,有人提议(1)中的话题可以分析为从句子述题中的某个位置移到前面去的成分，以便在深层的、原始的句子结构中让汉语句子显得与英语一样不存在话题。这样的研究思路，我们认为是不可取的。

下面，我们就从语法化的角度来说明，为什么汉语话题，尤其是上海话的话题是基本的句法成分，在语序分类法中应作为语序参数的组成部分。

7.2.2　普通话及上海话中话题的语法化

话题，本是话语功能的概念，任何语言都会有一些句子成分在话语或篇章中起话题的作用。但是，话题不一定在每种语言里都是一个语法化了的成分。在有的语言中，担当话题功能的名词短语必须同时是句子中的某个成分，如主语、宾语、状语等等，而不能除了话题，什么都不是。英语便是一种这样的语言。在这种语言中，可能起话题作用的主语、宾语等句法成分都是被语法化的，而话题本身却没有被高度语法化，它是由其他语法化成分临时所起的话语功能。而在另一些语言中，话题可以仅仅是话题，除此而外，什么都不是，如 7.2.1（1）中的"早餐"。换句话说，话题本身成了语法化的对象。汉语就是一种这样的语言。于是，在选择语法化的对象时，英语等语言没有选上话题，而汉语等语言则选上了话题。

语法化是内容和形式在一定语言中的结合，本书前面各章已经就汉语话题的内容特点（对话题来说就是话题功能）和形式特点作了大量讨论，这里拟根据上述讨论来总结一下汉语话题的意义和形式是怎样结合起来的。

汉语话题用多种形式手段固定下来，成为一种句法成分。这些手段有：

其一，前置的语序。话题具有前置性，主话题位于句首，次话题位于句子主语后、谓语核心动词之前，次次话题位于核心动词后一些有谓语性的成分之前，总之，话题后必然还有其他成分作为述题[2]。

其二，语音停顿。话题后都可以有一个明显的语音停顿。不但实际句子中的话题经常带停顿，而且后面没有停顿的话题也都允许加进一个停顿使话题形式更加明显。

　　其三,物化的停顿——提顿词。话题后可以停顿的地方也都可以带上后附性的助词——提顿词,即使没带也都可以加进去。提顿词实际上是一种强化式的停顿,是一种物化的(语音化的)停顿(参阅3.3.2),它强化了停顿作为话题标记的作用,还可能发展成比停顿更加专门化和句法化的话题标记。

　　其四,排斥焦点重音。话题上不能带上表示对比焦点的重音(参阅3.2、3.3.3)。

　　这是汉语的总体情况。通过本书的介绍,我们还可以看出,上海话在话题的语法化程度方面还要超过普通话。主要表现在:

　　其一,普通话提顿词跟话题的结合还不如上海话中紧密。在普通话中,提顿词跟句末语气词的联系还比较明显,有共同的语气作用,而上海话的提顿词,尤其是其中的“末”,作为话题标记的专用性更强,出现频率也更高,使话题在上海话中有了更加固定而专门的形式手段。

　　其二,上海话中话题结构种类更多,形式更加多样,出现频率更高,是比普通话的话题结构更加常规的句法形式。

　　在意义、功能方面,这种被以上形式手段固定下来的成分具有下面这些特点:

　　其一,话语功能。该成分具有语域功能,即为后面的话语划定时间、空间、个体方面的背景;相关性功能,即提供了一种线索,表明其后的话语在内容上与之相关;起点功能,即标明自己是某个话语片段的起点,后面将有对其陈述的部分出现。(参阅6.1.2)

　　其二,指称义特点。该成分通常要求由有定、类指、全量、有定类指成分的分量等类成分充当,这些成分适合上述三种功能的需要;排斥无定成分,因为无定性不利于上述功能。(参阅第5章)

　　其三,信息特点。该成分通常要求由已知信息、共享信息或现场环境要素充当,尤其适合由刚刚被激活的信息充当,这些信息适合上述三种功能的需要;排斥非共享的新信息,因为新信息不利于上述功能。(参阅6.2)

　　其四,语义关系。该成分在语义关系方面几乎没有限制,各种语义角色只要符合上述功能需要和信息特点便可以充当,甚至被要求充当。

　　该成分在这些方面表现出来的特点,正是人们在话语篇章分析中总结出来的话题的功能特点。可见,上述语法化手段所固定下来的内容,正是话题的这种话语功能。

　　在意义、功能方面,上海话话题语法化程度也比普通话更高一些,主要表现在有话题意义功能特点的成分更被要求带上话题的形式,即话题的内容跟形式结合得更加紧密。具体地说,在普通话中只是可以作话题的成分,在上海话中则表现为倾向于作话题,如已知有定信息;在普通话中倾向于作话题的成分,在上海话中往往接近于强制性地作话题,如中性问句和否定陈述句中的有定或类指受事。

　　汉语话题的上述形式特点,大多早就被人注意,但是人们并没有据此把话题看作汉语中的句法成分,像赵元任、朱德熙等学者都把这些特点看作汉语主语的形式特点,换句话说,他们认为被语法化的是主语,而主语具有话题功能。这种看法,遇到两个根本障碍。第一,本书的讨论及上面的总结充分显示,这种成分在意义和功能方面的特点跟其他语言中的话题概念(不管是话语功能上的话题还是句法上的话题)高度相符,而跟其他语言中的主语相去很远。把它称为主语,使不同语言的“主语”没有多少可比性,等于是赋予主语以新的含义,也就失去了称之为主语的意义。第二,更重要的,汉语主语虽然语法化的程度还不如话题,跟话题也有界限模糊之处,但的确仍可看作一个句法成分,把话题叫作主语,就完全掩盖了两者的区别。7.2.3就将比较话题和主语在语法化方面的差别。

7.2.3　话题和主语语法化的比较

　　跟话题是话语功能的语法化不同,主语首先是语义角色的语法化。主语的原型意义是施事,此外,哪些语义角色经常充当话题,各语言有所不同,但主要还是一些跟施事相近的语义角色,特别是当事(experiencer,性质、状态的主体)。

　　在人类语言中,句法上的主语有时或经常在话语中起话题的功能。其原因是可以理解的。在句子的事件结构中,较合乎认知顺序的语序是由施事到受事,而施事主要由有生名词尤其是指人词语充当,Tomlin(1986)归结为“有生居先原则”(animated first principle)。在句子的信息结构中,较合乎所谓“交际动力学”(dynamics of communication)的语序是由话题到述题,Tomlin(1986)归结为"主位居先原则"(theme first principle)。这样,在人类语言中,尤其是在话题没有得到较高程度语法化的语言中,句法上的主语和话语功能中的话题形成交叉也就很自然了。不过,Tomlin 所谓的原则,其实都只是一种倾向。人类语言的大家庭中,既有主语居末的 VOS 型语言,如南美洲的泽尔塔尔语(Tzeltal)和西印度洋的马尔加什语(Malagasay),也有话题居末的语言,如北美洲的奥吉布瓦语(Ojibwa),还有主语居中的为数可观的 VSO 语言,如古爱尔兰语、英国的威尔斯语、南太平洋的塔希提语(Tahitian),以及话题居中的语言,如菲律宾的塞布瓦诺语(Cebuano)。所以,主语和话题的交叉至多是一种概率较高的可能,而不是一种必然。归根到底,施事和话题是不同领域的概念,所以把它们分别语法化,使之形成不同的句法地位,也是很自然的。在日语、朝鲜语、布农语等语言中,主语和话题各有其形,各司其职,界限是很清楚的。

汉语的情况如何呢? 以施事为原型义的主语,语法化程度不如话题,这正是汉语被归入话题优先型语言的原因,也是李临定(1985)认为主语在汉语中语法地位不重要的原因之一。但是,这不等于汉语主语完全没有语法化,不等于我们可以在汉语中取消主语的句法地位。

从形式手段看,汉语主语的语法化手段基本上只有一条,就是前置的语序,所以在形式上它的语法化程度还不如话题。而这唯一的一条又是跟话题的形式手段相同的,这是造成汉语主语和话题的界限不像日语等那样明显的主要原因,也是语法学界长期不区分主语和话题的原因。2.3.1 指出实际句子中的某些成分看成话题还是主语允许有一定的灵活性,需要根据话语环境来决定。但是,我们还是能发现汉语主语和话题在语法化方面存在的区别。

停顿是话题的形式标记,提顿词作为话题后停顿的强化形式和物化形式,是比停顿更加专用的话题形式特征,而停顿和提顿词看来都不是主语的形式特征。这样,我们就不能采用停顿和提顿词这类形式来识别主语,但可以用它来区别于话题。不妨考察一下那些从语义和功能看明显属于主语的成分,可以发现它们与停顿及提顿词之间的排斥性。

一种情况是特指问句句首的施事性疑问代词，是主语没有问题，但它不符合话题的任何语义语用特点，没有任何理由分析为话题。我们注意到这种成分后不能有停顿和提顿词。比较(2)和(3)、(4)和(5)：

(2) a. 他打碎了茶杯。

　　 b. 他(呀)，打碎了茶杯。

(3) a. 谁打碎了茶杯？

　　 b. ＊谁(呀)，打碎了茶杯？

(4) a. 他在敲门。

　　 b. 他(呀)，在敲门。

(5) a. 谁在敲门？

　　 b. ＊谁(呀)，在敲门？

我们用(2)—(5)例是想说明，话题的语法化手段确实只跟着有话题功能的成分走，而并不跟着主语走。当然，上述施事性疑问代词没有话题性，不等于说疑问代词永远不能作话题。6.5.3已经分析过上海话的受事性疑问代词在一定条件下可以充当话题，这些条件其实都是跟话题功能相符的要素。普通话中也存在类似情况。事实上不管是施事性还是受事性疑问代词都可能在有话题性的条件下充当话题。重要的是，当它有话题性时，它也就可以带上话题的形式标记了。如：

(6) 他对组员的背景非常清楚，谁(呀)，当过知青，谁(呀)，参过军，你从他那儿都可以了解到。

(7) 你连着读了好几本书，哪一本书(呢)，你最喜欢？

(6)的两个施事性"谁"不用于真正的疑问，而且有话题的对比或并列列举功能，所以可以作话题。(7)的受事性"哪一本书"承前面的"书"而来，有一定的已知性，所以也能作话题。

另一种情况是关系从句中的施事主语，即作定语的主谓短语中的施事主语，没有人认为它是话题。这个主语后也不能有停顿。比较：

(8) a. 他当过知青。

　　 b. 他(呀)，当过知青。

(9) a. 这儿是他当过知青的地方。

　　 b. ＊这儿是他(呀)，当过知青的地方。

这样看来，汉语中可作主语的成分只要后面有了停顿或提顿词，就可以看作话题。但不能反过来认为没有停顿或没加提顿词的就不能是话题，因为话题可以停顿或加提顿词，但并不是必须这样。

话题和主语的另一个形式差别是焦点重音。话题排斥焦点重音，具体表现为焦点重音和提顿词不能共存（见 3.3.3），而主语允许有焦点重音，如：

（10）'他打碎了茶杯。　（不是别人打碎）

（11）'谁在敲门？

（12）这儿是'他当过知青的地方。　（不是别人当过……）

主语可以有焦点重音并不说明主语比话题多了一项语法化形式，情形恰恰相反。我们知道，句子中的实词性成分基本上都能在需要时加上焦点重音，所以焦点重音不标明任何句法身份，反过来不能带焦点重音的倒只有话题，所以不能带焦点重音可以成为话题的形式标记。不过，我们仍然可以用焦点重音来帮助区别话题和主语。

可见，汉语主语的语法化程度的确不如话题，但是我们仍然可以借助话题的形式手段在一定程度上区分这两者。

再从语法化的内容看，两者的区别也能找到。主语所语法化的内容是以施事为原型的语义角色，话题所语法化的内容是话题这一话语功能。当施事角色和话题功能合一并且只用前置这一语序来语法化时，两者的确会产生交叉，带来分析的模糊地带。但是，两者远非总是交叉。比较"小孩看的人"和"看小孩的人"，"小孩"在两个短语中语序不同，这里的语序只表示语义角色不同，而跟话语功能无关。话题是完全允许受事充当的，如"那个生病的小孩我已经看过了"，但在上述定语位置绝不允许受事的"小孩"放在"看"之前。可见语序在这里只用于主语的语法化，而没有用于话题的语法化。

7.2.4　话题语法化的程度

上文已多次提到语法化的程度，现在专门讨论一下话题语法化的程度问题。

语法化是一个动态的过程，通过语法化的形式、内容和用途各个方面，可以看出语法化的程度。在形式方面，封闭性词类语法化程度高于开放性词类，黏着的、半独立或不独立的词语法化程度高于自由的、独立的词,形态手段语法化程度高于句法手段,屈折现象(构形形态)语法化程度高于派生现象(构词形态)。在内容方面,语义语用内容广泛多样的现象语法化程度高于语义语用内容狭窄单一的现象。在用途方面,经常使用的现象语法化程度高于难得使用的现象,在一定句法位置强制性使用的现象语法化程度最高。这三方面的程度往往是相互一致的。下面根据这些被普遍认可的语法化程度的标准来分别考察话题语法化的程度问题。

从形式上看,日语、朝鲜语的话题都是高度语法化的。这两种语言的话题都有形态标记(后缀,传统也称提示助词)表示,明显区别于主语。而这两种语言的主语也都有主格形态标记(后缀,传统也称格助词)表示,明显区别于宾语等其他成分,也是高度语法化的。所以它们被称为主语话题并重型语言是非常贴切的。汉语整体上形态现象不丰富,因此不可能有程度最高的语法化即非常形态化的话题现象。但是汉语话题有语序这种句法手段,有停顿这种非音质特征,更有提顿词这种黏着的话题标记,特别是上海话的"末"等提顿词,是非常专用的话题标记,其语法化程度是比较高的了。

在内容上,汉语尤其是上海话话题的语法化程度表现得更加明显。任何语法现象都有一种原型的语义或功能,它是语法化的起点,也是该现象所表达的语义语用内容所围绕的核心。而形式和内容一旦在特定语言中结合为一种固定的语法现象,便可能产生对原型义有所偏离的情况,而且语法化程度越高,用途越广泛,偏离现象越常见,语义语用内容越多样。比如,体助词"了"在中古刚开始形成时是半独立的词,限于表示行为的完毕。现在,"了"已发展成完全不独立的黏着性体标记,所表示的语义也变得多样,如"衣服大了"表示程度超过预期或标准(即衣服太大),没有明显的完成义。再如俄语、德语等名词的性(阳性、阴性、中性),原型义是生命体的性别,用于生命体时仍跟自然性别基本一致,但它作为一个高度语法化的现象,适用于所有名词,其中大部分跟性别无关,也偏离了原型义。而现代英语的性是一种只涉及少数名词的派生现象,语法化程度远低于俄语、德语的性,它也就没有发生偏离自然性别的状况。再如语言中宾语对受事性的偏离,主语对施事性的偏离(例如英语中傀儡主语 it 对施事性的极度偏离)等都属于句法成分偏离原型义的情况。从这个角度看,汉语尤其是上海话的话题就是一种高度语法化的成分。带有话题的汉语句法结构,大部分都有话题的话语功能,但也有些话题结构带有一定的话题义,却更重要的在于表达由话题义派生出的其他语义和语用功能。如某些由动词性成分充当的拷贝式话题结构(去是去了,……),让步功能大于话题功能。在上海话中,话题结构的种类更加多样,而语义语用功能也更加多样,除了让步外,还有对比、并列列举、强调、肯定、感叹、假设条件、已然等等(参阅 4.4、6.3),其中有的带有较明显的话题义,有的偏离话题的原型义已有相当距离,如上海话中表示已然的动词拷贝式话题结构(去也去勒'早已去了'),近乎一种体的意义,离话题功能已比较远。这些正说明话题在上海话中是一种非常语法化的成分。有意思的是,即使是偏离话题原型义的话题,也还是能追寻出由话题功能发展而来的线索,而这些成分跟以施事为原型义的主语,却实在难以建立起关系,这再次显示出在汉语中话题跟主语不一致并且话题比主语得到更高语法化的特点。

偏离原型义是高度语法化的产物,而偏离到一定程度,可以导致新的语法化。上海话中的提顿词"末"在用于多项列举时,已兼有关联词语的作用,跟普通话的"也……也……""又……又……"等关联词语有共同之处,实际上形成了这个语法形式和并列型复句关系的结合,成为新的语法化现象。上海话有些拷贝式话题结构在语义偏离话题功能的同时,形式也有进一步语法化的迹象,如"欢喜末老欢喜个"表示肯定强调语气,即的确非常喜欢,同时形式上也可以说成"欢末老欢喜个","欢"已经不成词,难以再看作一个独立的话题,整个拷贝结构已开始带有不连续重叠形态的特性,由话题结构导致新的形态化。

在用途方面,语法化的程度主要体现在常用性和强制性。强制性是常用性的极点。如英语动词的"时"的标记,不但是常用的,更重要的是在谓语位置上动词必须带时的标记,这是强制的,所以也就成为语法化程度最高的成分。每个句子都要有主语,没有合适的主语时也要用无义的 it 来充当傀儡主语,这体现了英语类语言主语的高度语法化,也是它们被称为主语优先型语言的重要原因。汉语的各种话题结构,是言语交际尤其是口语交际中非常普遍的现象,在有些条件下甚至成为接近强制性范畴那样的必用成分。这在上海话中表现得愈加明显。提顿词"末""是"及当代上海话"对哦"等的高频出现,已知信息、全量成分等指称和信息特点对话题结构的倾斜,中性问句、否定陈述句等句式中受事性话题的近乎强制性的使用,加上语域式、拷贝式等多种话题结构在话语中的大量使用,这些都显示了上海话话题的高度语法化。在普通话中,话题结构已经比较常规,而在上海话中,各种话题结构更是高频常见句式。比较英语,它的话题结构主要限于用 as for 引出话题这一种,1.3 我们引用过 Steele(1978:592,593)就这种句式所作的评论,她作为以英语为母语的人能感到这种句式是非常特别的、非常规性的句子,她认为不但考察英语句子的基本语序时不必考虑这种句式,甚至考察英语基本语序的主要变体时都可以不理会这类很特别的句子。她实际上就是注意到英语的这种话题结构主要是一种话语现象,语法化程度是很低的,所以在句法中不必考虑。而在汉语尤其是上海话中,话题结构如此普通、如此常见,其语法化程度是非常高的,也是我们在研究汉语语序类型时必须予以高度重视的。

最后,我们可以注意到话题进入构词法的情况,主要表现在一些带提顿词的派生词,这从又一个侧面反映了话题结构的语法化程度。最明显的是"乃末""乃是""辫末""辫是"。"乃"本是时间词,老派可以单用,表示"现在""眼下",如"从小做到乃"。"辫"是近指兼定指指示词,表示"这""那"。跟提顿词结合为词后,有承上启下的关联作用,跟提顿词表示话题和条件的功能有明显关系。下面是一些用例:

(13)儿子对象寻好哉,乃末侬好定心哉。
　　　'儿子找好对象了,这下你可以放心了'
(14)伊板数也要参加,乃是事体弄僵脱哉。
　　　'他一定也要参加,这下事情可搞僵了'
(15)小张来接班勒,辫末侬回去吧。
　　　'小张来接班了,那你回去吧'
(16)伊要硬撞,辫是我勿怕伊个。
　　　'(假如)他要来硬的,那我可不怕他'

此外,"末"还能加在非名词后,显然由"末"表示分句式话题的功能而来。如"要末"(用途比普通话"要么"大),邻近上海的吴江话的"勿末"(要不然),如:

(17)伊勿大开心，要末侬去劝劝伊。

　　'他不太高兴，要末你去劝劝他'

(18)王师务是勿肯去个，要末我来跑一趟。

　　'王师傅才不肯去呢，只有我来跑一趟'

(19)〈吴江〉伊顶好去一趟，勿末我来去一趟。

　　'他最好去一趟，要不然我来去一趟'

这些带提顿词的派生词很容易让我们想到功能类似的"然则""否则""再则"等，6.3 已经分析过"则"的功能跟"末"是非常相近的，区别只在"否"是前置性的。在派生词中，"则"也用作后置成分，构词功能跟吴语的"末"更加一致。

7.2.5　语法化的不同产物：话题结构、"把"字结构、"被"字结构

　　"把"字结构在上海话的对应结构是"拿"字结构，"被"字结构在上海话中的对应结构是"拨"字结构[3]，如：

(20)猫拿鱼吃脱勒。　　'猫把鱼吃喽'

(21)鱼拨猫吃脱勒。　　'鱼被猫吃喽'

为了方便，我们用"把"字结构和"被"字结构来泛指方言中的对应结构。这两种结构是汉语中跟本书讨论的话题结构有密切关系的两种句法结构。认为现代汉语为 SOV 语言的 Tai(1973)和认为汉语从古到今由 SVO 发展为 SOV 的 Li & Thompson(1973a、b，1975)，都把"把"字句和受事作次话题的结构(本书的 STV)同样地看作是 SOV 语序的表现，实际上给"把"字句和次话题句画了等号。此外，桥本(1985)没有提到受事作次话题的结构，但把"把"字句看作 SOV 语序，他论证汉语不但自古到今经历了 SVO 向 SOV 的发展，而且由南而北也呈现 SVO 向 SOV 的推移，重要论据之一便是近现代有"把"字结构而且北方更发达。国内的汉语学界则较多注意到"把"字结构和"被"字结构在句法表现方面的许多共同点。下面我们就来简要分析一下这三种结构之间的关系。

　　"把"字结构和 STV 除了具有受事位于动词之前这一共同特点外，还有许多共同点。在指称义方面，"'把'字的宾语在意念上总是有定的"(朱德熙 1982：187)，此外也常见类指成分或全量成分作"把"字的宾语，这都跟话题一致。在结构特点方面，普通话"把"字结构完全排斥

光杆动词,上海话的"拿"字句和 STV 结构虽然不绝对排斥光杆动词,但都明显倾向于用动词的非光杆复杂形式。此外,两种结构都可以在动词后出现复指受事的代词宾语,尤其在上海话中,如:

(22) 侬拿中药吃脱伊。

(23) 侬中药吃脱伊。

在跨方言比较时,还可以发现这两种结构有表达功能上的对应性。上海话是 STV 结构(包括带复指宾语的 STVO)发达常用的方言,相应的,"把"字句——在上海话中是"拿"字句——用得就较少。比如,在 6.5.1 用作统计语料的那出独脚戏中,各种 TV 结构——STV、TSV、TV 等出现了数十例,却没有出现一例"拿"字句,这些 TV 类结构又有许多在北京话中用"把"字句来翻译最切合,而北京话用"把"字句表达的祈使句在上海话中也常是用"STV(O)"结构来表达最切合。如:

(24)〈京〉你把鸡杀喽!

　　　〈沪〉侬鸡杀脱伊!

(25)〈京〉你快把衣服洗干净喽!

　　　〈沪〉侬快点衣裳汰汰干净。

可见两者的确在功能上有共同点。从以上所述看,两者的共同性大多跟话题功能有关,因此"把"字结构中位于动词前的受事论元确实在话语功能上有一定的话题性。

　　但是,功能上有话题性不等于说结构上就是话题。事实上,"把"字结构跟真正的话题结构还是有不少不可忽略的差异。

　　首先,普通话受事前置的话题结构以 TSV 为主,受事为主话题;上海话虽然以 STV 为主,但 STV 基本上都允许变换为 TSV,甚至次次话题在需要时也都可以变换成主话题,所以(26)、(27)的 a 句都能说成b 句而语义关系未变:

(26) a. 侬香烟吃哦?

　　　b. 香烟侬吃哦?

(27) a. 伊拨仔儿子末一幢房子,拨仔囡儿末一只钻戒。　　(= 2.7.2,(7)例)

　　　b. 儿子末伊拨仔一幢房子,囡儿末拨仔一只钻戒。

而"把"及其宾语决不能位于施事主语之前。

　　其次,在 STV 结构中,否定副词只能位于 T 和 V 之间,不能位于 T 之前,而在"把"字结构中,否定副词只能位于"把"字之前,下面是普通话的例子:

　　(28) a. 我这事儿不说出去。

　　　　 b. ＊我不把这事儿说出去。

　　(29) a. 我不把这事儿说出去。

　　　　 b. ＊我把这事儿不说出去。

　　再次,话题不能成为以重读和前加"是"为标记的对比焦点(3.2.4、3.3.3、7.2.2),而"把"字的宾语可以成为句子的对比焦点。如:

　　(30) 我是把＇垃圾倒了,又不是把＇金银财宝倒了。

我们知道,话题本身是可以有对比的,但是在对比的话题后必须有对比的述题存在,而且句子的重点仍在述题上。(30)意义最贴近的话题结构表达法大概是(31),但在(31)中,真正的对比焦点已经是"倒了"和"没倒"这两个述题成分,整个句子的表达效果跟(30)大不相同:

　　(31) 我垃圾倒了,金银财宝没倒。

　　以上三点足以说明,虽然"把"字结构跟 STV 有共同点,虽然"把"字的宾语在话语功能上有一定的话题性(当它不是对比焦点时),但是"把"字的宾语跟句法上的话题毕竟还存在着重要的差异,不能简单地看作句法上的话题。

　　不过,我们并不认为"把"字的宾语可以分析为后面动词的宾语,也不赞成在分析汉语的语序类型时把"把"字句看作 OV 语序的体现。首先,句法上的宾语不应该出现有定等跟话题功能有关的倾向。更为重要的是,"把"字的宾语有很多是无法"回到"动词后的宾语位置的,其中有的是因为跟补语等其他成分在动词后互相排斥,这或许还可以归因于节律等因素,有的就干脆因为动词已有宾语,根本不容许"把"的宾语再作动词的宾语。如:

　　(32) 他把苹果削了皮。

　　(33) 他把汽车撞了个大洞。

可能有人会认为(32)的"苹果"是从(34)的宾语"苹果的皮"中移出的,至少可以看作宾语的一部分,可是这种分析法对(33)依旧无能为力,因为(33)绝不能说成(35)：

　　(34) 他削了苹果的皮。

　　(35) ＊他撞了个汽车的大洞。

最后,假如受事论元带上介词仍然算宾语,那么施事论元带上介词理应也算主语,这样汉语的"被"字句和英语的被动句都该算 OSV 类型的句子了,这显然是无法接受的。因此把"把"字结构仍看作动宾结构在语法上是不合理的。

　　总之,动宾结构、话题结构和"把"字结构是汉语中三类不同的语法化过程的产物。我们知道,语法化是内容和形式在一定语言或方言中的结合,"把"字结构的语法化是这样实现结合的：内容上,是以受事和话题性(更确切地说是次话题性)的结合体为原型,从而既区别于单纯以受事为原型的宾语,也区别于单纯以话题功能为原型的话题;形式上,它以受介词引导和前置于动词为特点,句法表现跟其他作状语的介词短语相同。汉语语法学界向来认为"把"是介词,自 20 世纪 80 年代以来,更是普遍将"把"所引导的介词短语分析为动词的状语,这都是基于句法分析得出的结论。所以,尽管"把"字结构从语义角色看,跟动宾结构比较接近,从话语功能看,跟话题结构有较多共同点,但是作为语法现象,我们还是得把它归入状语-中心语结构这个大类中。从受事论元出发,我们可以把上面三种语法化分别叫作宾语化、话题化和状语化。动宾结构是受事宾语化的产物,受事性话题结构是受事话题化的产物,"把"字结构是受事状语化的产物。

　　当然,"把"字结构是状中结构中的特殊类别,有着特殊的语义和语用特点,这也是通过形式表现出来的。它有次话题的功能,这跟它作为受事而位于动词前的语序特点有关。它以受事为原型语义角色,这是靠"把"这个介词来表现的。

　　前面说过,普通话"把"字结构的内容在上海话中除了用相对的"拿"字结构表达外,也常用次话题结构来表达。这一方面说明了"把"字结构在话语功能上跟话题结构尤其是次话题结构有共同性,另一方面也恰好说明了"把"/"拿"字结构在句法上跟状中结构的共同性。"把"字结构在历史上不但属于状中结构,而且跟工具性的状中结构完全同形。上海话的"拿"字结构则至今尚未与工具性状中结构分化,比较：
　　（36）侬拿水汰一汰。　'你用水洗一下'
　　（37）侬拿水灌进去。　'你用/把水灌进去'
　　（38）侬拿水倒倒脱。　'你把水倒喽'

上海话受事性"拿"字结构用得比普通话少，可能就跟它还经常用于工具义有关。

　　"被"字结构是汉语中又一类受事前置结构，其特点是受事不带介词置于句首，施事带上介词"被/叫/让/给"（上海话用实义为"给"的介词"拨"）出现在受事和动词之间。"被"字结构的受事主语在话语功能上固然也有一定的话题性，而且话题性还强于"把"字后的受事论元，但在句法上不宜将"被"字句看作话题结构。句法上的话题是可以跟施事主语一起出现的，而"被"字句的施事已作了状语，不可能再作主语，让施事作状语就是为了给受事留出主语的位置。所以，"被"字句的受事不是话题化，而是主语化，是取主语之位而代之。在有格标记的语言中，有形式标记的被动句的受事总是取主格形式，也说明受事的主语化是常见的语法现象。"被"字句的另一个重要特点是主语可以重读或前面带上焦点标记"是"成为话题，这是话题所不允许的，如：

　　（39）（是）'小张被领导批评了。

　　由此可见，"被"字句是另一类语法化的产物。"被"字结构是受事的主语化和施事的状语化。需要补充的是，在汉语中，"被"字结构也可能只涉及这两种过程的一种。可以只有受事论元的主语化，而没有施事论元的状语化，如（40），也可以没有受事论元的主语化而只有施事论元的状语化，如（41）、（42）：

　　（40）小张被批评了。

　　（41）这一回总算被他中了个头奖。

　　（42）你干的活儿又被人家找到毛病了。

后一种情况在英语这种主语优先型语言中是不存在的。而在汉语中，这一类"被"字结构常常有语域式话题出现在句首。我们说这些语域式成分是话题而不是主语，因为它们可以跟主语化的受事一起出现，如：

　　（43）这一回头奖总算被他中了。

所以，无主语的"被"字句实际上还是体现了话题优先型语言的特点。

通过本小节的讨论可以看出，在汉语中，受事论元可以有四种语法化的途径：宾语化、话题化、状语化和主语化。在讨论英语的语序类型时，从来没人把已经主语化的受事当作宾语而说英语有 OVS 语序（John was beat by Bill）。大概因为汉语的"被"字句跟英语的被动句有可比之处，所以也没人把汉语中已经主语化的受事当作宾语而说汉语有 OVS 语序。一到跟英语没有可比性的话题结构（特别是次话题结构）和"把"字结构，就有人不知不觉执行起"双重标准"来，把已经话题化和状语化的受事还当作宾语，于是得出现代汉语有 SOV 倾向或北方汉语更多 SOV 倾向之类结论。现在，问题已经很清楚，正像主语化的受事论元不是宾语一样，话题化和状语化的受事论元也不是宾语。就动宾关系而言，现代的北京话、上海话都是 VO 型的。区别在于北京话受事状语化现象较多，话题化则以 TSV 为主，上海话受事话题化现象较多，而且以 STV 为主，状语化现象不如北京话多[4]。

当然，在汉语中，尤其是在上海话中，主语、介词短语充当的状语，都可以通过加提顿词成为话题或次话题，同时不再是主语或状语，因为这已经是又一次语法化的产物了。"把"字结构中的受事状语、"被"字结构的受事主语、"被"字结构中的施事状语，都可以通过加提顿词成为话题或次话题，跟其他成分的话题化没有什么区别，如：

（44）我把小鸟啊，全放走了。

（45）小鸟啊，全让我给放走了。

（46）小鸟全让我啊，给放走了。

7.3　话题与话题优先型语言：
句子观的发展

当代世界语法学的主流，是以西方语法学两千多年的传统为背景发展起来的，中国系统性的语法学也是 100 年前由马建忠通过直接模仿"泰西葛郎玛"（西方语法学）而开始建立的。西方的传统语法学主要植根于欧洲的印欧语言，其句子观不可避免地会受到欧洲语言特点的影响，随着语言视野的不断开拓、语法研究的逐步深化、语言共性和类型学的兴起，语法学家对人类语言句子的认识也愈趋全面与深化。对话题与话题优先型语言的深入研究与充分认识可以深化对句子基本成分的认识,使句子观获得进一步的发展。

7.3.1　以主谓关系为基石的句子观

在印欧语中,主谓结构是高度语法化的句法结构。一方面,句子(包括小句)基本上都以主谓结构为基本结构,意义上没有主语的,可以加上无所指的傀儡主语,省略主语的可以明确地补出主语。另一方面,主谓结构依靠多重的形态手段而获得句法形式上的明确规定性。所谓多重形态手段包括:作主语核心的名词在形态上取主格(nominative),即使是名词格形态接近消失的英语也还可以借助人称代词的主格形式类推出名的主语身份,区别于作宾语的宾格(accusative)等格形态;在有些语言(如俄语)里,主语核心名词的修饰限制成分也可能取相应的主格形式;作谓语核心的成分形态上为定式动词,区别于动词的各种非谓形式,定式动词有时(tense)、式(mood)等的形态范畴,而动词的非谓形式没有这些形态;主语和谓语在人称、数、性等方面在形态上有一致关系(agreement),英语中还剩下第三人称单数主语后的现在时谓语动词要加 s,据此也可推及其他,所以当代生成语法用 Agr 这个一致关系的缩写形式表示主语,见 2.2.2。在意义上,印欧语的主语以动作行为的施事为原型,当事(性质状态的主体)也是适合作话题的语义角色。在施事不作话题时,工具、原因等也可以作话题,但受事作话题通常需要有主语化的过程,即谓语动词取被动态,施事状语化或省略以让出唯一的主语之位。在话语功能上,主语可能在话语中起话题的作用,但也经常没有话题作用。在信息结构需要时,完全可以由主语外的某个成分通过语序等手段充任话语中的话题,而主语和话题成分原有的句法地位因为有形态标志而依旧不变。

由于众多形式特征的保证,在印欧语中确定主谓结构及区分主宾语几乎是容易到不成事情的事情。在这样的背景下,句法理论以主谓关系为理所当然的基本关系,以主语、谓语为小句的第一层句法关系,以主语-动词-宾语为考察语序类型的基本参项,是不难理解的。这种背景下形成的主谓式句子观至今仍是许多语法学家所持的观念。

7.3.2 作格语言类型的发现和研究

作格(ergative)又译"唯动格""唯被动格"等。作格语言在世界上分布得也颇为广泛,有西欧的非印欧语巴斯克语(Basque)、高加索地区的格鲁吉亚语(Georgian)、北极圈内的因纽特语(Eskimo)及澳大利亚的许多土著语言等,约占世界语言总数的四分之一。

我们知道,在印欧语言中,作主语的名词主格既可以出现在及物性谓语(即带有宾语)的句子中,也可以出现在不及物性谓语的句子中,共同与宾格构成对立。这就是通行句法理论中的主语的概念。这种概念随着作格型语言的发现而遇到了挑战。作格语言也有名词的格范畴并以此确定句法地位,但是格的分类方式与印欧语大异其趣。在作格语言中,及物性行为的施事(如"他喝酒"中的"他")取一种格的形态,即作格(ergative);非及物性行为的施事(如"他走了"中的"他")和及物性行为的受事(如"他喝酒"中的"酒")共取一种格的形态,称为通格(absolutive,字面义为绝对格)。作格语言发现后,人们才回过头去给印欧语之类主宾格对立的语言取了个名字叫"宾格(accusative)语言"。

面对作格语言,人们不知道该把哪个成分算作主语,哪个成分算作宾语,甚至可以怀疑主语、宾语这些概念是否还有普遍意义。而主语、宾语这些句法概念一成问题,以主谓关系为基石的许多语法理论及其句子观就遇到严峻的挑战。所以可以说,作格语言的发现和研究使句子观的发展进入了一个新阶段。

一种简单的想法或许是干脆把作格成分看作主语,因为它的施事性最强,而主语正以施事为原型,通格则看作跟宾格相对应的句法成分。可是,有的语言学家通过对作格语言的研究却发现,作格语言自身之间也存在颇大的差异,这种处理法很难一以贯之。比如,据 Faarlund (1988),在澳大利亚的一种作格语言德伊尔巴尔语(Dyirbal)中,通格显得比作格有更强的主语性,难以把作格看作主语;在另一种澳大利亚作格语言瓦尔马佳利语(Walmatjari)中,在形态上跟受事同属通格的不及物行为的施事,在语用功能方面却跟作格成分更接近,也难以单纯把作格看作主语而排斥不及物行为的施事。

作格语言促使语法学家重新审视主语、宾语这些惯用的概念,进一步完善普遍性的句法理论使之具有更大的概括力。类型学家,尤其是澳大利亚等地的一些作格语专家已经在这方面做了不少努力,较近出版的研究作格语言的专著有以系统功能语法为框架的 Dixon(1994)。而用当代形式语法框架对作格的研究也有进展,例如提出了非作格动词(unergative verb)与非宾格动词(unaccusative verb)区别。Burzio(1986)证明,即使在非作格语言如意大利语中,也表现出某些类似作格的现象。

7.3.3　主语-话题类型学的提出和话题优先型语言的深入研究

主语-话题类型学的提出和话题优先型语言的深入研究对以主谓关系为基石的传统句子观又一次带来大的挑战。

在话语平面对话题的大量研究实际上开始于 20 世纪早期的布拉格学派,但是这种研究并没有对句法理论本身产生重大影响。李讷和 Thompson 提出主语-话题类型学,第一次揭示与人们熟悉的主语优先型语言对立的话题优先型语言的存在,对主语的普遍重要性提出质疑,这才真正从另一个角度(不同于作格语言的角度)对主谓式的传统句子观形成挑战,又一次开启了句子观发展的新阶段。他们让话题优先型语言和主语优先型语言构成对立,而主语是句法概念,客观上已经开始把话题引入句法学的视线。可是,随之而来的围绕汉语等话题优先型语言的话题研究,大多仍偏重话语功能方面的研究,连主语-话题类型学的提出者也没有自觉地将话题放在句法中来讨论。以致一方面强调话题优先型语言不同于主语优先型语言,一方面又完全按照主语优先型语言的标准来讨论汉语的语序类型,把话题结构当 OV 结构来对待。

本书的努力之一,就是明确把话题优先型语言中的话题看作句法平面的成分,自觉地从句法角度对话题进行探讨,从句法理论上确立话题的句法地位,同时也充分注意到作为句法成分的话题的语义和语用特点。本书的另一项努力,就是通过汉语,尤其是在我们看来比普通话更典型的话题优先型方言上海话的个案式研究,较为全面而详尽地揭示话题在话题优先型语言中的句法、语义和话语功能特点。

就目前了解的情况看,话题优先主要存在于汉语和藏缅语言中,广义的话题优先语言还可以包括日语、朝鲜语、布农语等主语话题并重型语言。亚太地区的其他语言如壮侗语言、阿尔泰语言等是否有话题优先的现象，现在还缺乏了解。日语、朝鲜语的话题，已经有不少研究成果，但主语话题并重型语言毕竟还跟话题优先型语言有不少重要差别。比如，对主语优先型语言最不成问题的主语的确定及其与宾语的区分，对日语、朝鲜语等来说也不成问题，因为主语和话题都是通过形态而高度语法化的；而对于真正的话题优先型语言来说，这几乎是"蜀道难，难于上青天"的事情。50 年前，中国语言学界出现了一场主语宾语的大论战，学者们各自提出大相径庭的判定主语和宾语的标准及其分析结果，这在日语、朝鲜语中是不可想象的。更值得注意的是，50 年来，除了"文革"十年，这一讨论几乎从未真正停止过，而讨论的结果又是那么让人泄气，汉语语法学有了长足的进步，对主宾语的认识也大大深化了，但彼此看法的距离几乎依然如故。这也是在日语、朝鲜语中不可想象的。问题的存在不是因为讨论者的无能，而是因为主语在话题优先型语言中语法化程度确实不高，难以套用主语优先型语言和主语话题优先型语言的现成主语宾语观念。由此可见，要真正认识话题优先型语言及其类型学价值和语法理论意义，必须加强对这些语言的话题结构的调查研究和理论思考。这不是一两本书能完成的任务。在这点上，本书也只能说是一个探索和尝试。我们希望汉语学界和汉藏语学界有更多的学者参与这一课题的调查研究，也希望语法理论界熟悉汉藏语的学者多进行这类研究，让人类语言的句子观获得更大的发展，使人们对人类语言的句子基本结构有更加全面、更加科学的认识。

附注

　　[1] 这里的"中心语"和"附加语"的关系，不限于通常所说的定语状语等修饰限制成分和被修饰限制成分的关系，适用面要广得多。他用的原文是 operand—operator 和 operator—operand，有人译 operand 为被操作成分，即我们所说的中心语，operator 为操作成分，即我们所说的附加语。

　　[2] 述题因为跟话题相对而得到语法化，和话题一起组成话题结构。述题内部则可以作进一步的语法分析。关于述题的结构地位，可参阅第 2 章的形式化分析。

　　[3] 我们不采用汉语语言学更常用的名称"把"字句和"被"字句。因为这类结

构并不一定独立成句,也可以用作句子中的被包容的短语,如"把观众吸引住的本领""被爱情遗忘的角落"。这跟本书称"话题结构"而不说"话题句"的做法是一致的。

[4] 我们认为北京话、上海话都是 VO 型,并没有绝对排斥汉语方言可能有 OV 语序。据我们了解,西宁方言中受事前置的句式,有些可能是 OV 型语序,其中前置的受事看不出话题的特征。这种语序的来源很清楚,是藏语等少数民族语言的影响,青海的非汉语基本上都是 SOV 型语言。下面是张成材(1994:14—15)的一些例句:

> 爸爸一个洋糖给哪。　'叔叔给了一块水果糖'
>
> 我阿爸今年六十岁有哪。　'我爸爸今年有六十岁了'
>
> 这个东西我的不是。　'这个东西不是我的'

据张成材(1994:14),西宁话 VO 型语序仍占优势,其受事前置现象还有待于进一步研究。

参 考 文 献

中文部分

陈承泽.国文法草创[M].上海/北京：商务印书馆,1922/1982.

陈　平.试论汉语中三种句子成分与语义成分的配位原则[J].中国语文,1994,(3).

戴浩一.以认知为基础的汉语功能语法刍议[J].叶蜚声译,国外语言学,1990,(4);又见戴浩一,薛凤生主编.功能主义与汉语语法[M].北京：北京语言学院出版社,1994.

范继淹.无定NP主语句[J].中国语文,1985,(1).

范开泰.语用说略[J].中国语文,1985,(6).

范　晓.句型、句模和句类[C]//范晓.三个平面的语法观,北京：北京语言学院出版社,1996.

范　晓,胡裕树.有关语法研究三个平面的几个问题[J].中国语文,1992,(4).

方　梅.北京口语中语气词的功能研究[J].中国语文,1994,(2);又见张伯江,方梅.汉语功能语法研究[M].南昌：江西教育出版社,1995:36—51.

古川裕.现象句和双宾句的认知基础——"数＋量＋名"词组的出现条件[C]//新时期语法学者学术研讨会论文,武汉,1996.

胡明扬.北京话的语气助词和叹词(上)(下)[J].中国语文,1981,(5,6).

胡裕树,范　晓.试论语法研究三个平面[J].新疆师范大学学报,1985,(2).

胡裕树,范　晓主编.动词研究[M].开封：河南大学出版社,1995.

黄锦章.再论汉语话题在所指上的要求及影响所指要求的诸因素[C]//邵敬敏主编.九十年代的语法思考,北京：北京语言学院出版社,1995.

姜信沆. 训世评话(资料篇上)[C]//古屋昭弘校,日本《中国语学研究·开篇》Vol. 8,日本好文出版,1991.

李临定. 主语的语法地位[J]. 中国语文,1985,(1);又见李临定. "著名中年语言学家自选集"之《李临定自选集》[M]. 郑州:河南教育出版社,1994:160—176.

刘丹青. 小议指人名词用"什么"提问的现象[J]. 汉语学习,1984,(1).

刘丹青. 苏州方言的发问词与"可 VP"句式[J]. 中国语文,1991,(1).

刘丹青. "唯补词"初探[J]. 汉语学习,1994,(3).

刘丹青. 语义优先还是语用优先?——汉语语法学体系建设断想[J]. 语文研究,1995,(2).

刘丹青,段业辉. 论"有的"及其语用功能[J]. 信阳师范学院学报,1989,(2).

陆俭明. 周遍性主语及其他[J]. 中国语文,1986,(3);又见陆俭明. 现代汉语句法论[M]. 北京:商务印书馆,1993:73—84.

吕叔湘. 文言虚词[M]. 上海:上海教育出版社,1959;上海:开明书店,1944.

吕叔湘. 中国文法要略[M]. 北京:商务印书馆,1982/首版于 1942—1944 年分卷出版.

吕叔湘主编. 现代汉语八百词[M]. 北京:商务印书馆,1980.

马希文. 关于动词"了"的弱化形式/. lou/[J]. 中国语言学报,北京:商务印书馆,1982,(总 1 期).

钱乃荣. 上海话语法[M]. 上海:上海人民出版社,1997.

钱乃荣主编. 现代汉语[M]. 北京:高等教育出版社,1990.

桥本万太郎. 语言地理类型学(中译本)[M]. 余志鸿译,北京:北京大学出版社,1985.

屈承熹. 汉语的词序及其历史变迁[J]. 语言研究,1984,(1).

石汝杰. 吴语读本——明清吴语和现代苏州话[C]//日本《中国语学研究·开篇》单刊 No. 8,日本好文出版,1996.

石汝杰,刘丹青. 苏州方言量词的定指用法及其变调[J]. 语言研究,1985,(1).

史有为. 主语后停顿与话题[J]. 中国语言学报,北京：商务印书馆,
　　　　1995,(总 5 期).

王福祥. 俄语话语结构分析[M]. 北京：外语教学与研究出版社,1981.

韦旭升,许东振. 韩国语实用语法[M]. 北京：外语教学与研究出版
　　　　社,1995.

谢信一. 汉语中的时间和意象[J]. 叶蜚声译,国外语言学,1991,(4);又
　　　　见戴浩一,薛凤生主编. 功能主义与汉语语法[M]. 北京：北京
　　　　语言学院出版社,1994.

谢自立,刘丹青,石汝杰,汪　平,张家茂. 苏州方言里的语缀(一)(二)
　　　　　　　　　　　　　[J]. 方言,1988,(2、3).

徐昌华. 谈谈日语的主语与主题[C]//刘耀武,徐昌武. 日语语法研究.
　　　　北京：北京大学出版社,1990.

徐　杰,李英哲. 焦点和两个非线性语法范畴：[否定][疑问][J]. 中国
　　　　语文,1993(2);又见徐杰. 汉语描写语法十论[M]. 郑
　　　　州：河南教育出版社,1993.

徐烈炯. 与空语类有关的一些汉语语法现象[M]. 中国语文,1994,(2).

徐烈炯. 语义学(修订本)[M]. 北京：语文出版社,1990/1995.

徐　琳,木玉璋,盖兴之. 傈僳语简志[M]. 昆明：民族出版社,1986.

杨树达. 词诠[M]. 北京：中华书局,1954/1979.

余蔼芹. 广东开平方言的中性问句[J]. 中国语文,1992,(4).

俞　敏. 汉语的句子[J]. 中国语文,1957,(7).

袁毓林. 话题化及相关过程[J]. 中国语文,1996,(4).

张伯江,方　梅. 汉语口语里的主位结构[J]. 北京大学学报,1994,(2);
　　　　又见张伯江,方梅. 汉语功能语法研究[M]. 第一部分
　　　　"主位结构研究",南昌：江西教育出版社,1996.

张伯江. 汉语功能语法研究[M]. 南昌：江西教育出版社,1996.

张成材. 西宁方言词典[Z]. 李荣主编. 现代汉语方言大词典(分卷本),
　　　　南京：江苏教育出版社,1994.

张　相. 诗词曲语辞汇释[M]. 北京：中华书局,1953/1979.

郑恒雄. 布农语的主题、主语与动词（*Topic and Focus in Bunun*)(英
　　　　文著作附中文提要,英文书名与中文书名不完全一致)[M]//

台湾历史语言研究所专刊之七十二,1977.

朱德熙.《语法讲义》[M].北京:商务印书馆,1982.

朱德熙. 语法答问[M].北京:商务印书馆,1985.

朱晓农. 语法研究中的假设-演绎法:从主语有定无定谈起[J]. 华东师
范大学学报,1988,(4).

外文部分

Abney, Steven P. *The English Nown Phrase in Its Sentential Aspect*. PhD. dissertation. Cambridge MASS: MIT, 1987.

Baker,C. L. *Definiteness and Indefiniteness in English*. MA thesis. Urbana: University of Illinois, 1966.

Baltin,Mark A landing site theory of movement rules. *Lin- guistic Inquiry* 13, 1982: 1—38.

Bowers,John The syntax of predication. *Linguistic Inquiry* 24, 1993: 591—656.

Brown, Gilian & George Yule. *Discourse Analysis*. Cambridge: Cambridge University Press, 1983.

Burzio, Luigi. *Italian Syntax*. Dordrecht: Reidel, 1986.

Cardinaletti,Anna & Maria Teresa Guasti. *Syntax and Semantics 28: Small Clause*. New York: Academic Press, 1995.

Chafe, Wallace. Givenness, contrastiveness, definiteness, subjects, topics and point of view. In Charles N. Li (ed.) 1976.

Chao, Yuen-Ren. *A Grammar of Modern Spoken Chinese*. Berkeley and Los Angeles: University of California Press, 1968.

Chomsky, Noam. *Syntactic Structure*. The Hague: Houton, 1957.

Chomsky, Noam. *Aspects of the Theory of Syntax*. Cambridge MASS: MIT Press, 1965.

Chomsky, Noam. *Barriers*. Cambridge: MIT Press, 1986.

Chomsky, Noam. A minimalist program for linguistic theory. In *The Minimalist Program*. Cambridge MASS: MIT Press, 1996.

Comrie, Bernard. *Language Universals and Linguistic Typology*. Chicago: University of Chicago Press, 1981.

Copeland, James E. & Philp W. Davis. Discourse Portmanteaus and the German Satzfeld. In F. B. Agaro et al. (eds.) *Essays in Honor of Charles F. Hocket*. Leiden: Brill, 1983.

Culicover, Peter. Polarity, inversion and focus in English. *ESCOL*, 1992: 46—68.

Dixon, Robert M. W. *Ergativity*. Cambridge: Cambridge University Press, 1994.

Ernst, Thomas & Chengchi Wang. Object preposing in Mandarin Chinese. *Journal of East Asian Linguistics* 4, 1995: 235—260.

Faarlund, Jan Tejie. A typology of subjects. In Michael Hammond et al. (eds.), 1988.

Ford, C. & S. Thompson. Conditionals in discourse: a text-based study from English. In E. Traugott et al. (eds.) *On Conditionals*, Cambridge: Cambridge University Press, 1986: 353—372.

Fu, Jinqi. SOV word order and Chinese IP specifier. 6th North American Conference on Chinese Linguistics, 1994.

Gasde, Horst-Dieter & Waltraud Paul. Functional categories, topic prominence and complex sentences in Mandarin Chinese. *Linguistics* 34, 1994: 263—294.

Givón, Talmy. Definiteness and referenciality. In Joseph H. Greenberg (ed.) 1978.

Givón, Talmy. The pragmatics of word-order: predictability, importance and attention. In Michael Hammond et al. (eds.) 1988.

Goldsmith, John. Meaning and mechanism in grammar. *Harvard Studies in Syntax and Semantics* 3, 1980: 423—449.

Greenberg, Joseph H. Some universals of grammar with particular reference to the order of meaningful elements. In Joseph H.

Greenberg （ ed. ） *Universals of Language.* Cambridge MASS: MIT Press, 1963

Greenberg, Joseph H. （ ed. ）. *Universals of Human Language 4: Syntax.* Stanford: Stanford University Press, 1978.

Grice, H. P. Logic and conversation. In Peter Cole & Jerry L. Morgan （eds. ）*Syntax and Semantics 3: Speech Acts.* New York: Academic Press, 1975.

Gundel, Jeanette K. *The Role of Topic and Comment in Linguistic Theory.* Bloomington: Indiana University Linguistics Club, 1977.

Gundel, Jeanette K. Shared knowledge and topicality. *Journal of Pragmatics 9,* 1985: 83—97.

Gundel, Jeanette K. Universals of topic-comment structure. In Michael Hammond et al. （eds. ） 1988.

Haiman, John. Conditionals are topics. *Language* 54, 1978: 564—589.

Hammond, Michael, Edith Moravacsik & Jessica Wirth （ eds. ）. *Sdudies in Syntacitic Typology.* Amsterdam: John Benjamins, 1988.

Harlig, Jeffrey & Kathleen Bardovi-Harlig. Accentuation typology, word order and theme-rheme structure. In Michael Hammond et al. （eds. ） 1988.

Hsieh, Miao-Ling. Analogy as type of interaction: the case of verb copying. *Journal of the Chinese Language Teachers Association 27,* 1992: 75—92.

Huang, Chu-Ren. Certainty and functional uncertainty. *Journal of Chinese Linguistics 20,* 1992: 247—288.

Huang, C. -T. James. *Logical Relations in Chinese and the Theory of Grammar.* PhD. dissertation. Cambridge MASS: MIT, 1982.

Huang, C. -T. James. Remarks on empty categories in Chinese.

Linguistic Inquiry 18，1987：311—338.

Huang，C.-T. James. Remarks on the status of null object. In Robert Freidin（ed.）*Principles and Parameters of Comparative Grammar*. Cambridge MASS：MIT Press，1991.

Huang，C.-T. James & Y.-H. Audrey Li Recent generative studies on Chinese Syntax. In C.-T. James Huang & Y.-H. Audrey Li（eds.）*New Horizons of Chinese Linguistics*. Dordrecht：Kluwer，1996.

Ioup，Georgette. Specificity and the interpretation of quantifiers. *Linguistics and Philosophy* 1，1977：233—245.

Jackendoff，Ray. *Semantic Interpretion in Generative Grammar*. Cambridge MASS：MIT Press，1972.

Jiang Zixin. A constraint on topic in Chinese. *Journal of Chinese Linguistics* 18，1990：231—260.

Kayne，Richard. Datives in French and English. In *Connectedness and Binary Branching*. Dordrecht：Foris，1983.

Keenan，Edward. Towards a universal definition of "subject". In Charles N. Li（ed.）*Subject and Topic*. New York：Academic Press，1976.

Keenan，Elinor Ochs & Bambi B. Schieffelin. Topic and discourse notion：a study of topic in the conversations of children and adults. In Charles N. Li（ed.）1976.

Kim，Alan Hyun-oak. Preverbal focusing and type XXIII languages. In Michael Hammond et al.（eds.）1988.

Kiss，Katalin E. Discourse-configutionality in the language of European. *In Discourse Configurational Languages*. Oxford：Oxford University Press，1994.

Kitagawa，Yoshihisa. *Subjects in Japanese and English*. PhD. dissertation. Amherst：University of Massachusetts，1986.

Koopman，Hilda. *The Syntax of Verbs*. Dorrecht：Foris，1984.

Koopman, Hilda &. Dominique Sportiche. The position of subject. *Lingua* 85, 1991: 211—258.

Kripke, Saul. Speaker's reference and semantic reference. In Peter French, Theodore Uchling &. Howard Wettstein (eds.) *Contemporary Perspectives in the Philsophy of Language*, Minneapolis: University of Minnesota Press, 1977: 6—27.

Kuroda, Sige Yuki. Whether we agree or not: a comparative syntax of English and Japanese. *Linguisticae Investigationes* 21, 1988: 1—46.

Lambrecht, Kund. Presentational cleft constructions in spoken French. In John Haim &. Sandra A. Thompson (eds.) *Combining in Grammar and Discourse*. Amsterdan: John Banjamins, 1988.

Lambr-echt, Kund. *Information Structure and Sentence Form*. Cambridge: Cambridge University Press, 1994.

Larson, Richard. On the double object construction. *Linguistic Inquiry* 19, 1988: 335—391.

Lee, Thomas Hun-tak. *Studies on Quantification in Chinese*. PhD. dissertation. Los Angeles: University of California, 1986.

Lehmann, Winfred. A structure principle of language and its implications. *Language* 49, 1973: 47—66.

Lehmann, Winfred. English: a Characteristic SVO language. In Winfred Lehmann (eds.) *Syntactic Typology*. Austin: University of Texas Press, 1978.

Li, Charles N. (ed.) *Word Order and Word Order Change*. Austin: University of Texas Press, 1975.

Li, Charles N. (ed.). *Subject and Topic*. New York: Academic Press, 1976.

Li, Charles N. &. Sandra A. Thompson. An explanation of word order change from SVO to SOV. *Foundations of Language* 12, 1973a: 201 – 214.

Li, Charles N. & Sandra A. Thompson. Historical change of word order: a case study of Chinese and its implications. In John M. Anderson & Charles Jones (eds.) *Historical Linguistics*, 1973b.

Li, Charles N. & Sandra A. Thompson. The Semantic function of word order: a case study in Mandarin. In Charles N. Li. (ed.) 1975.

Li, Charles N. & Sandra A. Thompson. Subject and topic: a new typology of language. In Charles N. Li. (ed.) 1976.

Li, Charles N. & Sandra A. Thompson. An exploration of Mandarin Chinese. In Winfred Lehmann (ed.) *Syntactic Typology: Studies in the Phenomenology of Language*. Austin: University of Texas Press, 1978.

Li, Charles N. & Sandra A. Thompson. *Mandarin Chinese: A Functional Reference Grammar*. Berkeley: University of California Press, 1981.

Li, Y. -H. Audrey. *Abstract Case in Chinese*. PhD. dissertation. Los Angeles: University of Southern California, 1985.

Li, Y. -H. Audrey. *Order and Constituency in Mandarin Chinese*. Dordrecht: Kluwer, 1990.

Li, Y. -H. Audrey. Indefinite subject in Mandarin Chinese. 5th International Conference on Chinese Linguistics, 1996.

Light, Timothy. Word order and word order change in Mandarin. *Journal of Chinese Linguistics* 7, 1979: 149—180.

Liu, Feng-hsi. On topic-traces in Chinese. *Proceedings of the West Coast Conference on Formal Linguistics* 5, 1986: 142—153.

Mallinson, Graham & Barry Blake. *Language Typology: Cross-linguistic Studies in Syntax*. Amsterdam: North-Holland, 1981.

Matthews, Stephen & Virginia Yip. *Cantonese: A Comprehensive Grammar*. London: Routledge, 1994.

Mei，Kuang. Is Modern Chinese really an SOV language? *Cahiers de Linguistique Asie Orientale* 7，1980：23—45.

Mulder，René & Rint Sybesma. Chinese as a VO language. *Natural Language and Linguistic Theory* 10，1992：439—476.

Nagashima，Tatsuya（长岛达也）. *A Handbook of Japanese Grammar*（日本语文法ハンドブツク）（英日对照本）. パナリンガ出版，1988.

Ning，Chunyan. *The Overt Syntax of Reflexirization and Topicalization in Chinese*. PhD. dissertation. Irvine：University of California，1993.

Partee，Barbara H. Opacity，coreference and pronouns. In D. Davidson & G. Harman（eds.）*Semantics of Natural Language*. Dordrecht：Reidel，1972.

Reinhart，Tanga. Pragmatics and linguistics：an analysis of sentence topic. *Philosophica* 27，1981：53—94.

Schiffrin，Deborah. Sociolinguisitic approaches to discourse：topic and reference in narrative. In K. Ferrera，B. Brown，K. Walters & J. Baugh（eds.）*Linguisitic Change and Contact*. Austin：Department of Linguisitics，University of Texas，1988

Schiffrin，Deborah. Conditionals as topics in discourse. *Linguistics* 30，1992：165—197.

Schlobinski，Peter & Stenphen Schütze-Coburn. On the topic of topic and topic continuity. *Linguistics* 30，1992：165—197.

Sgall，P.，Eva Hajicová & Janevová In Jacob L. Mey（ed.）*The Meaning of the Sentence in Its Semantic and Pragmatic Aspects*. Dorchrecht：Reidel，1986.

Shi，Dingxu. *The Nature of Topic Comment Constructions and Topic Chains*. PhD. dissertation. Los Angeles：University of Southern California，1992.

Shyu，Shu-ing. *The Syntax of Focus and Topic in Mandarin*

Chinese. PhD. dissertation. Los Angeles: University of Southern California, 1995.

Steele, Susan. Word order variation: a typological study, 1978. In Joseph H. Greenberg (ed.) 1988.

Stowell, Tim. Remarks on clause structure. In Anna Cardinaletti & Maria Teresa Guasti (eds.) *Syntax and Semantics 28: Small Clause*, New York: Academic Press, 1995: 217—286.

Sun, Chao-Fen & Talmy Givón. On the so-called SOV word order in Mandarin Chinese: a quantified text study and its implications. *Language* 61, 1985: 329—351.

Szwedeh, A. J. What is a topic? A contrastivist's view. In Jaceh Fisiak (ed.) *Further Insights into Contrastive Analysis*. Amsterdam: John Benjamins, 1990.

Tai, H.-Y. James. Chinese as a SOV language. In C. Corum et al. (eds.) *Papers from the Nineth Reginal Meeting of Chicago Linguistic Society*. Chicago: Chicago University Press, 1973.

Tai, H.-Y. James. On the Change from SVO to SOV in Chinese. *Papers from the Parasession on Diachronic Syntax*, *Chicago Linguistic Society*. Chicago: Chicago University Press, 1976.

Tang, C.-C. Jane. Ta mai-le bi shizi and Chinese phrase structure. First International Conference on Chinese Linguistics. Singapore, 1992.

Thompson, Sandra. Transitivity and the ba cobstruction in Mandarin Chinese. *Journal of Chinese Linguistics* 1, 1973: 208—221.

Tomlin, Russell S. Foreground-backround information and the Syntaxt of subordination. *Text* 5, 1985: 85—122.

Tomlin, Russell S. *Basic Word Order*. London: Croom

Helm，1986.

Travis，Lisa. *Parameters and Effects of Word Order*. PhD. dissertation. Cambridge MASS：MIT，1985.

Tsao，Fengfu. *A Functional Study of Topic in Chinese: the First Step towards Discourse Analysis*. Taipei：Student Book Co，1979. 中译本《主题在汉语中的功能研究——迈向语段分析的第一步》[M]. 谢天蔚译,北京：语文出版社,1995.

van Dijk，Teun Adrianus. *Text and Context*. London：Longmans，1977.

Vennemann，Theo. Analogy in generative grammar，the origin of word order. *Proceedings of the Eleventh International Congress of Linguistics* 2，1972：78—83.

Xu，Liejiong. Free empty category. *Linguistic Inquiry* 17，1986：75—93.

Xu，Liejiong. Definite effects on Chinese word order. *Cahiers de Linguistique Asie Orientale* 24，1995：29—48.

Xu，Liejiong. Limitation on the subjecthood of numerically quantified noun phrase：a pragmatic approach. Symposium on the Referential Properties of Chinese Noun Phrases. City University of Hong Kong，Hong Kong，1996.

Xu，Liejiong & D. Terence Langendoen. Topic structures in Chinese. *Language* 61，1985：1—27.

Xu，Yulong. *Resolving Third-Person Anaphora in Chinese Texts: Towards a Functional-Pragmatic Model*. PhD. dissertation. Hong Kong：Hong Kong Polytechnic University，1995.

引 例 书 目

（冒号前的两字为本书引例时所注的简称）

1. 案内：杉江房造. 改正增补上海语独案内[M]. 日本堂书店，明治四十一年(1908)4 版,上海. 取其中"问答之部"。

2. 蒲课：Albert Bourgeois, S. J.（中文名"蒲君南"）：Leçons sur le Dialect de Changhai(上海话课本)[M]. 上海：Cours Moyen,1939.

3. 蒲法：Albert Bourgeois,S. J. Grammaire du Dialwcte de Changhai（上海话语法）[M]. 上海：Imprimerie de T'ou-sè-wè（土山湾）,1941.

4. 滑稽：上海文艺出版社编. 滑稽戏选一[M]. 上海：上海文艺出版社,1982. 主要取方言较纯的《三毛学生意》和《七十二家房客》两出。

5. 独脚：上海文艺出版社编. 独脚戏集锦[M]. 上海：上海文艺出版社,1985.

6. 传统：中国曲艺家协会上海分会编. 传统独脚戏选集[M]. 北京：中国曲艺出版社,1985.

7. 流行：阮恒辉,吴继平编著. 上海话流行语辞典[Z]. 上海：汉语大词典出版社,1994.

索　引

亚洲语言中的话题化现象 *

徐烈炯 原作　杨大然 译

---

　* 本文是作者为 *Blackwell Companion to Syntax* 撰写的一章，原文用英语，题为 Topicalization in Asian Languages，由杨大然译成汉语。该书由 Martin Everaert 和 Henk van Riemsdijk 主编，选出半个世纪来在句法领域最受关注、争议最多的 70 多个课题，由 80 余位来自各国的语言学家执笔分别写成文献综述，集成五大卷共 3285 页，由 Blackwell 出版社于 2005 年出版。

1. 引言：话题优先性

　　广义的话题化指构成任何包含话题的句法结构,无论是通过移位形成还是基础生成的。我们所说的"亚洲语言"是指那些在亚洲使用的话题优先的语言。并非所有的亚洲语言都是话题优先性语言。例如,印尼语和塔加禄语(Tagalog)就不是,但一些拥有大量使用人口的亚洲语言,特别是汉语和日语,是典型的话题优先性语言。根据 Gundel(1988)对 30 种亚洲及世界上其他大洲的语言的调查结论,所有这些语言都具有句法上的话题结构。所有这些语言的话题都具有许多相同的句法、语义和语用特征。话题都出现在一个完整的述题句的左侧,都是定指或类指的,具有为说话人和听话人所熟知这一特点。述题是跟在话题后面的一个小句,对话题进行陈述。话题与述题的关系在文献中普遍用"相关性"(aboutness)来表述。相关性在不同的语言中可能是严格的,也可能是松散的。下面的几个小节列举了话题优先性语言相对于其他语言所享有的特征,特别是那些在语言理论的产生中起一定作用的特征。

1.1　话题结构的多样性

　　"话题优先性"这个术语可以追溯到李讷和唐珊迪(Li &

Thompson 1976),在这篇文章中,他们提出了一种新的划分语言的类型学方法,即(i)主语优先性;(ii)话题优先性;(iii)既是主语优先性也是话题优先性;(iv)既非主语优先性也非话题优先性。话题优先性语言相比其他语言采用了更多种形式的话题结构。下面是韩语中的例子,引自 Sohn(1994:192—195):

(1) Ku totwuk-un　nay-ka　　cap-ass-ta.

　　这　贼-话题　　我-主语　　抓-过去时-陈述式

　　'这个贼,我抓住了'

(2) I　sacin-un, nay-ka caknyen-ey i　sacin-ul　　ccik-ess-eyo.

　　这　照片-话题 我-主语　去年-在　这　照片-宾语　照-过去时-敬语

　　'这张照片,我去年拍的这张照片'

(3) Hankwuk-to inkwu-ka　　manh-ta.

　　韩国-也　　人口-主语　很多-陈述式

　　'至于韩国,人口也很多'

韩语是 SOV 语序的语言。在(1)中,可以假设宾语移到了句首位置,这种操作在文献中称为话题化(狭义的话题化)。在(2)中,句首的 NP 与句子其余部分中的一个 NP 同指。这被称为异位(dislocation)。Gundel 的例子显示,非话题优先性语言也会采用话题化和异位。与话题同指的可能是一个空节点、一个代词或是一个完整的名词短语。在话题优先性语言中,同指成分可能是部分或全部地重复话题本身,如(2)所示。例(3)是话题优先性语言中的典型例子。它与前面两句的显著差异在于句首的 NP 在语义上与句子的其余部分相关联,但却不与任何一个空节点、代词或完整的名词短语同指。换句话说,在多数情况下,述题中有一个成分与话题关系密切,而其他成分与话题关系不那么密切;而在有些句子中却没有一个成分与话题关系特别密切。述题作为一个整体对话题进行陈述。下面是一些来自其他语言的例子,引自李讷和唐珊迪(Li & Thompson 1976:462):

(4) 那场火幸亏消防队来得快。(汉语)

(5) Gakkoo-wa buku-ga isogasi-kat-ta.（日语）

　　学校-话题　我-主语 忙-过去时-陈述式

　　'学校(话题),我很忙'

　　(6) Siban-in　　hakkjo-ga　　manso.（韩语）

　　　　现在-**话题**　学校-**主语**　　很多

　　　　'现在（话题），有很多学校'

这些句子在文献中被称为"汉语式"（Chinese-style）话题结构，这个术语来源于 Chafe（1976），与"英语式"（English-style）话题结构相对。

　　在"汉语式"话题结构中有一种特殊的结构，即所谓的"双主语结构"或"双名词性结构"[1]。该结构的语义特点是，第一个和第二个名词之间呈现一种所有关系，或是整体与部分关系，或是包含关系。下面的例子引自李讷和唐珊迪（Li & Thompson 1976：468）：

　　(7) Ho ō　　na-qhô yì　　ve　　yò.（拉祜语）

　　　　象**话题**　　鼻子　长　　**助词**　**陈述式**

　　　　'大象（话题），鼻子长'

　　(8) 那棵树叶子大。　　（汉语）

　　(9) Sakana-wa tai-ga oisii.　　（日语）

　　　　鱼-　**话题**　　红鲷　好吃

　　　　'鱼（话题），红鲷好吃'

　　(10) Pihengki-nin 747-ka　　　khi-ta.　　（韩语）

　　　　客机-**话题**　　747 -**主语**　　大-**陈述式**

　　　　'客机（话题），747 很大'

在(7)中，"大象"是所有者，"鼻子"是隶属者。在(8)中，"叶子"是整棵"树"的一部分。在(9)中，"红鲷"是下义词，"鱼"是它的上义词。(10)中的"747"是"客机"的一个子集。

1.2　话　题　标　记

　　如同主语优先的语言倾向于标记主语一样，话题优先的语言也倾向于标记话题。尤其是像日语和韩语等的 OV 语言都使用特殊的后置词来对用作话题的各种成分进行标记。下面是韩语的例子，引自 Gundel（1988：217）：

　　(11) John-nin　　　i salam-lil　　　manna-ass-ta.

约翰-话题　这　人-宾语　　遇到-过去时-陈述式

'约翰(话题),遇到了这个人'

(12) I salam-nin　John-ka　　manna-ass-ta.

这　人-话题　约翰-主语　　遇到-过去时-陈述式

'这个人,约翰遇到了'

(13) Suyeng-nin　Waikiki-ka　　coh-ta.

游泳-话题　　Waikiki-主语　好-陈述式

'(至于)游泳,Waikiki 海滩很好'

(14) Ecey-nin　John-ka　　naksicil-lil　ka-ass-ta.

昨天-话题　约翰-主语　　钓鱼-宾语　去-过去时-陈述式

'昨天,约翰去钓鱼了'

(15) San-ey-nin　namu-ka　manh-ta.

山-在-话题　树-主语　许多-陈述式

'山上,有很多树'

(16) San-ey　ka-l ttay-ey-nin　　moca-lil　　ssi-la.

山-到　去　时间-在-话题　　帽子-宾语　戴-命令式

'当你去爬山的时候,戴上帽子'

被标记为话题的可以是主语、宾语、名词化的 VP、时间成分、地点成分或是分句,等等。当存在话题标记时,日语和韩语中句首的成分是否是话题没有争议[2]。而在汉语中,话题标记是可有可无的,在大多数的汉语方言中,用来标记话题的助词也可以用于其他目的,如作为句末标记等。这就是为什么文献中关于汉语话题结构的结构和语义存在诸多争议的原因之一,同时也是为什么在余下章节中要使用更多汉语例子的一个重要原因。

2. 包含受话题约束的空语类的话题结构

本节讨论的话题结构中包含一个与话题同指的空语类,并考察制约话题与这个空语类之间关系的句法和语义条件。

2.1 移   位

一个很自然的问题是：这样的话题结构中是否有移位？汉语语言学家对于这个问题各持己见。一些人赞同转换假说（the transformational hypothesis，简称 TH），而其他人则赞同基础生成假说（the base generation hypothesis，简称 BGH）。

下面汉语和英语的句子在结构上非常相近，似乎有理由认为汉语中包含空语类的话题结构与英语对应的话题结构一样也有移位，无论这种移位是述题中的一个显性成分到话题节点的直接移位，还是与Chomsky(1977)对疑问词移位的分析一样，属于更为复杂的抽象成分的移位：

(17) a. 那本书，他拿了。（汉语）

     b. 他拿了那本书。

(18) a. That book，he took. （英语）

     b. He took that book.

然而，两者在底层存在差异。尽管如(19)的英语句子不合语法，其对应的汉语句子(20)却合乎语法：

(19) * He took.

(20) 他拿了。

意义上是及物的汉语动词大多数可以不带宾语[3]。只有小部分及物动词不能在没有宾语的情况下出现，即使在话题结构中也是如此。袁毓林(1996)强调了话题结构中不能让宾语脱落。下面是一些汉语的例子：

(21) a. 新政策会繁荣金融市场。

     b. * 金融市场，新政策会繁荣。

(22) a. 他的话温暖了我们的心。

     b. * 我们的心，他的话温暖了。

尽管在某些语言中，用作话题的成分移了位而句子的剩余部分本身仍合乎语法的情况在逻辑上不无可能性[4]，支持用移位分析法分析如(18)的英语句子的证据是基于对子语类属性的要求，但这种分析并不适用于汉语句子。当然,对于移位假说的最终检验是看话题能否与复杂名词短语和句子性主语等孤岛成分中的空语类相关联。

2.2　孤　岛　效　应

根据 Chomsky(1977)的思想,支持转换假说的学者们认为,话题基础生成于其表层位置,话题化过程中有一个抽象成分由主目语位置移到与话题相邻的位置。他们列举的支持这种假说的证据是,该抽象成分受到孤岛条件的限制。文献中提供了如(23)的例子来显示这个抽象成分遵守邻接条件,同时他们也试图解释如(24)的反例为什么会合法:

(23)＊那个人$_i$,[$_{IP}$[$_{NP}$[$_{IP}$ t$_i$看见 t$_j$]的学生$_j$]来了]。

(24)$^{??}$那本书$_i$,[$_{IP}$[$_{NP}$[$_{IP}$ 李四没看 t$_i$]]真奇怪]。

(23)显示了"复杂名词短语限制"(Complex Noun Phrase Constraint)的效应。名词移出关系从句[5]受到了阻断,因为它跨过了 NP 和 IP 的边界。(24)是可以接受的[6],尽管话题似乎已经从句子性主语中移位出去。有学者认为(24)应该被赋予如(25)的结构,其中"那本书"是位于内部分句之内的话题,因此并不违背邻接条件:

(25)[$_{IP}$[$_{NP}$[那本书$_i$[$_{IP}$ 李四没看 t$_i$]]]真奇怪]。

而支持"基础生成性假说"的学者用下面的反例来反驳转换生成的分析方法:

(26)[$_{CP}$ 这本书$_i$[$_{IP}$[$_{NP}$[$_{IP}$ e$_j$读过 e$_i$ 的]人$_j$]不多]]。

(27)[$_{CP}$ 这些事 [$_{IP}$我觉得 [$_{IP}$[$_{IP}$他说 e]不合适]]]。

与(23)一样,(26)也包含一个关系分句;然而,句中话题竟可以跨过 NP 和 IP 的边界与 e 所代表的空位置同指。我们将在 2.5 小节讨论(23)与(26)在可接受程度上的差异。(27)与(24)一样,也包含一个句子性主语。既然已经有人主张把(24)的结构写成(25),为了排除(27)具有与(25)类似的结构描写的可能性,我们将句子内嵌到更深一层的分句当中。结果证明,处于主句最左侧位置的话题仍然可以与更深一层甚至多层内嵌分句中的句子性主语内的一个位置相联系。

在(28)中,话题也与句子性主语内的一个空位置同指:

(28) 这个问题 [我想 [你这样回答 e] 很得体]。

如果移位总是受到"邻接条件"的制约,那么从上述证据得出的结论是,汉语中话题的形成并不经过移位[7]。

我们暂时离开汉语,本节的剩余部分中转向日语的事实。Kuno (1973a)早就观察到话题可以与孤岛中的一个空位置相联系:

(29) Sono syoonen-wa$_i$ [$_{IP}$ [$_{NP}$ e$_i$ e$_j$ kawaigatte ita] inu$_j$]-ga sinde simatta.

　　　那个男孩 -话题　　　喜欢　　是　狗 -主语死了 结果

　　　'那个男孩(话题),他喜欢的狗死了'

(30) Sono sinsi$_i$-wa [$_{NP}$ [$_{IP}$ e$_i$ e$_j$ kite iru] yoohuku$_j$]-ga yogorete iru.

　　　那个 先生-话题　　　　穿着 是 西服 -主语 脏　 是

　　　'那位先生(话题),他穿的西服脏了'

后来 Hasegawa(1981)指出,下面的句子的接受程度要低一些,可能是由于违反了"邻接条件":

(31) ?? Ano-hon-wa　John-ga [$_{NP}$ [$_{IP}$ e kaita] hito]-ni aitagatte iru

　　　那 书 -话题 约翰-主语　　　写　人 -到想要 见

　　　rasii.

　　　看上去

　　　'那本书,看上去约翰想见写它的作者'

(32) ? Russell-wa John-ga [$_{NP}$ [$_{IP}$ e atta koto-ga　 aru] hito]-o

　　　罗素 -话题 约翰-主语　　　 遇到事实-主语 有 人-宾语

　　　mituketa rasii.

　　　找到　　看上去

　　　'罗素,看上去约翰找到了一个和他真正见过面的人'

Saito(1987) 通 过 比 较(31)、(32)和 与 其 对 应 的 但 经 过 换 位(scrambling)的(33)、(34)后认为,前两句介于可接受与不可接受之间是由于只违反了一个相比"邻接条件"较弱的限制条件:

(33) ?* Ano hon-o　John-ga [$_{NP}$ [$_{IP}$ e kaita] hito]ni　aitagatte iru

　　　那 书-宾语 约翰-主语　　　 写　人-到　想要　见

　　　rasii.

　　　看上去

　　　'约翰看上去想见写那本书的人'

（34）^{?*} Russell-ni John-ga [_{NP}[_{IP} e atta koto-ga　aru] hito]-o
罗素　　　约翰-**主语**　　遇到　事实-**主语**　有　人-**宾语**
mituketa rasii.
找到　　看上去
'约翰看上去找到了一个真正见过罗素的人'

但 Saito 观察到(35d)中介词短语用作话题要比(35b)中宾语用作话题或(35c)中方位名词短语用作话题更难：

（35）a.　John-ga [_{NP}[_{IP} Pekin-ni itta koto-ga　　aru] hito]-o
约翰-**主语**　　　北京-到　去　事实-**主语**　有　人-**宾语**
mituketa rasii.
找到　　看上去
'约翰看上去找到了一个去过北京的人'

b.　^{??} Pekin-wa　John-ga [_{NP}[_{IP} e itta koto-ga aru] hito]-o
北京-**话题**
mituketa ras.

c.　^{?*} Pekin-ni　John-ga [_{NP}[_{IP} t itta koto-ga aru] hito]-o
北京-到
mituketa ras.

d.　[*] Pekin-ni-wa John-ga [_{NP}[_{IP} e itta koto-ga aru] hito]-o
北京-到-**话题**
mituketa rasii.

大家会把(35d)看作违反孤岛效应的一个例子。但 Saito 注意到，在这些句子中话题即使处于原位也不大能被接受，因此这类判断是非常微妙的，并不完全可靠。后来 Haig(1996)认为，(35c)和(35d)不能接受的原因在于话题化的名词短语和述题分句之间不存在逻辑关系。将述题解释为关于"到北京"比解释为关于"北京"更加困难。

总体来说，支持应用移位方法处理话题化问题的日语语言学家似乎比汉语语言学家要更少一些。

2.3　广义控制规则

现在回过来讨论汉语。黄正德(Huang 1984)为了让汉语的话题

化遵守邻接原则,对于类似(36)句子为什么合法的问题,他提出一种解决方法。(36)在结构上与(26)相似:

(36) 张三,[[e 喜欢 e 的] 人] 很多。

'Zhangsan, people who he likes are many.'

'Zhangsan, people who like him are many.'

他的解决方法应用了 Chomsky(1982:35)按功能给空语类分类的观点。无论空语类是移位生成还是基础生成的,它的语义解释都是由它在推导式和表达式中的角色所决定的。如果一个空语类处在一个主目语位置并受到非主目成分的局部约束,它就是一个变量。如果一个空语类不是变量,而是自由的或者受到一个具有独立题元角色的主目语成分的局部约束,它就是一个代词成分。(36)中的两个空语类可以从这个角度进行分类。黄正德进一步提出一种针对空代词的解释规则,他称之为"广义控制规则"(generalized control rule):一个空代词成分与离它最近的名词性成分同标[8]。通过这条规则,他得到了(36)如下的两种解释:

在第一种解释中,空主语先以空代词身份与离它最近的名词成分(即"张三")同标。然后它又将其自身转换为一个变量,而空宾语则与关系分句的中心语"人"同标。

在第二种解释中,黄正德假设空宾语被移到关系从句内的话题位置,这种局部的移位并不违反"邻接条件"。然后根据"广义控制规则",它可以与离它最近的名词成分"张三"同标,产生如下的结构:

(37) 张三$_i$, [[e$_i$ e$_j$ 喜欢 t$_i$ 的] 人$_j$] 很多。

同样的分析也适用于(26),这样就能够解释它为什么合法以及为什么有这样的语义解释,尽管这个句子表面上违反了"邻接条件"。

2.4 续 指 代 词

前面一节描述的解决方法只适用于那些关系从句包含在主语中的情况,而对于那些关系分句包含在宾语中的情况则不适用。后者的例子如(38)所示:

(38) 那本书$_i$,[我认识很多 [e$_j$ 看不懂 e$_i$ 的] 人$_j$]。

这个句子中的宾语而不是主语中包含关系从句。话题与作为宾语的复杂名词短语中的一个空语类相联系。假设空宾语移到了关系分句的话题位置：按照"广义控制规则"推断，这个空宾语应该从主句的主语"我"，也就是离它最近的那个名词那里得到语义解释。因为话题相比主语离这个空宾语更远，话题应该不能约束这个空宾语。

于是有人便提出了另一个解决办法：不妨认为受到话题约束的空宾语其实是一个不读出来的续指代词（resumptive pronoun）。汉语的代词大多数情况下都只能以有生命的名词而不能以无生命的名词作为先行语。这种对比在(39a)和(39b)中尤为明显：

(39) a. 那个家伙$_i$，[我认识很多 [e_j 不喜欢他$_i$ 的人$_j$]]。

　　　b. *那本书$_i$，[我认识很多 [e_j 看不懂它$_i$ 的人$_j$]]。

因此唯一的办法就是使(39b)中的续指代词为空，形成(38)。换句话说，(38)也是一个异位的例子，只是其中的续指代词由于别的原因必须为空。一旦有续指代词存在，孤岛条件就不再相关了。同样，(27)（即下面的(40)）可以违反"句子性主语限制"也似乎是出于同样的原因。"这些事"也是一个无生命的名词，因此也只能约束一个空的续指代词。

(40) [$_{CP}$ 这些事 [$_{IP}$ 我觉得 [$_{IP}$[$_{IP}$ 他说 e] 不合适]]]。

续指代词假说中存在一个难题：其实连有生命的名词用作话题也能够约束孤岛内的成分。尽管早期的文献中没有列举出类似的例子，汉语中这类例子并不难找：

(41) a. 这个顽皮的孩子$_i$[我找不到 [e_j愿意收养他$_i$ 的人$_j$]]。

　　　b. 这个顽皮的孩子$_i$[我找不到 [e_j愿意收养 e_i 的人$_j$]]。

(42) a. 这位候选人$_i$[我们在各地见到了无数[e_j 拥护他$_i$ 的人$_j$]]。

　　　b. 这位候选人$_i$[我们在各地见到了无数[e_j 拥护 e_i 的人$_j$]]。

这些句子中的话题是有生命的名词，除此之外它们在结构上都与(38)相同。(a)和(b)两种形式都合乎语法。既然汉语中有生命的名词可以作为显性代词的先行语，续指代词就没有理由非得以零形式出现不可。因此，(41b)和(42b)中的空宾语要么是空代词要么是变量。如果确认是代词，就违背了黄正德（Huang 1984）提出的宾语不可能为 pro 的假设。而另一方面，如果是受到话题约束的变量，就违反了"邻接原则"[9]。

2.5　句法和语义条件

研究者们仍然在寻找更多关于孤岛条件的有力证据。同时,学者们发现话题优先性语言中的话题结构还受到其他的句法和语义条件的限制。这其中就包括众所周知的相关性条件(aboutness condition),该条件要求话题化的 NP 必须由句子的其余部分对其特征进行描述。请参看 Takami & Kamio(1994)等的研究。

Xu & Langendoen(1985)针对汉语的话题结构规定了如下的条件:述题本身必须是合乎语法的。这个条件并不针对英语中的话题化现象;相反,为了使述题分句合乎语法,英语前置的话题必须能够在其初始位置得到复原[10]。从那以后,众多研究者都对这条规定进行了评判。他们发现这条规定是一个必要条件而非充分条件,他们还发现了各种附加条件。

黄居仁(Huang 1992)观察到上述的概括未能预测下面(b)句不合语法:

(43) a. 他偷偷地叫你傻瓜。

　　　b. * 傻瓜,他偷偷地叫你。

(44) a. 我劝他慢跑。

　　　b. * 慢跑,我劝他。

(43b)和(44b)中的述题小句都是合乎语法的,或者是通过轻微的改动就合乎语法。黄居仁指出,如果对于话题化的限制单纯从句法范畴角度来规定的话就会产生问题。(43b)和(44b)的不合语法性可以通过基于功能性的理论成功地解决,而通过基于结构的理论则不能得到很好解决。黄居仁采用了 Kaplan & Zaenen(1989)在词汇功能语法(lexical functional grammar)框架内提出的功能不确定性(functional uncertainty)理论,他提出了如下的限制条件:XCOMP(即任何语类的开放性补语)的语法功能不能充当话题。

功能性理论据称也能够解释(45)中的两个句子为什么一句合法,一句不合法:

(45) a. 你已经毕业了,我知道。

　　　　b. * 你已经毕业了，我以为。

这种差异无法从句法分类的角度进行解释，因为在两个句子中发生话题化的都是 S'，即 CP。词汇功能语法将(45a)中的内嵌从句标记为 OBJ2(即第二宾语)，而将(45b)中的内嵌从句标记为 COMP(即表命题角色的句子性论元)。后者被排除在合法的话题结构之外。

　　袁毓林(1996)列出了各种不能进行话题化的结构，其中包括黄居仁(Huang 1992)讨论的那些结构。尽管他没有提出一种理论来解释这些事实，他的研究也显示了述题小句的合法性要受到各种其他条件的制约。

　　蒋自新(Jiang 1991a、1991b)提醒人们注意话题化的另一种限制，它表现在某些动词后的内嵌从句当中：

(46) a. 张三相信［李四去看了王五］。

　　　　b. 张三相信［王五，李四去看了］。

(47) a. 张三喜欢［李四去看王五］。

　　　　b. * 张三喜欢［王五，李四去看］。

话题化现象在如"相信"等动词后的内嵌分句中可以出现，但在如"喜欢"等动词后的内嵌从句中则不能出现。蒋区分了这两种补语从句，将它们分别标记为饱和从句(saturated clause，简称 SAS)和非饱和从句(unsaturated clause，简称 NSS)。SAS 扩展到 XP 和 S(即话题和述题)，而 NSS 则扩展到 NP 和 VP(即主语和谓词)。

　　Maki 等人(1999)研究了日语中内嵌句的话题化现象。他们的研究表明，话题化现象在通行动词(bridge verbs)的补语从句中存在，而在事实动词(factive verbs)的补语从句中则不存在。

(48) a. John-wa ［kono hon-wa Mary-ga　yonda to］　sinziteiru.

　　　　约翰-话题　这　书-话题　玛丽-主语　读　从句标　相信

　　　　（日语）

　　　　'约翰相信那本书，玛丽读了'

　　　b. John-wa ［kono hon- * wa Mary-ga　yonda to］-o

　　　　约翰-话题 这　　书-话题　玛丽-主语　读　从句标-役格

　　　　kookaisiteiru. （日语）

　　　　后悔

'约翰后悔那本书,玛丽读了'

他们认为日语内嵌句的话题化通过 IP 的嫁接及其在逻辑式中移位到从句的 COMP 位置构成。通行动词后面的补语从句是受到 L‑标记的,而事实动词后的补语从句则不然。嫁接到非 L‑标记的中心语上是不允许的。

话题与其所约束成分之间关系的限制条件并非都来自句法。例如,下面(49a)和(49b)(即上文的(26))之间在可接受程度上的差异究竟是什么原因造成的呢?

(49) a. $^{??}$这本书$_i$[$_S$[$_{NP}$[$_S$ e$_j$ 读过 e$_i$ 的] 人$_j$] 来了]。

b. 这本书$_i$[$_S$[$_{NP}$[$_S$ e$_j$ 读过 e$_i$ 的] 人$_j$] 不多]。

一些研究者认为这种可接受程度上的差异是由关系化的名词短语是特指还是非特指造成的。同样的名词短语"读过的人"在(49b)中被理解为是非特指,而在(49a)中则是特指。(49a)的句子不大能被接受是由于一条类似 Guéron(1980)提出的"名称限制"的语义原则所致,该原则不允许一个名称(即一个完整的指称成分)中包含一个变量[11]。

在(50a、b)中,在指称上与话题相联系的是一个有形的代词"他"而不是一个无形的空语类。但同样地,如果包含该代词的名词短语(即"抓住他的人")是非特指的,句子就能够被接受;而如果该名词短语是特指的,则句子就不大能够被接受[12]:

(50) a. 这个强盗我想能抓住他的人是个英雄。

b. $^{??}$这个强盗我想抓住他的人来了。

3. 不含受话题约束的
成分的话题结构

这一节讨论不包含与话题同指的空语类或显性成分的话题结构。像 1.1 小节提到的那样,它们被称为"汉语式"话题结构,其中既不包含(狭义的)话题化也不包含异位现象。首先来看日语和韩语的例子,然后再研究汉语的例子。

3.1　基础生成还是移位?

3.1.1　日语

基于 Kuno(1973a、1973b)的研究,几乎所有的日语语言学家都一致认同像(9)(即下面的(51))和(52)中不约束任何空位置的话题都是在原位基础生成的:

(51) a. Sakana-wa tai-ga oisii.

　　　　鱼-**话题**　红鲷　好吃

　　　　'鱼,红鲷好吃'

　　b. Hana-wa sakura-ga ii.

　　　　花-**话题**　樱花　　好看

　　　　'花,樱花最好看'

然而,Kuroda(1986、1992)提出了另一种分析方法。他(Kuroda 1965)是第一个应用转换生成的方法来分析日语的话题化现象的。Kuroda(1986、1992)认为,下面的 a 句(引自 Kuno(1973b))都是从 b 句派生而来的,而 b 句又是从 c 句派生来的,尽管某些 b 句和 c 句听起来不太自然:

(52) a. Sakana-wa tai-ga yoi.

　　　　鱼-**话题**　红鲷　好

　　　　'鱼,红鲷很好'

　　b. ?? Sakana-ga tai-ga yoi.

　　　　　鱼-**主语**　红鲷　好

　　c. ?? Sakana-no tai-ga yoi.

　　　　　鱼-**所有格**　红鲷　好

(53) a. Buturigaku-wa syuusyoku-ga taihen da.

　　　　物理-**话题**　　　就业-**主语**　　困难　陈述

　　　　'物理学,就业很困难'

　　b. Buturigaku-ga syuusyoku-ga taihen da.

　　　　物理-**主语**　　　就业-**主语**　　困难　**陈述**

　　c. ?? Buturigaku de syuusyoku-ga taihen da.

　　　　　物理　　跟　就业-**主语**　　困难　**陈述**

Kuroda 观察到许多 wa 短语可以和 ga 短语互换,他认为那些不能互换的不是真正的话题结构,而是呼格等,因此应该排除在考察范围之外。相反,约束空位的 wa 短语不能与 ga 短语互换。因此他的假设是所有的话题短语都是生成于 IP 之内的论元位置或附加语位置。这些话题可以移位到受 CP 支配的非论元位置。这种移位发生在线性格标记(Linear Case Marking)之前。这样,IP 之内的短语都被赋予 ga,而 IP 之外的短语都被赋予 wa(Kuroda 1992:286—287)。

3.1.2　韩语

Choe(1995)认为在韩语中,即使是表面上不约束述题中任何成分的话题也是通过所谓的"话题移位"的操作派生而来的。话题移位有多种不同的类型。在某些话题结构中,话题与述题中的另一个 NP 是整体与部分的关系。Choe(1986)在早些时候还认为,如(54)这样的结构是领有名词提升的结果。它的表层结构如(54b)所示:

(54) a. Khokkili-nun [kho-ka]　　kil-ta.

　　　　大象-话题　　　鼻子-主语　　长-陈述

　　　　'大象,鼻子很长'

　　 b. Khokkili-nun$_i$[t$_i$ kho-ka] kil-ta.

在其他一些话题结构中,话题也在语义上与述题中的另一个 NP 相联系,但两者不是整体与部分的关系。(55a)中的话题就是一例。Choe 认为(55a)是从(55b)通过移位过程派生而来的,该移位过程将 nun 短语前置到句首位置[13]:

(55) a. Hyangki-nun cangmi-ka　　choeko-ta.

　　　　香味-话题　　　玫瑰-主语　　最好-陈述

　　　　'香味,玫瑰最好'

　　 b. Cangmi-ka hyangki-nun choeko-ta.

3.1.3　汉语

在转换生成语法的初期,唐珊迪(Thompson 1973)提出(56a)是从(56b)派生而来,后者不是一个合法的表层形式:

(56) a. 水果,我喜欢苹果。

　　 b. *我喜欢苹果水果。

从那以后语言学家们似乎开始认同(56a)是基础生成的,而在(57)所谓的双主语结构或双名词结构中的话题也是基础生成的:

　　(57) 水果,苹果最好吃。

徐淑瑛(Shyu 1995)提出要区分两种话题,她认为不约束空语类的话题基础生成于 IP 的附加语位置,而约束空语类的话题则移位到另一个所谓 TopP 的最大投射的标志语位置。她将前者重新命名为"大主语",而"话题"这个术语则专指后者。大主语可以随后提升到 TopP 的标志语位置。

3.2　话题还是非话题?

　　不相信汉语、日语和韩语的话题结构与英语及其他欧洲语言中的话题结构有着根本不同的语言学家们采用两种策略来减少或去除这种差异。一个策略是认为任何话题都是移位而来,因而它总是约束一个空语类。另一个策略是认为句首不约束空语类的成分事实上不是话题而是其他成分,例如,是句子的主语。既然在日语和韩语中话题和主语有清清楚楚的不同格标记,显然前一个策略更为合理。汉语并不要求用显性的标记来标明话题,因而后一种策略似乎更有道理。总是有些研究汉语的语法学家倾向于把句首的成分作为一个带有零所有格标记的所有格名词,或是一个带有零形式介词的状语,或是一个带有句子性谓语的主语。为传统语法学家(如赵元任(Chao 1968)、吕叔湘(1986))所广泛接受的方法是把第一个名词称为"主要主语"(main subject)或"大主语"(major subject),把第二个名词称为"小主语"(minor subject)。小主语以动词短语作为其谓语,而大主语则以小句作为其谓语,这样就彻底摆脱了"话题"这个麻烦的术语[14]。

　　基于石定栩(Shi 1992)的研究,石定栩(Shi 2000)是传统的合二而一观点在当代的代表,但他这次采用了形式语言学的术语。他的观点总结如下:

　　(58) 话题总是与述题中的句法结构相关联,述题总是一个开放性语句,包含一个与话题同指的空语类或续指代词。(Shi 2000:388)

按照这种观点,每个话题都必须在句法上得到允准。它不能仅在语义上与述题这个整体相关联,这种关系在文献中称为"相关性"(aboutness)。这是一种很极端的观点。若果真如此,那么话题优先性语言和其他语言之间就没有显著的结构差异,尽管从统计学上讲前者使用话题结构要比后者更加频繁。为了维护(58)的观点,石定栩采用了各个击破的策略。他列举了六种"悬垂话题"(dangling topic),认为每个类型中要么在述题中有一个隐藏的空语类或是续指代词,而句首的成分就是从这里发端的,要么它就不是真正的话题。可是还有其他类型的汉语式话题结构,包括(8)和(57)所代表的著名的双名词结构以及那些没有特定名称的结构,如(56)中的话题结构。真的要实现他的目标,必须将每种类型中的每个句子都排除掉。这可是很艰巨的工作。

反驳(58)是同等艰巨的工作。潘海华和胡建华(Pan & Hu 2001、2002)采用语义方法,针对石定栩(Shi 2000)对于六种话题结构的分析都提出了反证。在他们的分析中,话题可以从语义上允准,也可以从句法上允准。话题后面的成分可以从语义上解释为一个开放性谓词,它不含有句法上的空语类或续指代词。3.2.1和3.2.2小节陈述了他们对石定栩(Shi 2000)列举的六种结构中有代表性的两种结构的争论。关于其他类型的讨论请参见本文的附录(第5节)。

3.2.1　话题还是主语?

石定栩(Shi 2000)提出(59)和(60)两句作为双名词结构的一个特例:

(59) 他们,我看你,你看我。

(60) 他们,大鱼吃小鱼。

句首的代词"他们"代表一个集合,后面的名词"我""你"或"大鱼""小鱼"都是这个集合中的成员。石定栩指出,这两个句子与其他汉语式话题结构不同的是,代词后面的分句是习语,其中的词项不能自由变换,它们的顺序是固定的。他认为这些代词事实上是以习语作为谓词的主语[15]。他用下面的这个事实支持了这种分析,副词"专门"总是跟在主语后面而从不出现在主语前面,但恰恰出现在上述代词和习语之间:

（61）他们，专门大鱼吃小鱼。

潘海华和胡建华从三个方面对石定栩提出了质疑：习语的定义、题元角色的指派和状语位置的检验方法。

石定栩的观点基于两个隐含的假设：（i）习语可以作句子的谓语，尽管它是以小句的形式存在，是自身带有主语的完整句子；（ii）不是习语的小句不能作谓语。若果真如此，习语和普通分句的区别就尤为重要。潘海华和胡建华提醒读者注意如（62）的句子：

（62）他们，昨天下午小张没来，小李也没来。

这个句子在结构上与石定栩的例（59）和（60）相似：前面也是一个复数代词，后面跟着一个或多个分句。这个代词代表一个集合，分句的主语是集合中的成员。（62）中代词后面的部分显然不是习语，因为它包含了随意选取的专有名词以及指特定时间的状语。如果任何完整的分句，无论它是否是习语，都可以分析为句子的谓语，那么这只是重复了传统的汉语语法学家们提出的大主语、小主语的解决方法。如果只是有着习语意义的小句才可以作谓语，那为什么要给予习语特别对待？如何分析如（62）的非习语的分句？

即使任何分句都可以拿来作谓语，如何给句首代词指派题元角色也成问题。按照石定栩（Shi 2000：405）的说法，如果是话题，它"总是依靠述题中的一个成分来获取题元角色"。如果是主语，就应该有独立的题元角色。潘海华和胡建华的问题是：（59）—（62）中的代词是如何得到题元角色的？以分句形式存在的谓语在句法上处于饱和状态，因此没有额外的题元角色可以指派给句首的代词。

用状语位置来检验的方法也是有问题的，并不可靠。潘海华和胡建华提出了一个例子，其中副词"专门"出现在公认的话题之后[16]。

潘海华和胡建华（Pan & Hu 2001、2002）从形式上为这些话题-述题结构制定了语义允准条件，如下所示：

（63）$\lambda P\lambda Z thing s\lambda x\lambda y\,[x\in Z\ \&\ y\in Z\ \&\ P(x, y)]$

将（63）应用于（59）的第一个分句，他们得到 $C = \lambda Z\,[ni'\in Z\ \& wo'\in Z\ \& kan'(ni', wo')]$。由于 C 是一个开放性谓词，它可以将话题"他们"作为它的论元，这样这个话题就通过开放性的语义谓词 C 得到允准。（59）中的两个分句有一个结合的过程。话题实际上是与并列的分句合并的,该分句的语义表达式为 λZ [ni'∈Z & wo'∈Z & kan'(ni', wo') & kan'(wo',ni')]。

3.2.2　有没有空语类?

(64)代表了石定栩提出的另一种"悬垂话题",原先是赵元任(Chao 1968)中的一个典型例句,后来在文献中被不断地引用(例如上面的(4),与它稍有不同)[17]:

(64) 那场火,幸亏消防队来得快。

石定栩承认"那场火"可以分析为话题,但他认为这是因为它也是与句中一个为说话者和听话者所共知的空语类相关联[18]。他的意思是后面还应该有一个语音上未实现的后续句子,这个句子中包含一个与话题同指的空语类。石定栩(Shi 2000:93)提出下面的句子作为(64)的后续句,其中包含由 e 表示的空主语:

(65) 不然 e 就会烧死不少人。

早些时候,石定栩(Shi 1992:109)认为如(64)那样的句子是"不完整的",加入一个后续句子才能使它成为完整的语境,并且提供了一个空主语位置。袁毓林(1996)不约而同地提出过几乎同样的解释方法。

尽管加入后续句子可以使语境变得完整或更为完整(无论"完整"是什么意思),都无法保证其中必定包含一个空语类。例如,(64)的后续句子可以是(66)而不是(65):

(66) 不然我们都会死。

如果在(64)后面加上的是(66),意思同样很完整,然而(66)中却没有能够允准话题的空语类。意识到这个问题后,石定栩进一步提出在这个例子中可以将话题解释为句子的状语,然后在(66)中加入另一个状语如"那次"来与话题同指。在(66)中加这个状语后得到(67a)。随便加一个时间状语通常是可行的。即使这个时间状语并不显性存在,一个空的形式也能够起同样的作用。因此还可以将(66)分析为包含一个与话题同指的空续指代词,如(67b):

(67) a. 那场火ᵢ,幸亏消防队来得快。不然那次ᵢ我们都会烧死。

　　　 b. 那场火ᵢ,幸亏消防队来得快。不然 eᵢ 我们都会烧死。

潘海华和胡建华(Pan & Hu 2001、2002)反对上述分析,认为石定栩这样做是允许(64)的话题通过加一个零分句中的零成分才得到允准。这种做法简直是为所欲为,以至于他提出的假设(58)成了不可证伪的。但这样一来这个假设几乎没有任何的解释力。

3.2.3　相关但不同指?

石定栩提出的六种话题结构中每一种都假设包含着一个"悬垂话题",但他并没有穷尽所有的汉语式话题结构。至少还有一类话题结构值得注意,它也是经常被引用的汉语式话题结构之一。该类型有一个例子(68)出现在石定栩(Shi 2000:401)讨论话题能不能关系化的那一段中,引自陈平(Chen 1996)。但石定栩并未说明(68)中句首的名词是否也是主语:

(68) 水果我最喜欢吃香蕉。

这个句子代表一种经常使用的话题结构,其中话题是一个上义词,而述题中的名词在语义上是它的下义词[19]。但与双主语结构不同,这两个语义上相关的名词彼此并不相邻。(68)不同于双名词结构,也不同于任何带有所谓"悬垂话题"的话题结构。显然不能将"水果"分析为"我"的修饰语或指示语。"水果"当然与"香蕉"相关联,但却不是同指关系。"水果"不能从"香蕉"那里得到题元角色。这就不符合石定栩在(58)中给话题下的定义。

总结一下,一方面,所谓的汉语式话题结构有着一些共同的句法和语义特征;另一方面,它们又以多种不同的结构形式出现,很难将每种类型及其包含的每个句子都归结为英语式话题结构,也很难将它们都说成是不带话题的结构。

4. 主语后话题

汉语的基本语序是 SVO,如(69a)所示。有(69b)这样宾语处于前面的话题结构,也有如(69c)这样宾语处于主语和动词之间的话题结构:

(69) a. 他读了这本书。

  b. 这本书他读了。

  c. 他这本书读了。

(69c)中前置的名词"这本书"在文献中的名称很多,有前置宾语、转位宾语或主语后宾语,还有动词前话题、次话题、次要话题、倒装话题等。还有一些研究者认为它不是话题而是焦点。关于这个结构有两个存在争议的问题:(i)(69c)在句法上是怎样形成的?(ii)前置宾语的性质是什么,是话题还是焦点?

4.1 形 成 过 程

4.1.1 双话题现象

  可以假设,(70c)是以如下方式形成的:将(70a)中的主语和宾语都变为话题。(70c)的宾语首先移位到句首位置,得到(70b),然后主语再前移跨过前置的宾语,得到(70c):

  (70) a. 他读了这本书。

    b. 这本书$_i$他读了 e_i。

    c. 他$_j$ 这本书$_i$ e_j 读了 e_i。

殷天兴和王承抎(Ernst & Wang 1995)以及徐淑瑛(Shyu 1995)将这种机制称为"双话题假说"(the Double Topic Hypothesis)[20]。

4.1.2 VP 嫁接

  殷天兴和王承抎(Ernst & Wang 1995)提出证据反对"双话题假说",而支持"VP 嫁接假说"(the VP-Adjunction Hypothesis)。后一个假说允许宾语移位并嫁接在 VP 内的任何成分上。它可以解释如下的例子:

  (71) a. *已经郭荣也自己缝好衣服了。

    b. 郭荣衣服也已经自己缝好了。

副词"已经"一定出现在 VP 之内,所以(71a)不合格,(71b)合格。如果宾语和主语都前移,它们应该都位于副词之前。而"VP 嫁接假说"允许宾语自由地嫁接到低于副词的一个位置,如(71b)所示,这样才能产生正确的结果。

4.1.3　替代移位

　　Qu(1994)、徐淑瑛(Shyu 1995)和其他一些研究者坚信这种前置的宾语是经过了显性的论元移位。论元移位受到局部条件的限制。这个假设能够解释的事实是，宾语前置与话题化不同，它从不跨过句子的界限。内嵌从句的宾语能够移到主句的前端，但它不能处于主句主语和动词之间：

　　（72）a. 这本书，老师知道［学生读过 e］。

　　　　　 b. ＊老师这本书知道［学生读过 e］。

支持论元移位的学者们一致认为这种移位是由特征核查驱使的，但对于核查的是什么特征以及在什么位置核查持不同意见。根据 Pollock(1989)和 Chomsky & Lasnik(1993)的研究，Qu(1994)假设宾语移到［Spec，AgrOP］位置以获得格并进行特征（可能是 Φ-特征）的核查。这是一种替代移位(substitution movement)。徐淑瑛(Shyu 1995)将前置的宾语分析为作为焦点的 NP，把它与带有显性焦点标记的成分同样处理，假设它移到［Spec，FP(Focus Projection)］位置来核查焦点特征。Gasde(1998)也假设在 IP 内存在一个焦点短语，他称之为第二焦点短语（Focus2 Phrase）以区别于上面的第一焦点短语（Focus1 Phrase）。带有［＋对比］（［＋contrastive］）特征的宾语可以移到［Spec，Focus2］位置并留在那里。或者可以将这个位置作为通向［Spec，Focus1］的一个中间的着陆点。张宁(Zhang 2000)也认为移位是由焦点驱使的，尽管这个焦点标记在语音上没有实现。显性的或隐性的焦点标记都可以引发一个强特征，并最终导致宾语移位到核查域之内。在核查焦点特征的同时也核查了宾格特征。

4.1.4　基础生成

　　除了典型的话题结构(73a)以外，还有另一种结构，其中也有处于主语和动词之间的 NP，如(73b)所示。这类结构在曹逢甫(Tsao 1990)中有大量论述，但移位说的支持者们并没有把它考虑进去：

　　（73）a. 水果他最喜欢苹果。

　　　　　 b. 他水果最喜欢苹果。

这两个句子同样都是合格的,两者语义也相同。唯一的不同是在语义上与宾语位置上的名词相联系的名词在(73a)处于句首位置,而在(73b)中则处于主语和动词之间。它们都可以认为是汉语式话题结构。一旦承认了(73b)的存在,前面关于话题结构是移位产生还是基础生成的争论就再次出现。因为"水果"在(73b)中不可能另有一个初始位置,我们不得不承认至少某些动词后名词是基础生成的。它没有宾格特征需要核查,因为宾格已经被赋予了另一个处于动词后宾语位置的名词"苹果"。它也没有焦点特征要核查,因为(73b)的"水果"与(73a)中的一样,没有对比意义。因此即使坚持认为它基础生成于动词后的某个位置,也找不出驱使它移位的动因。

4.2 话题还是焦点?

这一节集中讨论包含受到处于主语和动词之间的名词约束的空语类的结构。试比较:

(74) a. 他是葡萄酒不喝。
　　 b. 葡萄酒他不喝。
　　 c. 他葡萄酒不喝。

当这三句话中的"葡萄酒"表达对比意义时,学者们一致认为它在(74a)中是带有显性标记的焦点,在(74b)中是话题。争论的问题是它在(74c)中究竟是焦点还是话题。

4.2.1 焦点的概念

殷天兴和王承抲(Ernst and Wang 1995)、徐淑瑛(Shyu 1995)、Gasde(1998)和张宁(Zhang 2000)将主语和动词之间的名词短语称为"焦点",他们所注意的事实是这个成分具有对比性,并且结构上与句首的话题有区别。从类型学角度讲,某些语言会为焦点指定一个句法位置。著名的代表是匈牙利语。匈牙利语除了指定一个话题位置外,还指定了一个动词前的焦点位置。在 Kiss(1995)的术语中这种语言被称为话语结构化语言[21]。徐淑瑛(Shyu 1995)、Gasde(1998)和张宁(Zhang 2000)为如(74c)的汉语句子提出的结构与 Kiss(1998)所列举的匈牙利语中的焦点结构的例子非常相近。徐淑瑛和张宁都假设动词前的 NP 是带有零焦点标记的焦点，并认为它与显性标记的焦点具有相同的语义特征。

但是"话题"和"焦点"是非常容易混淆的。那些倾向于将主语和动词之间的 NP 称为"话题"的研究者意识到，徐淑瑛、Gasde 和张宁所称的"焦点"在概念上均不同于 Kiss(1995)定义的"识别焦点"[22]，不同于 Vallduví & Vilkuna(1998)中的"对比焦点"，不同于 Roberts(1998)中的"操作焦点"[23]。识别焦点的特点是对某个语境或情境中的一组物体全部进行识别。识别某些物体意味着排除其他物体。在英语和匈牙利语中，识别焦点具有的特征集是[＋穷尽]、[＋对比]。Kiss 分别采用了 Szabolcsi(1981)和 Donka Farkas(与 Kiss 的个人通信)设计的两种检验方法，来决定英语和匈牙利语中的哪些成分得到穷尽性的识别。同样的检验方法也可以用于区别汉语中表达穷尽性识别和非穷尽性识别的成分。检验的结果可以显示汉语中处于主语和动词之间的 NP 是不是识别焦点。

4.2.2　识别性焦点的鉴别方法

Szabolcsi 的检验方法包含一对句子。第一个句子包含由两个并列的名词短语组成的焦点。第二个句子与第一句的不同之处在于其中的一个名词短语被拿掉了。如果第一个句子在逻辑上不蕴涵着第二句，那么这个焦点就是穷尽性识别的。Kiss 的研究显示，该检验方法的结果证明了在英语和匈牙利语的分裂结构(cleft constructions)中都存在焦点的穷尽性识别，而在这两种语言的话题结构中则不存在焦点的穷尽性识别。徐烈炯(Xu 2001)采用这种方法来区分汉语句子中带有显性焦点标记的 NP、句首话题的 NP 和动词前的 NP：

(75) a. 他是葡萄酒和啤酒不喝。
　　 b. 他是葡萄酒不喝。
(76) a. 葡萄酒和啤酒，他不喝。
　　 b. 葡萄酒，他不喝。
(77) a. 他葡萄酒和啤酒不喝。
　　 b. 他葡萄酒不喝。

(75a)的句子在逻辑上并不蕴涵(75b)。这表明带有焦点标记的成分表达穷尽性的识别。它具有的特征集是[＋对比]、[＋穷尽]。但(76a)和(77a)在逻辑上可以分别推出(76b)和(77b)。因此，与(75)中的带有焦点标记的 NP 不同，(76)中句首的话题性 NP 以及(77)中处于主语和动词之间的 NP 都不表达穷尽焦点。他们均带有特征集[＋对比]、[－穷尽][24]。

　　Donka Farkas 的检验方法用了一段对话，其中第二个说话者意图否定第一个说话者的陈述。如果第一个说话者说的话表达穷尽性识别，否定听起来就很自然：

　　(78) a. A：他是葡萄酒不喝。

　　　　　b. B：不，他啤酒也不喝。

　　(79) a. A：葡萄酒，他不喝。

　　　　　b. B：♯不，啤酒，他也不喝[25]。

　　(80) a. A：他葡萄酒，不喝。

　　　　　b. B：♯不，他啤酒也不喝。

(78b)对于(78a)的否定很自然。应用焦点标记"是"，说话者 A 通过(78a)表示葡萄酒是这个人唯一不喝的东西。如果他也不喝啤酒，那么说话者 B 应用"不"来否定由焦点标记所表达的穷尽性是很合理的。另一方面，(79b)和(80b)用来否定(79a)和(80a)就不自然。(79a)和(80a)都不意味着葡萄酒是那个人唯一不喝的东西。(79b)和(80b)所表达的命题都仅仅是对前面说话者 A 的陈述的扩展或补充。否定助词"不"用在这里不合适。

　　这两种检验方法得到了相同的结果。它们均表明主语和动词之间的 NP 在概念上与句首的话题相似，但不同于带有焦点标记的成分。"葡萄酒"这个名词在(74a)中显然是识别性焦点，而在(74b)和(74c)中则不是。一些研究者认识到这种差异，将(74a)中的该名词称为"焦点"，而将(74b)和(74c)中的该名词都称为"话题"。一个是主要话题，另一个是次话题或次要话题。其他研究者则倾向于将(74c)中的称为"焦点"，用以在句法上区别于句首的"话题"，而他们并未考虑到两者其实有着相同的特征。

5. 附　　录

石定栩(Shi 2000)重新展开了一个重要的讨论,对汉语话题结构的结构和解释提出了一个很极端的论断。如果该论断得到证实,也可以应用于如日语和韩语等语言,并且可以否定话题优先性语言的某些特有的性质。这篇文章已引发了汉语语言学家的争论。其中最重要的回应来自潘海华和胡建华(Pan & Hu 2001、2002),但在本文写作的时候,他们的文章并未公开出版。这个附录将为那些对该问题感兴趣的读者更为详细地介绍这两种相反的观点。

如前所述,石定栩采用了一种各个击破的解决办法。他列举了六种“悬垂话题”,认为在每一类结构中述题要么有一个隐性的空语类,要么有一个续指代词,句首的成分就基础生成于这个位置,如果都没有就不是一个真正的话题句。

5.1　疑问词的功能

石定栩提醒人们注意句首成分后面的分句以一个疑问词开头的结构。他指出(81)中的“谁”是一个不定代词,可以解释为一个与英语中的“任何人”相对应的量词,而不是与“哪个人”相对应的疑问代词[26]。量词“谁”可以被删除而不影响句子的语义,如(81b)所示:

(81) a. 他们谁都不来。

　　　b. 他们都不来。

既然(81b)中的代词显然是作主语,(81a)中的代词应该也同样是主语。石定栩提供了更多的证据来支持这种分析:情态动词必须跟在主语之后,而(82)中的情态动词“可以”确实是跟在“他们”后面:

(82) 他们可以谁都不来。

潘海华和胡建华(Pan & Hu 2001、2002)将(81a)与(83a)进行对比,后者是一个疑问句,其中的疑问词必须解释为“哪个人”,而不是“任何人”。删除(83a)中的“谁”会将这个特殊疑问句转换为一般疑问句,如

(83b)所示：

　　（83）a.　他们，谁会来？

　　　　　b.　他们会来？

如果(83a)的句首代词也是主语，那么其中的疑问性分句"谁会来"在作谓语时是不是与(59)和(60)中的习语具有同样的作用[27]？那么为什么疑问性分句和习语性分句应该作为特例被分为一组，而与其他类型的分句不同呢？

　　潘海华和胡建华还对应用"可以"的分布来定位主语的有效性提出质疑。他们提出下面一个符合语法的句子，其中的"两个人"是一个毫无争议的主语，而"可以"却出现在该主语之前[28]：

　　（84）这碗饭可以两个人吃。

既然"可以"的位置很灵活，它就不能用来作为确定主语位置的有效方法。

5.2　介 词 脱 落

　　石定栩(Shi 2000)讨论的另一类话题结构如(85)所示：

　　（85）这件事，你不能光麻烦一个人。

石定栩认为(85)是由(86)通过介词脱落派生而来，因为汉语的一些介词可以被删除而不改变句子的意思：

　　（86）为这件事，你不能光麻烦一个人。

用作状语的介词短语也可以出现在句子的其他位置，例如 VP 内部。因此，尽管(85)中句首的 NP 可以分析为话题，也可以将它分析为在句法上与述题中的一个空位相联系，如(87)中的 e 所示：

　　（87）这件事$_i$，你不能 e$_i$ 光麻烦一个人。

潘海华和胡建华提出下面包含相同介词"为"的例子对石定栩的介词脱落假说提出挑战：

　　（88）a.　为这件事，昨天张三打架了。

　　　　　b.　*这件事昨天张三打架了。

按照他们的语感，(88a)中的介词不能被删除。另一方面，很多句首的 NP 不能带"为"或其他任何介词。其中某些能够带介词也是个别现象，而不是系统性的。

5.3　名词性谓语

石定栩(Shi 2000：395)定义的另一类"悬垂话题"包含"两组名词但没有动词充当谓词的中心语"：

(89) 那种豆子一斤三十块钱。

他基于两种原因认为上述结构中的"那种豆子"应分析为主语而非话题。首先，处于非动词性谓语之前的名词可以是不定指的，如(90a)所示。其次，它的前面可以出现强调性标记"是"，如(90b)所示。而一个真正的话题结构中的话题，如(91a)和(91b)中的那样，不能是不定指，并且不能带焦点标记：

(90) a. 一只青蛙四条腿。

　　　b. 是那种豆子一斤三十块钱。

(91) a. *一种豆子，我买了。

　　　b. *是那种豆子我们买了。

话题一般确实是有定的。但潘海华和胡建华问石定栩为什么不用如(89)这类句子结构来检验话题的定指性，那岂不更简单。如果(89)中的指示代词"那"换成数词"一"，这个句子就不合语法。(89)与(92)在可接受性上的差别证明了(89)中的句首名词明明是话题：

(92) *一种豆子一斤三十块钱。

此外，他们还表明，即使在一个包含受话题约束的空语类的句子中，话题也不一定就不能带强调标记"是"。(93)是在石定栩(58)定义范围内的一个典型的话题结构：

(93) 是那种豆子我没买。

话题不能表达新信息，因此不能充当信息焦点。但"是"标记的是对比焦点而非信息焦点。事实上，它也可以标记对比性话题[29]。不能用"是"的分布来区分话题和主语。潘海华和胡建华表明，还未找到证据支持石定栩提出的这类话题结构中句首的 NP 不是话题的论断。

5.4　形容词性谓语

石定栩(Shi 2000)还讨论了另一种"悬垂话题"结构,其中有两个名词,后面的分句中是一个形容词短语而不是动词,如(94)所示,该句引自陈平(Chen 1996):

(94) 物价纽约最贵。

石定栩从语义和语法两方面认定第一个名词应分析为主语而非话题,而第二个名词是方位状语而非主语。在语义上,贵的东西是物价而不是城市。在句法上,"物价"通过了他提出的对于主语的检验方法:主语处于"一定"和"经常"等状语之前:

(95) a. 物价一定纽约最贵。

　　　 b. ＊一定物价纽约最贵。

潘海华和胡建华举出了(96)句,其中"物价"和"纽约"互换了位置:

(96) 纽约一定物价最贵。

使用这个例子的本意是使石定栩的解释陷入两难的境地。根据石定栩提出的状语位置测试,应该选择"一定"前面的名词"纽约"作为主语。但语义上的主谓关系却又排除了这种可能性,因为最贵的只能是价格而不能是城市,所以主语应该是"物价"。因此他提出的句法和语义方法之间就存在明显的矛盾。在潘海华和胡建华对(94)的分析中,"物价"是话题,述题小句的主语是一个没有中心语的名词短语[30]。

潘海华和胡建华(Pan & Hu 2001、2002)通过下面的公式得到(94)的话题结构:

(97) $C = \lambda P \lambda Q \lambda Z things \lambda x\ [x \in Z\ \&\ P(x)\ \&\ Q(x)]$,其中 $P(x) = x$ 是纽约的物价,$Q(x) = x$ 是最贵,$Z = $ 物价。

5.5　双名词结构

石定栩提出的六种带有"悬垂话题"的话题结构中不包含双名词结构,这种结构在文献中通常被认为是汉语式话题结构的一个代表。他在较后面的一节中讨论了如(98)的双名词结构:

（98）李太太女儿漂亮。

自邓守信（Teng 1974）的研究发表以来，对于汉语双名词结构的分析一直存在争议。较为简便的解决方法是将第一个名词分析为第二个名词的修饰语。例如，Schlobinski and Schütze-Coburn（1992）仍将这两个名词分析为一个作主语的复合名词结构，他们的结论是汉语与德语、英语一样，没有双主语或双话题结构[31]。汉语语法学家之所以不能接受这种解决方法，是因为他们意识到一个事实，即副词和情态动词等可以插入到两个名词之间。

曹逢甫（Tsao 1990）观察到，所谓的双名词结构性质并非都相同。某些情况下，如下面的例（99），第二个名词变成了一个固定复合词或至少是一个半复合词的一部分，因此它并不完全能产：

（99）王太太头疼。

基于曹逢甫提出的二分法，石定栩（Shi 2000：405）分别对（98）和（99）进行了如下的结构描写：

（100）a. [_NP[_SPEC 李太太][_N 女儿]][_PRED 漂亮]。

　　　　b. [_NP 王太太][_PRED 头疼]。

在（100a）中，"李太太"是领属名词，占据标志语位置，"女儿"占据中心语位置。它们一起作句子的主语。在（100b）中，"王太太"是主语，它的谓语是整个固定搭配"头疼"，其本身就是一个分句[32]。按照他的观点，（100a）和（100b）都不是话题结构。为了证明他赋予"李太太女儿"的结构描写是正确的，他举例说明了如"非常"类的副词不能插入两个名词之间：

（101）*李太太非常女儿漂亮。

在曹逢甫（1990：141）的分析中，（100a）中的"李太太"是话题，"女儿"是主语。他同时认为（100b）中的"王太太"既是话题又是主语。曹逢甫（Tsao 1990：125）揭示了副词检验方法的复杂性和不可靠性，因为"副词远非一个性质相同的类别"。（101）不合语法，并非因为"李太太"和"女儿"不能被隔开，而是因为"非常"和"漂亮"不能被隔开。副词"非常"修饰形容词"漂亮"，并且必须与它相邻。其他的成分倒是可以出现在"李太太"和"女儿"之间：

（102）李太太据说女儿很漂亮。

如果将"李太太"分析为话题而不是标志语,将"女儿"分析为主语而不是名词短语的中心语,那么"据说"的出现就在预料之中。比较(102)和(103),后者是一个争议较少的话题结构。在(103)中,"据说"可以出现在话题和主语之间:

　　(103)这条项链,据说王太太不喜欢。

还需要找到更多更有力的证据来维护(58)中的合二而一论。

附注

　　[1]在汉语中该结构实际上并不真有两个带有主格的名词,不同于日语的双名词结构,日语中两个名词都带有显性的主格标记。

　　[2]然而,在文献中关于话题标记(日语中的 wa 和韩语中的 nun)和主语标记(日语中的 ga 和韩语中的 ka)的使用经常会发生混淆。请参看 Choe(1986)对该问题的总结。

　　[3]"拿"可以用作及物动词或者不及物动词,但它在(20)中是不及物的。或者可以假设这样的动词是及物的,但带了一个空宾语。无论采用哪种分析,对于本节给出的语言事实没有任何差别。根据胡裕树和范晓(1995)报告的统计数据,只有 3%的汉语动词要求必须带宾语。

　　[4]德语中的分裂式话题化就是一个例子,参见 Van Riemsdijk(1989)的讨论。

　　[5]汉语中的关系从句处于中心语之前并且不用 wh 词。修饰语标记用在关系分句和它所修饰的名词短语的中心语之间。

　　[6]很多说汉语的人,可能是大多数人,能够不感到勉强地接受这个句子。他们并不会给这个句子打两个问号。

　　[7]黄正德(Huang 1982、1998)、李艳惠(Li 1990)和石定栩(Shi 2000)支持移位分析法,而 Xu & Langendeon(1985)、Xu(徐烈炯 1986)、郑礼珊(Cheng 1997)和黄居仁(Huang 1992)则反对这种分析。在上面的例子中,(23)—(25)引自黄正德(Huang 1982:457、1998:326),(26)—(27)引自 Xu & Langendeon(1985),(28)引自黄居仁(Huang 1992),其中的 IP 和 CP 分别取代了原来的 S 和 S'。

　　[8]该规则的提出是为了解释下列句子中主语和宾语在话题约束上的不对称性:

　　(i)张三[e 唱歌的]声音很好听。

　　(ii)*张三我喜欢[e 唱歌的]声音。

(i)合乎语法,因为括号内关系从句中标记为 e 的空语类能够与最近的名词,即话题同标。(ii)不合语法,因为话题不是离空语类最近的名词,该空语类所处的关系从句的中心语"声音"是宾语。Hasegawa（1984）和 Yoshimura（1986）在日语中也发现了主宾语在话题化可行性上的不对称性。

［9］本小节的例句中，（38）引自黄正德和李艳惠（Huang & Li 1996），（41）引自徐烈炯和刘丹青（1998：47）。对于包含续指代词的（38）和（27）（同（40））的分析，请参看石定栩（Shi 1992，2000）。

［10］请参看上文 2.1 小节关于汉语和英语在及物性上的差异的讨论。

［11］（23）不可接受的原因与（49a）不可接受的原因相同，都是由于特指的名词中包含了一个变量。

［12］（50a、b）的例句引自 Xu & Langendoen（1985）。黄居仁（Huang 1992）有着相同的观点，并提出类似的例子，支持从语义角度解释两句的差别。

［13］Choe 注意到两种交替形式的语义差别。（55a）中的 hyangkinun 既可以有题元性解读，也可以有对比性解读，但它在（55b）中只有对比焦点的解读。

［14］赵元任（Chao 1968）使用的术语是"主语"，但把它定义为话题。

［15］这里我们遇到了汉语语法中的另一个难题。汉语中没有与日语的 wa 和 ga 相对应的标记，话题和主语的区别很不明显。按照有些研究者的观点，石定栩所称的主语都是话题。参看罗仁地（LaPolla 1993）。

［16］当用作副词时，"专门"还有一种意思。在（i）中它具有"特意"的意思：

（i）上次我顺便来看你；这次我专门来看你。

这个词也可以用作频度副词，与"一直""通常"和"经常"等的意义大体相近。当把它插入（59）和（60）中时，它只有解释为频度副词才说得通，如（ii）所示：

（ii）他们，专门我看你，你看我。

与其他很多的频度副词一样，它也是焦点敏感算子（focus sensitive operator），能够放在不同的位置以便标记不同的焦点辖域。在英语中焦点是在语音上通过音调的起伏来标记的，而在汉语中则经常是在句法上通过算子浮动的手段实现的。比较下面两个句子：

（iii）a. 小张专门请小李在外面吃饭，从不在家里吃。

　　　b. 专门小张请小李，小李从不请小张。

如果打算把主语用作焦点或者使主语处于焦点辖域之内，副词"专门"就能够出现在主语之前，如上面的（iiib）所示。因此（61）中的语序仅是表明句首的代词不在焦点之内，并不能证明它就是主语。

［17］李讷和唐珊迪（Li & Thompson 1976、1981）、黄正德（Huang 1982）、Xu（徐烈炯）and Langendoen（1985）、罗仁地（LaPolla 1990）、蒋自新（Jiang 1991a）、宁春岩（Ning 1993）、徐淑瑛（Shyu 1995）和陈平（Chen 1996）等都讨论了这个句子。

［18］他进一步认为，"幸亏"一词是关键。没有它句子就不合语法。但在北京的一次调查结果显示，73 个说汉语的人中，只有一个人认为没有"幸亏"句子就难

以接受。

［19］这种类型的另一个例子是 3.1.3 小节中的(56a)。

［20］他们提到了 Xu(徐烈炯)and Langendoen(1985)、Lee(李行德 1986)、汤志真(Tang 1990)和林若望(Lin 1992)的思想。然而，并不是所有认为有多重话题结构的研究者都公开赞同或是默认双话题化，他们之中有些人认为其中一个是基础生成的或者两个都是基础生成的。

［21］汉语很可能是 A 类话语结构化语言，因为它通过不同的形式来表达话题命题(categorical proposition)和一般命题(thetic proposition)，因此符合 Kiss 话题优先性语言的定义。汉语在话题命题中使用 SVO 语序，而在一般命题中不使用该语序。比较下面两句：

　(i) 这条狗在啃骨头。

　(ii) 屋里有一条狗。

　如果汉语和匈牙利语一样有焦点的句法位置，那么它也属于 B 类话语结构化语言。

［22］汉语中主语和动词之间的名词位置显然不是信息焦点的位置，因为它通常由定指或类指的名词而不是不定指的名词占据，是表达旧信息而非表达新信息的成分。

［23］这三篇论文都区别了焦点的两种概念，但分别给出了不同的名称：Kiss(1998)中是"信息焦点"(nformational focus)和"识别焦点"(identificational focus)、Vallduvi and Vilkuna(1998)中是"述位"(rheme)和"对比"(Kontrast)、Roberts(1998)中是"信息焦点"(informational focus)和"操作焦点"(operational focus)。

［24］Kiss(1998)中提到，在某些语言中，识别焦点可以具有特征集[＋对比]、[－穷尽]。如果汉语是这样的语言，我们仍无法从概念上区分句首名词和处于主语和动词之间的名词。

［25］其中符号♯表示助词"不"的用法不自然。

［26］汉语中与英语的疑问词相对应的既可以是疑问代词，也可以是不定代词。因此(i)是有歧义的，既可以表示疑问，也可以表示陈述：

　(i) 他看见了谁。

　'Who did he see?'或'He saw someone.'

［27］上面提到，石定栩似乎不愿泛称任何小句都可以作谓语。

［28］事实上，"可以"也是一个焦点敏感算子，能够出现在不同的位置。比较(ia、b)，注意焦点的差别：

　(i) a. 他可以去，也可以不去。

　　　b. 可以他去，也可以你去。

这两句话都合乎语法，但(ib)在英语中没有对应的结构，因为英语的情态动词

may 不能出现在不同的位置。将"可以"译为 may 会引起误解。汉语语法学家对于情态词的句法分类持不同看法。其中有一些人将"可以"和"必须"归为情态动词,相当于 may 和 must,而其他人则将它们归为副词,相当于 possibly 和 necessarily。

　　[29] 关于对比话题和对比焦点在术语上经常会发生混淆。参见 Molnár (1998)。Lee(2003)试图区分韩语、汉语及其他语言中的对比话题和对比焦点。

　　[30] 此类话题结构在汉语中很常见。(i)—(iii)都合乎语法:

(i) 曹禺的剧本最好。

(ii) 剧本,曹禺的最好。

(iii) 剧本,曹禺最好。

　　[31] 其他研究者并不接受这种提法,但他们认为与状语更为相近的话题应该分析为一个修饰语,它与述题形成一种修饰-被修饰的序列。

　　[32] 这与 3.2.1 小节中他对(59)和(60)的分析类似。

参考文献

胡裕树,范　晓. 动词研究[M].郑州:河南大学出版社,1995.

吕叔湘. 主谓谓语句举例[J]. 中国语文,1986,(5).

徐烈炯,刘丹青. 话的结构和功能[M].上海:上海教育出版社,1998.

袁毓林. 话题化及相关的语法过程[J].中国语文,1996,(4).

Chafe, Wallace. Givenness, contrastiveness, definiteness, subjects, topics and point of view. In Charles Li (ed.) *Subject and Topic*, New York: Academic Press, 1976: 27—55.

Chao, Yuen-ren(赵元任). *A Grammar of Modern Spoken Chinese*. Berkeley and Los Angeles: University of California Press, 1968.

Chen, Ping (陈 平). Pragmatic interpretation of structural topic and relativization in Chinese. *Journal of Pragmatics* 26, 1996: 389—406.

Cheng, Lisa (郑礼珊). *On the Typology of* Wh-*Questions*. New York: Garland, 1997.

Choe, Hyon Sook. Syntactic adjunction, A-chains and the ECP: multiple identical case constructions in Korean. In Joyce McDonough & Bernadette Plunkett (eds.) *Proceedings of the North Eastern Linguistic Society 17*. Amherst: Graduate Linguistics Student Association, 1986: 100—120.

Choe, Hyon Sook. Focus and topic movement in Korean and licensing. In Katalin

É. Kiss（ed.）*Discourse Configurational Languages*，Oxford：Oxford University Press，1995：269—334

Chomsky，Noam. On *Wh*-movement. In Peter Culicover，Thomas Wasow & Adrian Akmajian（eds.）*Formal Syntax*，New York：Academic Press，1977：71—132.

Chomsky，Noam. *Some Concepts and Consequences of the Theory of Government and Binding*. Cambridge：MIT Press，1982.

Chomsky，Noam & Howard Lasnik. The theory of principles and parameters. In Joachim Jacobs，Arnimvon Stechow，Wolfgang Sternefeld & Theo Venneman （eds.）*Syntax: An International Handbook of Contemporary Research*. *Vol. 1*. Berlin：de Gruyter，1993.

Ernst，Thomas & Chengchi Wang（殷天兴、王承拟）. Object preposing in Mandarin Chinese. *Journal of East Asian Linguistics* 4，1995：235—260.

Gasde，Horst-Diete. Topic，foci and sentence structure in Mandarin Chinese. *Sprachtypologie und Universalienforschung* （*STUF*）51，1998：43—94.

Guéron，Jacqueline. On the syntax and semantics of PP extraposition. *Linguistic Inquiry* 11，1980：637—678.

Gundel，Jeanette K. Universals of Topic-Comment structure. In Michael Hammond，Edith Moravacsik & Jessica Wirth（eds.）*Studies in Syntactic Typology*，Amsterdam：John Benjamins，1988：209—239.

Haig，John H. Subjacency and Japanese grammar：a functional account. *Studies in Language* 20，1996：53—92.

Hasegawa，Nobuko. A lexical interpretive theory with emphasis on the role of subject. PhD. dissertation. Seattle：University of Washington，1981.

Hasegawa，Nobuko. On the so-called zero-pronouns in Japanese. *Linguistic Review* 4，1984：289—342.

Huang，C.-T. James（黄正德）. *Logical Relations in Chinese and the Theory of Grammar*. PhD. dissertation. Cambridge MASS：MIT，1982.

Huang，C.-T. James（黄正德）. On the distribution and reference of empty pronouns. *Linguistic Inquiry* 15，1984：531—574.

Huang，C.-T. James（黄正德）. *Logic Relations in Chinese and the Theory of Grammar*. New York：Garland，1998.

Huang，C.-T. James & Yen-Hui Audrey Li（黄正德、李艳惠）. Recent generative studies on Chinese SYNTAX. In C.-T. James Huang & Yen-Hui Audrey Li (eds.) *New Horizons of Chinese Linguistics*. Dordrecht: Kluwer, 1996.

Huang, Chu-Ren(黄居仁). Certainty and functional uncertainty. *Journal of Chinese Linguistics* 20, 1992: 247—288.

Jiang, Zixin(蒋自新). A constraint on topic in Chinese. *Journal of Chinese Linguistics* 18, 1991a: 231—260.

Jiang, Zixin(蒋自新). *Some Aspects of the Syntax of Topic and Subject in Chinese*. PhD. dissertation. University of Chicago, 1991b.

Kaplan, Ronald & Annie Zaenen. Long-distance dependencies, constituent structure and functional uncertainty. In Mark Baltin & Anthony Kroch (eds.) *Alternative Conceptions of Phrase Structure*. Chicago: University of Chicago Press, 1989.

Kiss, Katalin É. Discourse configurationality language: introduction. In Katalin É. Kiss (ed.) *Discourse Configurational Languages*, 3—27. Oxford: Oxford University Press, 1995.

Kiss, Katalin É. Identificational focus and information focus. *Language* 74, 1998: 245—273.

Kuno, Susumu. *Nihon-Bunpoo Kenkyuu*. Tokyo: Taisyukan, 1973a.

Kuno, Susumu. *The Structure of the Japanese Language*. Cambridge: MIT Press, 1973b.

Kuroda, Shige-Yuki. Generative grammatical studies in the Japanese Language. PhD. dissertation. Cambridge MASS: MIT, 1965.

Kuroda, Shige-Yuki. The categorical and the thetic judgments. *Foundations of Language* 9, 1972: 153—185.

Kuroda, Shige-Yuki. Movement of noun phrases in Japanese. In Takashi Imai & Mamoru Saito (eds.) *Issues in Japanese Linguistics*. Dordrecht: Foris, 1986: 229—271.

Kuroda, Shige -Yuki. *Japanese Syntax and Semantics*. Dordrecht: Kluwer, 1992.

LaPolla, Randy(罗仁地). *Grammatical Relations in Chinese: Synchronic and Diachronic Considerations*. PhD. dissertation. Berkeley: University of California, 1990.

LaPolla, Randy(罗仁地). Arguments against *subject* and *direct object* as viable concepts in Chinese. Taipei: *Bulletin of the Institute of History and*

Philology 63，1993：759—812.

Lee，Chungmin. Contrastive topic and proposition structure. In Anne-Marie di Sciullo（ed.）*Asymmetry in Grammar*. Amsterdam/Philadelphia：John Benjamins，2003.

Lee，Thomas H.-T.（李行德）. *Studies on Quantification in Chinese*. PhD. dissertation. Los Angeles：University of California，1986.

Li，Charles & Sandra Thompson（李讷、唐珊迪）. Subject and topic：a new typology of language. In Charles Li（李讷）（ed.）*Subject and Topic*. New York：Academic Press，1976：457—489.

Li，Charles & Sandra Thompson（李讷、唐珊迪）. *Mandarin Chinese: A Functional Reference Grammar*. Berkeley：University of California Press，1981.

Li，Yen-Hui Audrey（李艳惠）. *Order and Constituency in Mandarin Chinese*. Dordrecht：Kluwer，1990.

Lin，Jo-Wang（林若望）. The syntax of *Zenmeyang*［*How*］and *Weishenme* ［*Why*］in Mandarin Chinese. *Journal of East Asian Linguistics* 1，1992：293—331.

Maki，Hideki，Lizanne Kaiser & Masao Ochi. Embedded topicalization in English and Japanese. *Lingua* 107，1999：1—14.

Molnár，Valéria. Topic in Focus：on the syntax，phonology，semantics and pragmatics of the so-called 'contrastive topic' in Hungarian and German. *Acta Linguistica Hungarica* 45，1998：89—166.

Ning，Chunyan（宁春岩）. *The Overt Syntax of Relativization and Topicalization in Chinese*. PhD. dissertation. Irvine：University of California，1993.

Pan，Haihua & Hu，Jianhua（潘海华、胡建华）. Deriving topic-comment constructions in Chinese. Paper presented at the First International Conference on Formal Linguistics，Changsha，Hunan，China，2001—9— 11 June.

Pan，Haihua & Hu，Jianhua（潘海华、胡建华）. Licensing Dangling Topics in Chinese. Paper presented at the Seventy-Sixth Annual Meeting of the Linguistic Society of America，San Francisco，2002.

Pollock，Jean-Yves. Verb Movement，Universal Grammar & the Structure of IP. *Linguistic Inquiry* 20，1989：365—424.

Qu，Yanfeng. Object *Noun Phrase Dislocation in Mandarin Chinese*. PhD.

dissertation. Vancouver: University of British Columbia, 1994.

Riemsdijk, Henk C. van. Movement and regeneration. In Paola Benincà (ed.) *Dialectal Variation and the Theory of Grammar*. Dordrecht: Foris, 1989: 105—136.

Roberts, Craige. Form, the flow of information and universal grammar. In Peter Culicover & Louise McNally (eds.) *The Limits of Syntax*, 109—160. New York: Academic Press, 1998: 109—160.

Saito, Mamoru. Three notes on syntactic movement in Japanese. In Takashi Imai & Mamoru Saito (eds.) *Issues in Japanese Linguistics*, Dordrecht: Foris, 1987: 301—350.

Schlobinski, Peter & Stephan Schütze-Coburn. On the topic of topic and topic continuity. *Linguistics* 30, 1992: 165—197.

Shi, Dingxu(石定栩). *The Nature of Topic Comment Construction and Topic Chains*. PhD. dissertation. Los Angeles: University of Southern California, 1992.

Shi, Dingxu (石定栩). Topic and topic-comment constructions in Mandarin Chinese. *Language* 76, 2000: 383—408.

Shyu, Shu-ing(徐淑瑛). *The Syntax of Focus and Topic in Mandarin Chinese*. PhD. dissertation. Los Angeles: University of Southern California, 1995.

Sohn, Ho-min. *Korean*. London: Routledge, 1994.

Szabolcsi, Anna. The semantics of focus-topic articulation. In Jeroen Groenenijk, Theo Janssen & Martin Stokhof (eds.) *Formal Methods in the Study of Language*, Amsterdam: Mathematisch Centrum, 1981: 513—541.

Takami, Ken-ichi & Akio Kamio. Topicalization and subjectivization in Japanese: characterizational and identificational information. *Lingua* 99, 1994: 207—235.

Tang, C. -C. Jane(汤志真). *Chinese Phrase Structure and the Extended X'-Theory*. PhD. dissertation. Ithaca: Cornell University, 1990.

Teng, Shou-Hsin(邓守信). Double nominatives in Chinese. *Language* 50, 1974: 455—473.

Thompson, Sandra(唐珊迪). Transitivity and some problems with the *Ba*-construction in Mandarin Chinese. *Journal of Chinese Linguistics* 1, 1973: 208—221.

Tsai, Wei-Tien Dylan (蔡维天). *On Economizing the Theory of A-Bar*

Dependencies. PhD. dissertation. Cambridge MASS：MIT，1994.

Tsao，Fengfu(曹逢甫). *Sentence and Clause Structure in Chinese: A Functional Perspective*. Taipei：Student Books，1990.

Vallduví，Enric & Maria Vilkuna. On rheme and kontrast. In Peter Culicover & Louise McNally（eds.）*The Limits of Syntax*，New York：Academic Press，1998：79—108.

Xu，Liejiong（徐烈炯）. Free empty category. *Linguistic Inquiry* 17，1986：75—93.

Xu，Liejiong(徐烈炯). Focus：concepts and realization. *Contemporary Research on Modern Chinese* 3，2001：10—22.

Xu，Liejiong(徐烈炯) & D. Terence Langendoen. Topic structures in Chinese. *Language* 61，1985：1—27.

Yoshimura，Nonko. Topicalization and subjacency. *Descriptive and Applied Linguistics* 19，1986：297—304.

Zhang，Ning（张宁）. Object shift in Mandarin Chinese. *Journal of Chinese Linguistics* 28，2000：201—246.

同一性话题：话题优先语言一项更典型的属性[*]

刘丹青 原作　　强星娜 译

提　要：本文考察普通话及上海话中的同一性（拷贝式）话题结构。同一性话题结构在汉藏语系中很普遍，且遍及汉语之古今南北。同一性话题由名、动、形等实词充当，不同词类在此位置出现特征中和现象，通常名词无指称成分，谓词无时体标记。同一性话题是空义成分，通常属无界单位，符合"框架大于内容"的原则。同一性话题结构是一种同一成分同时出现于话题和焦点的句式，导致肯定、强调、让步等语用功能，又由话题的对比性发展出并列、连接等话语功能。IT 来自条件小句的语法化。这种话题违背经济原则，只在话题优先语言中才存在，因此它是比所谓汉语式话题，即无空位话题更典型的话题优先语言的特征。

关键词：同一性话题，无界成分，框架大于内容原则，话题优先语言，语法化

1　引　　言

1.1　小　　引

同一性话题（identical topics）是指与述题中的语义相关成分（corresponding element，简称"相关成分"）完全同形或部分同形的话题。

────────────

　* 本文原为英文，题为 Identical topics：A more characteristic property of topic-prominent languages. 原载美国 Journal of Chinese（《中国语言学报》），2004，Vol. 32，No. 1.，由强星娜译为中文，原作者刘丹青校订。

　　作为一种话题类型,同一性话题在所有汉语方言及许多(也许所有)藏缅语言里都可以得到验证,尽管这种语言现象至今尚未被很好地记录,也没有被置于统一的范畴中加以研究。同一性话题似乎是比包括无空位话题(non-gap topic)在内的其他话题类型更典型的话题优先语言的特征。自 Chafe(1976)以来,无空位话题一直被叫作"汉语式话题"(Chinese style topic),并被视为话题优先语言的一种主要特征(Li & Thompson 1976,Xu & Langendoen 1985,Gasde 1998)。同一性话题结构的研究对更清晰、更完整地认识普遍意义上的话题结构是非常必要的,同时也可以帮助我们确信话题优先语言作为一种语言类型的存在。就我们所知,上海话等吴方言中的同一性话题种类繁多,使用频率极高。因此,本文的研究将以普通话和上海话的资料为基础。

　　本文承袭徐、刘(1998)建立的话题结构的构架。在话题优先语言里,话题不仅是话语成分,也是基本的句法成分;话题可以出现在多种句法位置上,包括主语之前(主话题)、主谓语之间(次话题),甚至更低的位置(次次话题)。我们至少可以指出四种主要的话题类型:论元共指性话题(空位话题)、背景语域式话题(无空位话题)、拷贝式话题(本文的"同一性话题")和分句式话题(主要是条件小句)。这些话题的句法编码模式相近,比如话题后使用同一套话题标记。

　　徐、刘(1998:141—157,即本书121—135页),刘、徐(1998b)已经初步描写了普通话和上海话的所谓拷贝式话题结构,本文将在此基础上作进一步的解释。我们依次从句法、语义和话语功能的角度讨论同一性话题结构,尤其是话题与论元结构间的语义关系以及话题的指称特点。我们也将尝试说明同一性话题是不同于其他话题的空义成分。另外,同一性话题倾向选择无界成分,如类指性名词短语或无时/体标记的动词短语,这种特征将同一性话题与"框架设置话题"[Gasde (1999)的术语]联系起来。本文提出一个更加概括的提议:"框架设置话题"特别是同一性话题倾向类指成分,而"关涉话题"(Gasde 的术语)倾向有定成分。这符合我们所说的"框架大于内容"的原则(Principle of Frame Being Bigger,简称 PFBB)。在指称上,类指名词短语"大于"相应的有指/有定短语。

　　本文还将讨论同一性话题结构在句法及主语-话题类型学中的重

要性问题。在英语等主语优先的语言里不太可能找到与同一性话题相对应的成分。我们将会说明，汉语有定指论元充当关涉话题，类指成分充当框架设置话题的倾向，后者在南方方言里表现得尤其明显。汉语有两种在论元结构内部"创造"框架的策略：其一，把宾语名词短语一分为二，光杆名词短语充当类指话题，剩余部分在谓词后充当有指或有定宾语；其二，造一个名词性或动词性的同一性话题充当框架设置话题。这两种策略在非话题优先语言里可能都不存在。

1.2　同一性话题的用例

先看几个含有同一性话题的普通话和上海话的例子。(1)—(9)摘自徐、刘(1998)[1]。

(1) **星星**还是那个**星星**，**月亮**还是那个**月亮**。

(2) 他**主任**倒也是**主任**，但是……

(3) 他儿子**聪明**倒挺**聪明**，就是太粗心。

(4) **去就去**。

(5) **姘头**末**姘头**勒晚，讲啥个朋友。　　'就是姘头么，说什么好朋友'

(6) **水**末**水**紧张，**电**末**电**紧张。　　'水又紧张，电又紧张'

(7) **办法**总有**办法**好想的。　　'办法呢，总可以想出来的'

(8) 老王**热心**(是)真个**热心**个。　　'老王可真的是很热心的'

(9) 考试**结束**也**结束**了。　　'考试早已经结束了'

上例中的同一性话题有的是主话题(1)、(4)、(5)、(6)、(7)，有的是次话题(2)、(3)、(8)、(9)。述题部分的语义相关成分有的充当论元，有的充当谓语。

同一性话题在古代汉语、近代汉语(徐、刘(1998：159)注释[4]，即本书136页注释[4])、普通话、可能所有的汉语方言以及许多藏缅语言里都存在。下面的(10)(11)是近代汉语和吴方言的例子；(12)(13)、(14)(15)和(16)(17)分别是景颇语、克伦语和藏语的例子(景颇语由戴庆厦教授提供，克伦语据戴庆厦等(1991)、拉萨藏语据王志敬(1994))，这些语言事实展现了同一性话题在藏缅语里的广泛分布。

(10) **好**是他家**好**，人非著意人。　　《游仙窟》

（11）**吃局**索性**吃局**，**睏局**索性**睏局**，那了烦难介。　　《三笑》

　　'吃索性就吃，睡索性就睡，有什么难的'

（12）**pum**^{31} ko^{31}　　　wo^{55} ʒa^{31} **pum**^{31} ʃe^{31} ʒe^{51}.

　　山　话题标记　那　　山　只　是　'山还是那座山'

（13）shi^{33}　po^{31}luŋ^{55}　**ka**^{31} **jat**^{31}　ai^{33}　ko^{31}　　　kʒai^{31}　tʃe^{33}

　　它　球　　　玩　　　助词 话题标记　很　　会

　　ka^{31} **jat**^{31} ai^{33}.

　　　　玩　助词　'他打球打得很好'

（14）**bɔ**^{31} dɛʔ^{55} **bɔ**^{31}，**wa**^{55} dɛʔ^{55} **wa**^{55}.

　　胖　也　胖　白　也　白　'(有人)胖，也白'

（15）**ɔ**^{31} lɛ^{55}　**ɔ**^{31} li^{55}.

　　吃　够　吃　了　'至于吃，(有人)已经吃够了'

（16）**nøʔ**^{11} ni^{53}　**nøʔ**^{11} tsʻa^{55} pare.

　　买　话题标记　买　完成助词

　　'至于买东西，(有人)已经买了'

（17）**loʔ**^{53} ta^{53}　　**loʔ**^{51}　pare.

　　读　话题标记　读　　助词

　　'至于看书，(有人)确实已经看了'

1.3　同一性话题的话题身份

　　乍一看，上述例句中同一性话题的句法功能、语义角色并不相同，那么我们凭什么把它们统一看作话题呢？曹逢甫（Tsao 1987）已经就这个问题作了部分回答，尽管他关注的仅是（18）这样的"动词拷贝结构"（verb-copying construction）：

（18）他看书看了三个钟头。

　　根据徐、刘（1998），（18）的第一个动词短语"看书"是话题，属于同一性话题的一个小类。曹逢甫认为它是"次要主题"，主要依据有二：（1）动词-拷贝结构的第一个动词短语不能带任何体标记，而且宾语比较典型的情况是无指的。从整体上看，动词短语是类指性名词短语（曹逢甫认为动词短语"去动词化"为名词短语）；（2）它们都可以提升为

"主要基本主题"。事实上，曹逢甫的上述观察普遍适用于本文所讨论的同一性话题。另外，同一性话题与其他类型的话题共享同一套话题标记；话题敏感算子对这类话题也同样奏效（详见第二部分）。这些事实充分说明，我们可以把同一性话题当成一种话题类型。

2. 同一性话题的句法类型和形态特征

2.1 同一性话题的句法类型：名词短语与谓词短语的特征中和

同一性话题可以是名词性单位，如上文（1）、（2）、（5）、（6）、（7），也可以是谓词性单位，如上文（3）、（4）、（8）、（9），但一定不能是副词性单位，比如上海话的句子：

(19) 伊**刚刚**末**刚刚**勿去(***马上**末**马上**勿去)，**晏歇**末**晏歇**勿去。

'他刚才不去，过一会儿也不去'

(19)的"刚刚""马上""晏歇"都是时间状语，但因为"马上"是副词，所以句子不合法。这条词性选择限制与汉语话题的普遍情况一致（详见徐、刘(1998：108—111)，即本书93—96页）。

有意思的是，名词性单位和谓词性单位在同一性话题位置上出现特征中和现象，所以我们很容易构建通常所需的结构和谐的平行关系，一个小句含名词性话题，另一小句含动词性话题。在这一点上，前文（10）就是一个很好的近代汉语的例证。再看上海话的例子：

(20) 伊**电影**末**电影**勿欢喜，**着象棋**末**着象棋**勿欢喜。

'他不喜欢电影，也不喜欢下象棋'

(21) 辣条裙子**料作**末**料作**蛮好，**漂亮**末也蛮**漂亮**。

'这条裙子布料很好，也很漂亮'

事实上，我们也可以把(20)的"电影"自由替换成"看电影"，或者把"下象棋"替换为"象棋"，句子的语义及语用都不改变。

本文 4.4 节将对特征中和现象进行解释。

2.2 同一性话题的标记：停顿、
话题标记和话题敏感算子

如上文例句所示，所有同一性话题之后都可以出现停顿，这跟其他话题没有差别。毫无疑问，停顿具有话语功能。但停顿作为一种句法手段，语法化的程度还比较低。汉语同一性话题不总依靠停顿来标记，这说明话题不仅是语用单位，而且已经享有一种句法身份。换而言之，同一性话题已经被高度语法化或句法化了。

与停顿相比，话题标记的语法性更高，是跟在话题之后的功能语素。如果话题后面出现某些话题标记后就不再需要停顿，那么那些话题标记应该比总与停顿相伴的标记的语法化程度更高。同一性话题之后常出现同样适用于其他话题的标记，而且不再需要停顿，如前文(5)、(6)、(8)、(9)。这再一次证明了同一性话题的句法性质。

除了话题标记，话题敏感算子在同一性话题结构中也发挥着非常重要的作用。从话题敏感算子与话题，特别是与同一性话题的密切关系来看，可以把它们当成一种话题的间接标记。在继续讨论同一性话题之前，先来看一下汉语里的话题敏感算子。

话题敏感算子是独立的词(多数是副词)，它的出现在某种程度上与句中的话题密切相关。话题敏感算子有两类：一类可叫作"话题指示语"(topic indicator)，它们总与话题(不只是同一性话题)共现，通常紧随话题之后，但有时也会被其他成分隔开，如(22)里的"昨天"。也就是说，有话题指示语的地方就有话题。比较：

(22) a. 这个小孩儿昨天病了。

　　　b. 这个小孩儿昨天**还是**病了。

　　　c. 一个小孩儿昨天病了。

　　　d. *一个小孩儿昨天**还是**病了。

"还是"可以和(22b)的话题"这个小孩儿"共现，但不能与(22d)的无定主语"一个小孩儿"一起使用，这是因为后者不具备话题性。可见，"还是"是一种话题指示语。鉴于话题指示语与话题之间稳固的共现关系，我们把它们看成话题的间接标记。普通话的话题指示语还有"还、也、倒、都"。话题指示语与话题的关系十分密切，它们甚至可能通过重新分析成为真正的话题标记，如上海话里的"也"和"倒"[2]。

另一类话题敏感算子是话题允准语（topic licenser），它们不总与话题共现，但可以准许句中的某个成分充当话题。删除话题允准语会导致句子不合语法。普通话的话题允准语有否定词"不""没（有）"，多功能副词"就""偏"。比较下列普通话的例句：

(23) a. 他白酒**不**喝。

　　 b. ??他白酒喝。

　　 c. 他喝白酒。

(24) a. 他危险的事情*（**就/偏**）爱做。

　　 b. 他爱做危险的事情。

现在再来看同一性话题。汉语特别是普通话不强制使用话题标记，见前文(1)—(4)。但另一方面，普通话的同一性话题多与话题敏感算子一起出现。徐、刘(1998：142—143，即本书 122—123 页)所列的11 个普通话例子，八句包含话题指示语，两句带有话题允准语，只有一句不带任何话题敏感算子。假如删除句中的敏感算子，绝大多数的句子将不合法。

普通话同一性话题之后也可以出现话题标记，但标记是否出现基本不会影响句子的可接受性。因此，对于普通话同一性话题结构而言，话题敏感算子比话题标记和停顿更重要。

上海话的情况则有些不同。徐、刘(1998)指出，上海话同一性话题结构语义表达广泛，句法变化多样，话语功能丰富，出现频率极高。虽然话题敏感算子是构成同一性话题结构的积极因素，但在许多没有话题敏感算子的情况下，话题标记同样可以把句中的某个成分标记为话题。例如：

(25) 姘头**末**姘头勒哇，讲啥个朋友。　　'就是姘头么，说什么朋友'

(26) 伊高兴**末**高兴得来。　　'他非常高兴'

(25)、(26)里只有话题标记"末"，没出现话题敏感算子。这类句子难以在普通话里找到精确的对应形式。而且，一些上海话的话题敏感算子已经被重新分析为"准话题标记"，它们的标记功能已被纳入话题标记系统。

2.3   同一性话题的指称与体特征

Li & Thompson（1981：447）观察到"动词拷贝结构"里前一动词的直接宾语比较典型的情况是无指的。曹逢甫（Tsao 1987：17）指出这种结构的第一个动词不带体标记，同时认为零体标记动词和无指性宾语构成的动词短语在次要主题的位置上已经名词化为类指性名词短语。暂不论曹逢甫的名词化分析，他们的发现也普遍适用于同一性话题。简而言之，充当同一性话题的名词性成分是无指的，而动词性成分不带体标记（汉语没有纯粹的时标记）。换句话说，同一性话题倾向选择名词短语和动词短语的光杆形式。另一方面，述题部分的语义相关成分则没有这种限制。下面是 Li & Thompson 和曹文中未提及的名词性成分作话题的情况：

（27）他（*一个/*这个）主任倒是**一个主任**。

（28）他（*一所/*这所）大学么也上了**这所大学**。

无论述题部分的语义相关成分是无定的如（27）还是有定的如（28），同一性话题一定是光杆名词短语。再看由动词性成分充当的同一性话题：

（29）a. 他答应倒答应了三次。

　　　b. *他答应了三次倒答应了三次。

　　　c. *他答应了倒答应了三次。

（30）站（*着）么我也站着。

（29）、（30）说明，即使相关成分带了体标记，同一性话题也肯定不可以。这一点跟名词性同一性话题的指称特点非常相似（见 4.3）。

3. 同一性话题的句法位置和语序

3.1   同一性话题是主话题、次话题

下面这些例子说明同一性话题可以出现在不同的句法位置上。

(31) **山**已不是那座**山**。

(32) a. （从前）（在数学系）**主任**他也当过**主任**。

　　 b. 他**主任**也当过**主任**。

　　 c. **当**他也**当**过主任。

　　 d. 他**当**也**当**过主任。

(31)有话题但无主语，其中同一性话题是主话题。(32)是一组基本同义的句子，但话题的位置各不相同。(32a)的话题是主话题，位于主语之前，既可以出现在句首也可以位于表示时间/空间的单位之后。(32b)的话题是名词性次话题，(32c、d)里的分别是动词性主话题和动词性次话题。

　　同一性话题也可以出现在从属小句里，主要是结果从句。如(33)、(34)所示，虽然在这个句子层级上，作次话题的动词性话题显得更重要，但主话题和次话题间的区分依然存在。只有上海话允许从属小句里出现名词性同一性话题作主话题的情况，如(35)：

(33) 他醉得**站**都**站**不起。

(34) 我故意写得他**看**也**看**不出。

(35) 伊醉得来**人**末**人**也立不起。

3.2　同一性话题与语义相关成分的间距

　　同一性话题与述题里的语义相关成分的间距有长有短，可以毗邻而居，也可以相隔几个句界，(36)、(37)是两种极端的表现：

(36) a. **水**水吮没，**电**电吮没，**煤气**煤气吮没。

　　　 '没有水，没有电，也没有煤气'

　　 b. 伊**老实**老实个。　　'他可真是很老实的'

(37) **药**末侬还是要请医生开一张方子配眼**药**来吃。

　　 '你还是要请医生开张方子配些药来吃'

同一性话题在(36a)、(36b)里分别是主话题和次话题，相关成分都紧随话题之后。(37)里母句的主话题是同一性话题，而相关成分出现在比母句低几个层次的补足嵌入句里，两者之间相隔几个小句界。

　　同一性话题与相关成分的间距比较灵活，许多情况需要二者毗邻而居。同一性话题出现在并列复句的分句里，相关成分的理想位置就是与它相邻，如(38)：

(38) **水**水紧张，**电**电紧张(**煤气**煤气紧张)。

这种位置的选择要求引发了我们对另一个有趣现象的深入思考，即位于述题部分的语义相关成分本身也具有某种话题功能。比较：

(39) a. 伊会得烧饭，也会得汰衣裳。   '他会做饭，也会洗衣服'

b. 伊饭末饭会得烧，衣裳末衣裳会得汰。

c. *伊饭末会得烧饭，衣裳末会得汰衣裳。

(39a)是正规的汉语及物式——VO语序。(39b)的同一性话题是次话题，宾语必须移到动词之前，否则会造成句子不合法如(39c)。根据徐、刘(1998)的话题框架，(39b)中的语义相关成分(第二个"饭""衣裳")也是次话题。可见，句子一共有两个次话题。

虽然这个分析听起来古怪，但这种现象在汉语里并不稀奇。Gasde (1999)指出两种具有不同语义、语用功能的话题类型：框架设置话题(frame-setting topic)和关涉话题(aboutness topic)。二者共现时，框架设置话题处于靠外的位置，总是位于关涉话题之前。按照Gasde 的分类，我们可以说当同一性话题和相关成分都是话题的时候，同一性话题是框架设置话题，而相关成分是关涉话题[3]。

由动词性单位充当的同一性话题属于另一种类型的话题，也倾向于靠近语义相关成分，虽然限制不那么严格。比较(40a)与(40b)：

(40) a. 挢搭个物事**贵**末**贵**得来。   '这里的东西很贵'

b. 挢搭个物事**贵**末老早辰光*(也)**贵**得来。

'这里的东西以前也很贵'

(40a)是上海话的常见表达式。话题与相关成分("贵")紧密相邻，若其间插入时间副词如(40b)，句子便不合法，除非同时添加话题敏感算子"也"。这符合动词性同一性话题倾向于充当次话题的情况。相关成分与次话题的距离肯定近于它跟主话题的距离。事实上，在我们所收集的普通话、汉语方言、古汉语和藏缅语的材料里，几乎所有被确证包含主语和动词性同一性话题的句子都属于话题为次话题的情况，如(32b)，尽管动词性同一性话题前置于主语这种较为罕见的模式也可以接受，如(32c)。

在进一步讨论同一性话题之前，我们已经有了一个大致的印象：

同一性话题跟语义相关成分的间距比较灵活,某些结构倾向于二者相邻。如果它们相隔较远,则必须满足一定的条件句子才能合法,如句中出现话题敏感算子。因此,这种结构的标记性更强。动词性同一性话题的默认位置是次话题。

4. 同一性话题的语义性质

4.1 小　引

普通话特别是上海话的同一性话题类型繁多,语义有别,所以这类话题的语义性质比较复杂。本节主要关注两个语义因素:与论元结构相关的话题的语义角色以及话题的指称属性。方便起见,我们把题元角色和动词的谓语功能一并用"语义角色"表示。

4.2 同一性话题的空义性

同一性话题由名词短语或谓词短语充当,原则上它们都应当是能为句子增添实义的语言单位。但多数情况下,这类话题丝毫不影响论元结构,也不为句子增添任何语义内容。因此在对句义的贡献上,同一性话题不同于论元或附加成分。另外,当同一性话题是动词性单位时,述题中的语义相关成分代替话题在某个句子层级上充当谓语。因为话题与相关成分完全或部分同形,所以二者之中只有一个是句义所必需的。这说明在句中承担"正常"句法功能、发挥语义作用的是述题里的语义相关成分而非话题。因此我们说,同一性话题对句义的贡献实际上为零,它是一种空义成分。同一性话题的空义性使其不同于其他话题,尽管它们在其他方面也存在许多共性。关于空义性,让我们来看一些实例。

4.2.1 分配角色的位置

述题部分的语义相关成分占据可获题元角色的句法位置,或者它本身就充当谓语。例如：

(41) **香烟**么我以前也抽过**香烟**。

(42) **小王**么我已经给了**小王**一张票了。

(43) a. **跳舞**么我以前也喜欢**跳舞**。

　　　b. **跳舞**么，我以前也经常**跳舞**。

从相关成分的句法位置来看，(41)中的"香烟"是受事，(42)中的"小王"是接受者，同时也可以判断出"跳舞"在(43a)里是动词"喜欢"的对象，在(43b)里充当谓语。相比之下，话题的句法位置未提供任何有关语义角色的线索。因此我们有理由假设：发挥语义作用的是相关成分而非话题。同一性话题的语义为空。

4.2.2　否定词对句义的影响

在相关成分里添加否定词会改变句子的真值条件，而同一性话题却常可以随意增加否定词。换句话说，话题里否定词的存在与否不会改变句子的真值。例如：

(44) a. 他**参加**也**参加**会议，(但是不会提交论文)。

　　　b. 他**参加**也**不参加**会议，(但是会提交论文)。

　　　c. 他**不参加**也**不参加**会议，(但是会提交论文)。

请注意每句的前半部分。(44a)的相关成分里增加"不"变成(44b)，两句表义截然相反；(44b)的话题里添加否定词可以得到(44c)，而两句表义相同[4]。上述结果可用下列公式表达(IT 代表同一性话题，CE 代表述题中的相关成分)：

(45) a. Neg + VP (as CE) $\neq$ VP (as CE)

　　　b. Neg + VP (as IT) $=$ VP (as IT)

(45)是同一性话题为空义成分的有力证据。

4.2.3　同一性话题及语义相关成分的省略

一般说来，所有的同一性话题都可以省略，而且不会改变句子的语法合格性和意义，尽管这种省略会带来话题结构向无话题结构的句法转变。事实上，我们翻译含有同一性话题的汉语句子时，如果目标语没有对应的结构，最好的办法就是删除所有的话题以便得到更加自然的句子。

那么述题部分的语义相关成分是否也可以删略呢?

相关成分是论元时通常也可以省略,但话题类型会发生变化,即变为所谓的空位话题。比较:

(46) **香烟**么我以前也抽过香烟。(＝41)

(47) **香烟**$_i$么我以前也抽过[$_i$]。

有人会说(47)里存在空位或语迹。但假如删除的是话题,则得到正规的 VO 模式,就不会再有人说存在空位了,如(48):

(48) [?$_i$]我以前也抽过香烟$_i$。

语义相关成分在述题部分充当谓语时,一定不能省略。例如:

(49) 抽么我以前也 *(**抽过**)香烟。

上例再次提醒我们同一性话题与语义相关成分的不对称。也就是说,在语义上同一性话题是可选性的而相关成分是强制性的。这也证明前者是空义单位。

4.2.4　从条件小句到形态化的同一性话题：语法化的连续统

事实上,不是所有的同一性话题都是空义性的,我们确实观察到了这类话题的语义多样性。这种多样性可能正反映了"话语→句法→形态"语法化的连续性。

同一性话题及许多其他类型的话题都源自条件小句的语法化。有时同一性话题可以分析成紧缩条件分句。前文(4)重录如下:

(50) 去就去。

借助添加并列分句的方式可以更明显地表现条件义:

(51) 去就去,不去就不去。

在合适的语境里,名词短语也可以表现条件义:

(52) A: 这儿只有面条,没有米饭。

　　　B: 面条就面条。

从某种意义上说,条件小句固有话题性,特别是那些前置的条件小句(Haiman 1978, Ford & Thompson 1986, Schiffrin 1992)。即使在句法层面上,汉语的条件小句也可以视为话题(Gasde & Paul 1994;徐、刘 1998:237—250,即本书 203—214 页),所以缩减的条件小句充当同一性话题也并不奇怪。但是,假如把具有条件义的同一性话题也说成是空义成分就有点儿困难了。而且这类话题不可以随意添加否定词,话题和相关成分之间的肯否定形式必须保持一致,比较(53)和(45):

(53) 去就去/不去就不去/＊去就不去/＊不去就去。

可见,含条件义的同一性话题的语法化程度相对较低。另一方面,一些语法化程度较高的同一性话题也可以还原成条件小句。前文提到的一些空义且可删略的同一性话题,除了用介引话题的词语释义外,也可以用条件标记来释义。

(54) **香烟**么我以前也抽过**香烟**。(＝41)
　　　　至于香烟,我过去也抽过。～　如果提到香烟,我过去也抽过。

当同一性话题是语法化程度更高的次话题时,理解成条件义似乎更难:

(55) 我**香烟**么以前也抽过**香烟**。

综上,从条件小句到紧缩条件句充当的话题,再到句法话题,这是一个语法化的连续统。这也正是同一性话题表现出不同程度空义性的原因所在。

事实上,上海话的某些同一性话题已经在语法化的路上走得更远了,它们几乎不能再被看成句法成分,而是语义相关成分的形态变体,表现出明显的空义性。例如:

(56) 老王**热(心)**是真个**热心**个。(＝8)

(57) 考试**结(束)**也**结束**了。(＝9)

需要注意的是我们在每个例句里都加了括号,这说明即使第一个音节是不成词语素甚至毫无意义,也能够独立充当同一性话题。这强烈暗示我们,这类话题结构在性质上更接近形态而非句法,因为单独一个不成词音节是不能进入句法过程的。而另一方面,述题里的语义相关成分却不能作类似的缩减,否则会导致句子不合法,如(58):

(58) 老王**热心**是真个**热**＊**(心)**个。

与不成词的身份相一致,(56)、(57)的同一性话题已经失去了部分话题性,不能再解释成“至于”。(56)的“热(心)……热心”可以整个分析为动词"热心"的形态变体。不过,它们在某些方面仍保留话题的性质,不仅带典型的话题标记,句法表现也跟其他话题相似。徐、刘(1998:113,即本书 97 页)指出,带标记的话题不能出现在关系从句里,(56)、(57)正如此。汉语形容词可以充当谓语,句法表现与不及物动词相似,因此所有修饰名词的形容词短语实质上都可以看成关系从句。清楚了这一点,再来比较(56)和(59):

(59) a. 一个热心个人。

      b. 一个真个热心个人。

      c. *一个热心是真个热心个人。

形容词"热心"或以"热心"为核心的形容词短语都能作关系从句,如(59a、b)。可如果形容词短语是(56)那样的结构,就不能作关系从句了,这由该结构的话题性质决定。所以,我们把这种结构视为一种同一性话题。

    综上所述,我们构拟同一性话题的语法化途径如下,可适用于绝大多数的情况:

(60) 条件小句＞含条件义的话题＞句法话题＞形态话题

尽管现有文献几乎没提到过上述演化过程,但它确是语法化的常例。Hopper & Traugott(1993:95)把语法化的主要路径描述为"用于特定上下文中的词项＞句法＞形态"。Comrie(1988:266)指出,许多句法现象可以看成是肇始于语义和/或语用并已从中脱离的现象,换言之,句法就是语义-语用的语法化(或者更确切地说是句法化)。因此,语法化的普遍模式可以概括为:"语义/语用＞句法＞形态"。汉语条件小句发展成句法话题反映了语法化的第一阶段,即"语用＞句法",其中条件小句缩减式作话题的情况处于中间阶段。在上海话里,同一性话题从句法单位向形态成分进一步发展,这是语法化的第二阶段,即"句法＞形态"。

4.3 同一性话题作为一种框架
设置话题的指称性

4.3.1 同一性话题的无界性

    在更高的概念层次上,名词短语的指称和动词短语的时/体(特别是汉语中的体,汉语基本上没有时系统)是两种相似现象,它们都可以帮助听话者在语言单位与现实世界的对应物之间建立某种联系。为方便起见,本文在讨论这两种现象时使用同一术语——"指称性"。

下面我们尝试对 2.3 节提到的同一性话题的特点作出解释,即为什么出现在这种话题位置上的常是无指性名词单位和不带体标记的动词单位。

4.3.2　框架设置话题与"框架大于内容"原则

自 Chafe(1976)以来,许多语言学家都认为在汉语这样的语言里,话题的基本作用是"在主要谓词控制的范围内设置空间、时间或个体背景"。Gasde(1999)提出了更加清晰的划分,将话题分成框架设置话题(frame-setting topics)和关涉话题(aboutness topics)两大类。前者包括空间话题、时间话题、汉语式话题(无空位话题)、德语式话题即所谓"自由主位"(free themes)、表现为介词短语的个体性框架和条件小句。

考察 Gasde 确定的所有下位分类,可以发现它们具有一个共同点:框架总是大于或宽于框架中的内容。内容指话题后谓词所表达的事件、状态或者命题,特别是那些与话题语义相关的语言单位。例如,有人说"在中国,Heinrich 说汉语",单就句子而言,Heinrich 说汉语的空间在中国或国内的某个地方,因为他不可能走遍中国的每个角落。"在中国"就是一个空间框架设置话题[≠空间附加语,见 Gasde(1999)]。时间框架设置话题也具有类似的特征。再来看个体框架。如果一个人说"对弗利茨来说,世界太大了",那么我们能否断言"世界太大了"这个命题比"弗利茨"小呢? 当然可以。这个命题只在弗利茨的观念世界里成立,而他的头脑里还装着许多其他的想法和信念,那么对弗利茨整个人而言这个命题是小的。更加棘手的是条件小句作话题的情况。如果有人说"你去,我就去",前一小句所言之事是否大于后一小句呢? 答案当然也是肯定的。前句表示自由的、无界的事件,包括多种可能性,发生或者不发生。而后句表示有界事件,完全依赖于前一事件的发生与否。从这个意义上看,后句在表义上确实要小于前句。

根据上述分析,我们提出"框架大于内容"原则。"大于-小于"的关系主要指"全集-子集""整体-部分"或"有效域-命题"等对立。

4.3.3　"框架大于内容"原则在各类话题中的应用

尽管徐、刘(1998)没有像 Gasde 那样作出两类话题的明确划分,但已经含蓄地指出了话题常大于述题里语义相关成分的事实。我们先简单考察一下"框架大于内容"原则是如何应用于其他话题的,这样就能更清楚地看到,其实同一性话题也以同样的方式遵循这条原则。

徐、刘(1998:68—75,即本书 58—64 页)指出,话题跟述题中的语义相关成分(如果有的话)之间始终存在全集-子集或者整体-部分的不可交替关系。下列例子均引自该书:

(61) a. **水果**,我最喜欢**苹果**。

　　　 b. ＊**苹果**,我最喜欢**水果**。

(62) a. **火车上**,乘客可以在**餐车**里用餐。

　　　 b. ＊**餐车里**,乘客可以在**火车**上用餐。

(63) a. **明天下午**,我**三点钟**在办公室等你。

　　　 b. ＊**三点钟**,我**明天下午**在办公室等你。

(64) a. 他**烧菜**不过**炒鸡蛋、煮白菜**而已。

　　　 b. ＊他**炒鸡蛋、煮白菜**不过**烧菜**而已。

(65) a. **小张会骗人**么,我想他只好**骗骗老婆**。

　　　 b. ＊**小张会骗老婆**么,我想他只好**骗骗人**。

以上所有例句的话题都大于述题中的相关成分:水果＞苹果(名词)、火车＞餐车(空间),明天下午＞三点钟(时间),烧菜＞炒鸡蛋、煮白菜(动词),小张骗人＞小张骗老婆(小句)。这些关系颠倒后句子就不能成立。

框架设置话题不必一定出现在主语之前,次话题也是一个很好的位置选择。(66)同样可以接受:

(66) 我**水果**最喜欢**苹果**。

框架设置话题通常在句子论元结构之外,因此 Gasde(1999)说它是处于 IP 之外的话题。不过,汉语倒可以在论元结构内部生成框架设置话题，一般有两种办法：分裂论元或者在话题位置上复制一个话题即同一性话题。下面分别来看。

4.3.4　分裂论元设置框架

这是一种名词宾语被动词一分为二的结构。分裂出来的光杆名词短语位于动词前作话题，其他部分留在动词后作宾语。为了方便，我们把前移的名词短语叫"分裂式话题"。移位的句法条件是留在动词后的成分必须是句法自足的名词性单位，比如数量短语（典型的）、指量短语和"的"字短语（"的"是修饰语标记，也是关系化/名词化标记），这些可以统称为 DP 结构。例如：

(67) a. 我（蓝）衬衫买了**三件**。

　　 b. 我衬衫买了**这件**。

　　 c. 我衬衫买了蓝*（的）。

　　 d. 我这种衬衫买了**三件**。

(67)表明，充当分裂式话题的通常是光杆名词或带非指称性修饰语的名词短语，如(67a)的"（蓝）衬衫"。只有当量词是指类量词如(67d)的"种"时，指量短语才能作分裂式话题[5]。光杆名词短语、带指类量词的名词短语都是类指性的，而宾语是有指性的，如(67a、c)，或者是有定的（比较少见）如(67b)。因此，在分裂式话题和宾语之间总存在着型（大)-例(小)的关系。(67)里的话题都是次话题，它们也都可以作主话题。

分裂式话题在汉语方言里广泛存在，某些南方方言表现得更加明显。在上海话里，类似(67)的表达使用频率就非常高。另外，许多研究南方方言的学者（李如龙、张双庆主编 1997）指出，他们考察的方言有受事名词前置于动词，而数量短语后置于动词的倾向。温州话里分裂式比 VP 式更占优势。(68a)是比(68b)更常见的结构：

(68) a. 我饭吃爻了两碗。

　　 b. 我吃爻两碗饭。

普通话及汉语方言分裂式话题的分析详见刘丹青(2001)。

分裂论元违背了一条重要的认知语言学原则，即句法和语义越相近的成分在句法结构中的位置也越靠近(Croft 1990：174—183)。

Foley 的例子（摘自 Croft（1990：179））说明，俄语里也有相似的分裂结构。Croft 认为，这种结构是决定语序的语用因素与决定语言结构的距离象似性原则相互竞争的产物。但在许多汉语南方方言里，分裂式话题结构是常规模式，无须明显的语用动因。因此，我们更愿意把这种话题结构的广泛使用归因于框架设置话题的句法化。既然话题是个高度句法化的位置，说话者会尽力不让它空缺。宾语里提取出来的类指性光杆名词短语是填补这个位置的备选项之一，当 IP 之外没有框架设置话题的时候，这类名词短语尤其受欢迎。

4.3.5　名词性同一性话题和动词性同一性话题的指称性质

除了分裂式话题，汉语特别是某些南方方言还可以把论元内部成分插入框架设置话题的位置，这样就产生了同一性话题（拷贝式话题）。有趣的是，分裂式话题违反了距离象似性原则，而空义的同一性话题违背了语言经济性原则。同一性话题的存在再次证明了框架设置话题在汉语中的句法重要性。

由名词性成分充当的同一性话题与分裂式话题存在许多相同之处。比较：

(69) a. 分裂式话题：我衬衫$_i$ 也买了三件[$_i$]。

　　　 b. 同一性话题：我衬衫$_i$ 也买了三件衬衫$_i$。

(69a) 和 (69b) 是结构相近的同义句，唯一的差别在于 (69b) 的宾语位置上出现了"衬衫"。换句话说，分裂式话题与空位共指（co-indexed），而同一性话题与自身的拷贝形式共指。这两种话题结构都是在论元结构内部生成框架设置话题的手段。

分裂式话题和同一性话题更重要的相似性在于它们都遵循"框架大于内容"的原则。两种话题结构中的话题与述题以显性或隐性的方式共享同一个名词短语。因此，这里不存在基于"水果-苹果"之类不同词项的"大于"关系。此处的"大于"关系建立在话题的类属性与语义相关成分的有指性或有定性之间。换句话说，同一性话题结构和分裂式话题结构以同样的方式遵循"框架大于内容"原则。如 4.3.3 节所讨论的，作为论元外部框架设置话题，它们完美地遵循着"框架大于内容"原则，只是方式不同而已。

根据"框架大于内容"原则，由谓词性成分充当的同一性话题也应该"大于"语义相关成分。正如前文观察到的，无界的类指名词短语更倾向于充当同一性话题。与之相对的无界的谓词短语在汉语里采用光杆形式（参见 2.3）。类指性名词短语表示一种/类人或物，而不是个体的人或物。也就是说，类指性名词短语表示非个体集合。与此相似，无界谓词短语表示现实世界中的一类动作或状态，同样是非个体集合，而不是任何个别的动作或状态。相比之下，语义相关成分带体标记，通常指具体的动作或状态。集合大于其内部的任何个体。可见，谓词性同一性话题也很好地遵循"框架大于内容"原则。

4.4　名词性与动词性同一性
话题的特征中和现象

根据第 4 节的观察，现在可以对 2.1 节提到的名词性与谓词性同一性话题的特征中和现象作出解释。

同一性话题是空义单位，不能充当论元和谓语。名词与谓词在形态、句法上的差异根本在于它们充当论元和谓语的功能对立[6]。有/无定或有/无指的特征主要针对论元，而过去/现在时或完整/未完整体的特征主要针对谓词。但是，同一性话题位置上的成分既不是论元也不是谓语。也就是说，名词性成分和谓词性成分在这个位置上都不能像典型名词短语和谓词短语那样表现。无界的名词短语和谓词短语在性质上是相同的，二者的差别在同一性话题位置上不再显著。所以我们说，名词性与谓词性单位在这种话题位置上发生了特征中和现象。Tsao（1987）认为，所谓"动词-拷贝结构"里的第一个动词短语已经去动词化或名词化。虽然 Tsao 的分析能很好地解释动词短语的"去动词化"，但却不能以此解释名词短语在同一性话题位置上的"去名词化"［Tsao(1987)的考察不涉及名词性话题］。因此我们认为，特征中和的分析可以对这种现象作更精确的描述。另外，这种分析似乎比名词化的分析更好，因为更多情况下同一性话题由谓词性成分充当。

5. 同一性话题的话语及语用功能

5.1　话语动因和语法化的程度

包括同一性话题在内的所有话题都是句法概念，它们也都与话语及语用密切相关。若要进一步了解同一性话题及其在类型学上的重要性，有必要把它同话语及语用联系起来。但这个目标与本文主旨相去较远，许多问题还有待更深入的考察，比如同一性话题与话题敏感算子的共现关系。另外，正如徐、刘(1998)所描述的，同一性话题种类繁多，而使之生成的话语动因又各不相同。因此，在对各类同一性话题进行细致研究之前，我们还不能对这类话题的功能作出令人满意的概括。

另一方面，话语动因的重要性对各类同一性话题也不相等。同一性话题的语法化或形态化程度越高，所需的话语条件越少，标记性也越低。例如，上海话的谓词性同一性话题很像谓词词干的形态变体，如(56)、(57)，这类话题的出现几乎不需要特殊的语境。

下面我们简要分析几个促使同一性话题产生并决定其语法化过程的因素。主要有两类：1）焦点、强调、肯定和让步；2）对比、并列和平行。

5.2　焦点、强调、肯定和让步

在许多语言里，话题化的论元通常在其常位上留下空位或复指代词，但这只符合部分汉语事实。汉语还可以选择其他的方式，即在述题部分重复被话题化的单位，于是就产生了本文所讨论的同一性话题结构。这种话题结构产生的一个重要动因是说话者想要强调被话题化的单位。有意义的词项应该比空位或指代词传递更多的信息。这符合语言的象似性原则：更长、更重的语言单位具有更强的信息力度。上文(46)、(47)重列为(70)，请比较：

(70) a. 香烟么，我以前也抽过香烟。

　　　　b. 香烟_i么，我以前也抽过[_i]。

"香烟"在(70a)中出现了两次，前次是话题，后次是述题中被强调的部分；(70b)里"香烟"只作为话题出现了一次，述题部分有与之共指的空位，句子强调的是"抽过"。事实上，(70a)的相关成分"香烟"占据了汉语自然焦点所在的句尾位置(刘、徐 1998a)。另外，相关成分也常与焦点标记"是"或"也"等焦点敏感算子共现，见(70a)。如果相关成分没有出现在自然焦点的位置上，那么焦点标记或焦点敏感算子必须强制出现，如(71)：

　　(71) 香港老王[*](是/也)到香港去过。

因为"香港"没有出现在自然焦点所在的句末位置，"是"或"也"必须与它共现。当相关成分与焦点标记"是"(＜系词)同时出现时，相关成分是对比焦点(刘、徐 1998a)。以上分析可以概括如下(72)：

　　(72) 汉语同一性话题结构中的语义相关成分常是自然焦点或对
　　　　　比焦点。因为同一个语言单位在句中占据了话题和焦点两
　　　　　个位置，所以它得到了特别的强调。

　　汉语同一性话题结构的强调功能对动词性成分更重要。说话者如想强调名词性成分，可以采用所谓"是……的"假拟分裂式结构，该结构具有跟英语分裂句相同的强调功能，而且也适用于带论元和附加成分的动词短语，被强调的部分通常是论元或附加成分而非动词本身(参看朱德熙(1978))。另外，正如白梅丽(Paris 1998)所说的，"是……的"结构能把事件谓语(＋事件)变成属性谓语(－事件)，动词短语变成了"类指性"或本文所说的无界单位。换而言之，"是……的"结构不能把动词短语特别是动词本身当作一个事件来加以强调，而同一性话题结构正好弥补了这一"缺憾"。动词性同一性话题以无界单位的形式出现，而相关成分保留了有界谓词短语的所有特征。这是汉语里同一性话题更多由谓词性成分充当的原因之一。另一个原因可能是同一性话题主要来源于缩减的条件小句，而条件小句常常是谓词性的。

　　因为同一性话题结构具有强调功能，它在上海话里已经成为肯定或强调属性、状态或事件的常见表达式，频繁的使用甚至促使它经历了由句法向形态的转变(参看 4.2)。

　　普通话里，名词性和谓词性同一性话题都可以出现在让步从句里，

所以我们有时候会在包含同一性话题的句子后面添加"但是"句，如
(2)、(3)。谓词性同一性话题已经变成普通话口语里让步关系的常见
表达方式，这显示了它的高度语法化。比如(73)的同一性话题"聪明"
是肯定式谓词，而相关成分采用否定形式，可见同一性话题是个完全空
义的成分：

(73) 他儿子**聪明**倒**不聪明**，但是很用功。

我们在 4.2.4 节已经看到，同一性话题语义越空灵，其语法化程度
越高。让步本质上与肯定有关。如果说话者使用让步从句，则表明他
对某事持肯定立场。肯定对自己观点不利的事实 A，但真正要强调的
是 B。这也是表示让步的关联词常含有肯定语素的原因，如"虽然""纵
然""固然""然而"。这提示我们，同一性话题的让步用法可能源于它的
肯定作用。

在各类同一性话题中，(70a)、(71)这样的句子是相对有标记的，因
为它们需要特殊语境及较强的话语动因，比如，话题是已知的、激活的
信息，或者是说话者特别想强调的信息。到目前为止，本节所提到的其
他同一性话题，包括上海话中用于强调或肯定的动词性话题、普通话里
表示让步关系的话题，全都是无标记式，不需要任何特殊语境。

5.3　对比、并列和平行

话题可起的作用之一是对比。带话题标记的话题，如上海话里带
"末"的话题具有对比功能[7]。同一性话题也如此。某些同一性话题，
如上文(19)—(21)、(38)和(39b)都表现出明显的对比功能。在这种
情况下，尽管句子没有使用关联词，并列小句之间仍然关系紧密，每一
句都不能孤立存在。由于这种结构强烈暗示并列句的话题之间存在对
比，因此至少要求有两个话题有相近的句法表现。跟其他话题结构一
样，同一性话题的对比功能也导致了固定的并列规则的产生。徐、刘
(1998：233—234，即本书 199—201 页)提到，上海话的话题标记"末"
在标记对比话题的同时也具有连接并列从句的积极作用。普通话口语
及许多方言缺少纯粹的(无词汇意义的)用于并列动词单位的关联
词[8]，具备连接功能的对比话题尤其是(19)—(21)、(38)和(39b)中的

同一性话题,确实是话语里组织并列分句的有用手段。

比较本节与5.2节可以发现一个有趣的现象,各种同一性话题历经了不同的语法化过程,最终形成了具有不同语义、语用功能的不同模式。有些已发展成强调或肯定的专用表达式,甚至进一步发展为让步从句的专用模式,属于复杂句;而另一些发展为平行句模式,属于复合句。

6. 结语及余论:话题类型学中的同一性话题

6.1 结   语

同一性话题与述题中的语义相关成分完全或部分同形。相关成分是某个句法层次上的论元、部分论元或谓语。有时候相关成分本身也是话题,而且是位置比较靠内的话题。

同一性话题可以由名词性或谓词性单位充当,汉语以谓词性单位为主。名词性单位和谓词性单位在同一性话题位置上不再具备明显的功能差异,出现特征中和现象。同一性话题后的停顿只是选择性的,话题后常有话题标记。普通话里,话题敏感算子是触发同一性话题的重要因素,而上海话中话题标记的作用更大。

同一性话题是空义单位,为句子增加相应意义的是述题部分的相关成分。在某种意义上,同一性话题的出现违反了语言经济性原则。同一性话题的语法化是一个连续统,一端是具有明显条件义的话题,而另一端是形态化的话题,表现为不成词语素或无意义的音节。像分裂式话题一样,同一性话题倾向选择无界单位,通常为类指光杆名词短语或无体标记的动词短语。同一性话题遵循"框架大于内容"的原则,因为无界单位在指称外延上比相应的有指或有定成分更大。同一性话题既非论元也非谓语,所以不需要满足论元或谓语的限制性条件。本文的分析也可以解释名词性单位和谓词性单位在这种话题位置上的特征中和现象。

有些同一性话题需要特殊语境或话语动因。最突出的动因是说话者欲使某语言单位得到特别的强调，同一性话题结构正好可以让同一个语言单位在话题和焦点位置上出现两次。因为它具有强调功能，有些话题已经高度语法化为表示强调、肯定或让步的常见形式，不再需要特殊语境或话语动因。另一方面，话题的对比功能也使同一性话题在话语中发挥组织并列句的积极作用。

6.2　同一性话题的归属问题

同一性话题结构在现有语言学文献里似乎是个颇为新鲜的事物，如何给它归类，也就是说，如何在普遍性的话题框架中为它找一个相对于其他话题的合适位置，这仍然是项艰巨的任务。框架设置话题和关涉话题(Gasde 1999)是一种很好的分类，但用这种划分来处理同一性话题仍然会遇到困难。关涉话题应该是一个论元，所以空义的同一性话题不可能是关涉话题。另外，关涉话题因语义或语用的显著性而成为句子的支点［在 Foley 和 Van Vanlin 看来是如此的，见 Sasse (1995)］，但许多同一性话题特别是分布更广的动词性同一性话题不可能发挥这样的作用。另一方面，根据 Gasde，框架设置话题在 IP 之外，因此不可能位于主语之后。遗憾的是，虽然同一性话题能出现在主语之前，但它更偏爱次话题的位置。因此，由于句法位置的原因，也很难把同一性话题归入框架设置话题之列。

既然这个分类更多地以语义而非句法为基础，我们且将句法障碍暂置一边，将更多的注意力放在语义上。这样一来，把同一性话题归为框架设置话题要比关涉话题更合适。跟其他框架设置话题一样，同一性话题遵循"框架大于内容"的原则。另外，关涉话题倾向有定成分，而同一性话题偏爱类指成分。如前文所述，有时候述题部分的语义相关成分也是话题(见 3.2 节)。如果说同一性话题是框架设置话题，那么可以得到"框架设置话题＋关涉话题"的排序，比起"关涉话题＋框架设置话题"来说，这是更让人满意的结果。Gasde 的分类里没有同一性话题，我们或许可以说同一性话题是框架设置话题的一个特殊小类，它可以位于主语之后。其他框架设置话题只能出现在论元结构的外部，而同一性话题利用论元结构内部的材料"人为地"制造了一个框架，所以它显得非常特殊。同一性话题不同于空位话题，它没有从论元中"带走"任何成分。同一性话题的特殊位置阻止它成为关涉话题。在这一点上，分裂式话题介于空位话题与同一性话题之间。

6.3　同一性话题在话题类型学里的重要性

那些多少接受主语/话题优先语言类型学分类的语言学家们一般认为，无空位框架设置话题即汉语式话题是所谓话题优先语言的特征。但这一观点正面临着新发现的挑战，比如德语的"自由主位"，它在许多方面都与汉语式话题近似[见 Gasde（1999）]。

如果要问汉语跟英语、德语等语言在话题结构上还存在什么其他区别，可以说，同一性话题应该是一个，而分裂式话题是另一个。

作为一种话语手段或策略，同一性话题所属的框架设置话题具有跨语言的共同性。关键在于，框架设置话题在多大程度上被语法化？或者说，它在多大程度上变成了真正的句法单位？

同一性话题和分裂式话题的存在及其出现方式已经为我们提供了有力的证据，汉语话题的句法地位与所谓的主语优先语言确实不同。

其一，汉语的话题是句法位置，指称义合适的成分，包括有定的、类指的或者在所指上比述题部分的相关语义成分大的语言单位都可以出现于这个位置。根据 Shibatani（1991），只有高度语法化的句法位置才可以容纳更多的语义种类。英语的主语位置上可以出现傀儡主语 it 和 there 这样的空义单位，汉语的话题位置也可以出现空义的同一性话题。显然，英语的主语是高度语法化的句法位置，而汉语里话题才是语法化程度高的句法位置。

其二，某些语言的框架设置话题是由语义或语用因素触发而生的成分。话题应当位于 IP 之外，也就是句子的左边缘位置，如英语。反之，如果话题是一个句法单位，则可以处于比较靠内的位置。事实上，许多汉语同一性话题特别是谓词性话题更偏爱次话题位置，从而更清楚地表明了自身的句法性质。

其三，从语义上看，框架设置话题如空间背景、时间背景、个体背景或条件从句等应该在论元结构的外部。只有在话题已经变成句法单位的语言里，才会有在论元结构内部"人为"生成框架设置话题的现象，如同一性话题和分裂式话题。同时，同一性话题和分裂式话题都不充当论元，因此不能成为关涉话题。

其四，只有当话题结构从一种语用安排语法化为句法结构的时候，某些话题才能发展出更多诸如让步、并列的句法功能，甚至进一步发展为形态现象。汉语的同一性话题及其他话题确实经历了语法化的第二个阶段，但我们决不指望在英语这样的语言里能发现类似的现象。

总之，汉语尤其像上海话这样的方言可以视为话题优先语言，因为这些语言/方言的话题比英语的话题具备更多语法化的功能。

6.4　话题语法化的路径及终点

Li & Thompson（1976）提出了话题优先语言到主语优先语言的历史循环假设。他们认为，主语本质上就是已经整合进动词格框架的话题。与此相关，Shibatani（1991）根据菲律宾语言（南岛语系）材料，有力地阐释了话题是如何通过语法化的历时过程而渐变为主语的。但是本文认为，话题的语法化可以有不同的终点。汉语的某些同一性话题已经变成表达强调、肯定、让步的常规手段。原来的话题在经历了更进一步的语法化后甚至可以变成一种形态单位。

就我们所知，至少有三种主要的语法化路径已经得到验证。第一种，话题渐变成主语，如一些菲律宾语言；第二种，话题变成具有固定句法地位的句法话题，但又不同于该语言的主语，它仍然保留话题的话语功能，如日语、朝鲜语和 Bunun 语（Cheng 1991）；最后一种就是汉语的同一性话题，这类话题可能会变成承担某种句法功能的形态单位。前两种话题与关涉话题相关，而后一种基本属于框架设置话题。

注释

＊本文初稿写于笔者 1999 年在柏林社会科学院普通语言学研究所（Zentrum für Allgeneine Sprachwissenschaft，ZAS）访学期间。非常感谢 ZAS 的盛情邀请，尤其是 H.-D. Gasder 博士为访学所作的安排以及对本文初稿的意见。同时也感

谢徐烈炯教授、陆丙甫博士、张宁博士以及匿名评阅人的深刻见解及有用意见。尚存的问题均由笔者本人负责。

[1] 此注原为方言拼写和代码使用方面的说明,中文版无此问题,注略。

[2] "末"[məʔ]是上海话中最重要、最典型的话题标记。文中出现的其他上海话话题标记还有:是[zɿ],来源于系动词;也[a],来源于副词;倒[tɔ],来源于副词。经过重新分析,它们都变成了多少保留原义的后置话题标记,在普通话里找不到相应的形式。

[3] 在 Gasde 的体系中,框架设置话题应该是 IP 之外的话题,不应该出现在主语之后。因此,(39b)不可能是框架设置话题。但是,也很难将同一性话题分析为关涉话题。我们在 4.3 节会看到,同一性话题与其他框架设置话题享有更多共性。把同一性话题视为一种框架设置话题的原因将在 6.2 节说明。

[4] 尽管(44c)可以接受,但属于有标记的形式。比起(44a、b),(44c)不太可能在篇章中得到验证。因为否定是一种有界的手段,而同一性话题倾向选择无界单位(详见 2.3、4.3.5)。

[5] 如果话题和宾语之间存在整体-部分的关系,话题一般包含指示词和/或数量词,如"我(这)三个梨吃了两个"。这是一个框架设置话题结构,但因为分开的两个部分不能合并为一个短语,因此不属于分裂式。

[6] 这就是语言学家认为罗曼语里光杆名词短语是谓语的原因,因为它们不能充当论元。参见 Chierchia (1998)。

[7] 关于话题的对比功能以及对比功能与其他话题功能之间的关系,请看徐、刘 (1998:228—237,即本书 195—203 页)。

[8] 粤语"同埋"是个例外,它可以用于名词短语、动词短语和从句。

参考文献

戴庆厦,刘菊黄,傅爱兰.克伦语[C]//戴庆厦等编.藏缅语 15 种,北京:燕山出版社,1991.

李如龙,张双庆主编.动词谓语句[M]//中国东南部方言比较研究系列第三卷,广州:暨南大学出版社,1997.

刘丹青.论元分裂式话题结构初探[C]//语言问题再认识——庆祝张斌先生从教五十周年暨八十华诞,上海:上海教育出版社,2001.

刘丹青,徐烈炯.焦点与背景、话题及汉语"连"字句[J].中国语文,1998a,(4).

刘丹青.普通话与上海话中的拷贝式话题结构[J].语言教学与研究,1998b,(2).

王志敬.藏语拉萨口语语法[M].北京:中央民族大学出版社,1994.

徐烈炯,刘丹青.话题的结构与功能[M].上海:上海教育出版社,1998.

朱德熙. "的"字结构和判断句[J]. 中国语文,1978,(1、2).

Chafe, Wallace. Givenness, contrastiveness, definiteness, subjects, topics and points of view. In Charles Li (ed.) *Subject and Topic*, New York: Academic Press, 1976: 25—55.

Cheng, Heng-hsiung. *Topic and Focus in Bunun*. Taipei: Monograph 72 of Institute of History and Philology, Academia Sinica, 1991(1977).

Chierchia, Gennaro. Reference to kinds across languages. *Natural Language Semantics*. Vol. 6, No. 4, 1998.

Comrie, Bernard. Topics, grammaticalized topics and subjects. *Berkeley Linguistics Society* 14, 1988. : 265—219.

Croft, William. *Typology and Universals*. Cambridge: Cambridge University Press, 1990.

Ford, C. & S. Thompson. Conditionals in discourse: a test-based study from English. In E. Traugott et al. (eds.) *On Conditionals*. Cambridge: Cambridge University Press, 1986.

Gasde, Horst-Dieter. Topics, foci and sentence structure in Mandarin Chinese. *Sprachtypol. Univ. Forsch.* Berlin (51), 1998: 43—94.

Gasde, Horst-Dieter. Are there "Topic-prominence" and "Subject-Prominence" along the lines of Li & Thompson (1976). Konstanz: 21st Conference of German Linguistic Society, 1999.

Gasde, Horst-Dieter & Waltraud Paul. Functional categories, topic prominence and complex sentences in Mandarin Chinese. *Linguistics* 34, 1994: 263—294.

Haiman, John. Conditionals are topics. *Language* 54(3), 1978: 564—589.

Hopper, Paul J. & Elizabeth Closs Traugott. *Grammaticalization*. Cambridge: Cambridge University Press, 1993.

Li, Charles & Sandra Thompson. Subject and topic: a new typology. In Charles Li (ed.) *Subject and Topic*, New York: Academic Press, 1976: 457—489.

Li, Charles & Sandra Thompson. *A Functional Reference Grammar in Mandarin Chinese*. Berkeley: University of California Press, 1981.

Paris, Marie-Claude. Focus operators and types of predication in Mandarin. Paris: Cahiers de Linguistique-Asie Orietale 27(2), 1998: 139—159.

Sasse, Hans-Jürgen. Prominence typology. In Jacobs, Joachim et al. (eds.) *Syntax: An Internatinal Handbook of Contemporary Research*. Berlin

&. New York: Walter de Gruyter, 1995.

Schiffrin, Deborah. Conditionals as topics in discourse. *Linguistics* 30, 1992: 165—197.

Shibatani, Masayoshi. Grammaticalization of topic into subject. In Traugett &. Heine (eds.) *Approaches to Grammaticalization*, Vol. Ⅱ, Amsterdam: Benjamins, 1991: 93—133.

Tsao, Fengfu. *A Functional Study of Chinese of Topic in Chinese: the First Step towards Discourse Analysis*. PhD. Dissertation. University of Southern California, 1977.

Tsao, Fengfu. On the so-called "verb-copying" construction in Chinese. *Journal of Chinese Language Teacher's Association* 22(2), 1987: 13—43.

Xu, Liejiong &. D. Terence Langendoen. Topic structures in Chinese. *Language* 61, 1985: 1—27.

增 订 本 说 明

　　《话题的结构与功能》一书 1998 年初版以来，海内外关于话题问题的研究不断深入。此次的增订本收录徐烈炯、刘丹青先生近年来的新作《亚洲语言中的话题化现象》和《同一性话题：话题优先语言一项更典型的属性》，以体现这一研究领域的最新进展。该领域的其他成果请参看本社 2003 年 11 月出版的，由徐烈炯、刘丹青先生主编的《话题与焦点新论》一书。

上海教育出版社

2007 年 3 月

图书在版编目（CIP）数据

话题的结构与功能/徐烈炯，刘丹青著. —2版
（增订本）. —上海：上海教育出版社，2018.9（2022.12重印）
ISBN 978-7-5444-8433-6

Ⅰ.①话… Ⅱ.①徐…②刘… Ⅲ.①结构主义语法
-研究②功能（结构主义语法)-研究 Ⅳ.①H04

中国版本图书馆 CIP 数据核字（2018）第 204505 号

责任编辑　周典富
特约编辑　芮东莉
封面设计　陆　弦

话题的结构与功能（增订本）
徐烈炯　刘丹青　著

出版发行　上海教育出版社有限公司
官　　网　www.seph.com.cn
地　　址　上海市闵行区号景路159弄C座
邮　　编　201101
印　　刷　上海展强印刷有限公司
开　　本　965×635　1/16　印张23　插页4
字　　数　340 千字
版　　次　2018 年 10 月第 1 版
印　　次　2022 年 12 月第 2 次印刷
书　　号　ISBN 978-7-5444-8433-6/H•0286
定　　价　88.00 元